KB041211

스피노자의 『에티카』 입문

스피노자의 『에티카』 입문

J. 토마스 쿡 지음 | 김익현 옮김

서광사

이 책은 J. Thomas Cook의 *Spinoza's 'Ethics'* (Bloomsbury Publishing Plc., 2007)를 완역한 것이다.

스피노자의 『에티카』 입문

J. 토마스 쿡 지음
김익현 옮김

펴낸이 | 이숙
펴낸곳 | 도서출판 서광사
출판등록일 | 1977. 6. 30.
출판등록번호 | 제406-2006-000010호

(10881) 경기도 파주시 회동길 77-12 (문발동)
Tel: (031) 955-4331 | Fax: (031) 955-4336
E-mail: phil6161@chol.com
http://www.seokwangsa.co.kr | http://www.seokwangsa.kr

제1판 제1쇄 펴낸날 · 2016년 12월 30일
제1판 제5쇄 펴낸날 · 2024년 1월 20일

ISBN 978-89-306-1050-6 93160

옮긴이의 말

이 책은 『리더스 가이드』(*Reader's Guide*) 시리즈들 중의 하나인 J. Thomas Cook의 *Spinoza's Ethics*를 번역한 책이다.

원서명을 그대로 옮기면 역서의 제목은 『스피노자의 윤리학』이 될 것이다. 하지만 역서의 명칭을 『스피노자의 『에티카』 입문』으로 하기로 했다. 그렇게 하기로 한 데는 나름의 이유가 있다.

먼저, 이 책은 간단히 말하면 『에티카』에 대한 '개론서' 라고 할 수 있다. 그런데 잘 알려져 있듯이, 『에티카』는 스피노자의 주저로, 단순히 철학의 한 분과로서의 '윤리학' 만을 다루고 있는 책이 아니다. '어떻게 살 것인가' 라는 문제가 가장 중요하면서도 절실한 문제라는 생각에 스피노자가 『에티카』라고 제목을 붙였지만, 사실 스피노자의 철학 전체, 즉 형이상학, 인식론, 심리학, 정치철학, 윤리학 등을 다루고 있다. 초기 저작에서 스피노자는 자신이 주저가 될 책의 명칭을 미리 암시하고 있는데, 바로 그 제목이 '철학' 이었을 정도로 큰 그림을 그리고 있다. 그런 이유로 국내에서는 스피노자의 주저를 단순히 『윤리학』으로 옮기기보다는 차별화하여 라틴어 음역 그대로 『에티카』로 관행적으로 옮기고 있다. 이러한 관행에 따라 본서도 『에티카』로 옮기기로 했다.

다음으로, 최근 스피노자에 대한 관심이 높아지면서 예전에 비해 스피노자와 『에티카』 관련 다수의 도서가 출간되고 있다. 그 중에서 이 책은 독특한 위상을 점하고 있다. 이를테면 이 책은 쉬운 것을 찾는 시대의 흐름에 맞추어 초심자들에게 단순히 스피노자와 『에티카』를 자신의 생각대로 정리해 알기 쉽게 소개하는 책도, 스피노자 연구자들을 대상으로 하는 전문적인 연구서도 아니다. 아마도 그 두 가지의 중간쯤 어딘가에 이 책의 자리가 있지 않을까 한다. 구체적으로 말하면, 이 책은 단순히 스피노자나 그의 주저 『에티카』에 대해 알고 싶은 사람들보다는 스피노자의 『에티카』를 '직접' 읽어보려는 욕망을 가지고 있으나 익히 알려진 악명 높은 난해함 때문에 주저하고 있거나 『에티카』의 낯선 전문 용어들, 기하학적 방법으로 자신의 주장들을 논증하는 방식 등으로 인해 읽다가 자신의 한계를 절감하면서 좌절한 경험이 있는 사람들에게 좋은 안내서가 될 것이다. 저자는 스피노자의 『에티카』를 읽으면서 독자들의 입장에서 난해하다고 여길 수 있는 부분, 바로 그 부분들을 원문에 충실하면서도 전체적인 맥락에서 그 의미를 알기 쉽게 풀어주고 있다. 이러한 이 책의 안내서로서의 특성을 살려 『스피노자의 『에티카』 입문』이라는 제목으로 출간하기로 했다.

이 책은 모두 4개의 장으로 구성되어 있다. 제1장 '스피노자와 『에티카』: 배경과 맥락'에서는 스피노자의 삶과 『에티카』 저술 배경을, 제2장 '주요 논제와 영향'에서는 '신', '보편적 인과 결정론', '정신과 신체' 및 '인간 감정으로부터의 해방학'과 같은 핵심 주제를 큰 틀에서 정리해서 살펴보고 있다. 그리고 제3장 '본문 읽기'에서는 『에티카』 순서에 따라 제1부 '신에 대하여', 제2부 '정신의 본성과 기원에 대하여', 제3부 '정서의 기원과 본성에 대하여', 제4부 '인간 예속 혹은 감정의 힘에 대하여', 제5부 '지성의 역량 혹은 인간의 자유에 대하여'를 배경 지식과 원문 분석을 통해 설명하고 있다. 마지막으로 제4장 '수용과 영향'에서는 스피노자와 『에티카』가 인간 지성의 역사에 미치고 있는 지대한 영향이 기술되고 있다.

저자는 80% 이상의 지면을 제3장 본문 읽기에 할애하고 있다. 그만큼 이 책은 원문에 입각해서 충실하게 『에티카』를 정확히 이해하고자 하는 독자들을 위한 책이라고 할 수 있다.

끝으로 이 책의 번역을 권하고 아낌없는 조언을 해주신 은사 강영계 교수님께 감사드린다. 그리고 스피노자와 『에티카』 관련 강의를 수강하면서 날카로운 질문을 통해 강의 완성도를 높여준 건국대 철학과 학생들에게도 고마움을 전하고 싶다. 마지막으로 거친 글을 읽기 쉽게 윤문해준 서광사 편집부 여러분에게도 감사의 마음을 전한다.

2016년 겨울, 어느 날
개포동에서
옮긴이

차례

사랑과 감사를 패트리샤에게

감사의 글

1970년대 모리스 만델바움(Maurice Mandelbaum)과 함께 한 학부 강의에서 처음으로 스피노자『에티카』를 접한 이래로, 나는 그 책에 관해 독해하고 숙고해왔다. 나의 관심은 그 후 5년에 걸쳐 존 락스(John Lachs)와 함께 한 수업과 대화 속에서 지속적으로 커지고 발전하였다. NEH 여름 세미나에서, 아멜리 오 로티(Amelie O. Rorty)와 에드 커리(Ed Curley)는 나의 이해력을 높이는 데 소중한 도움을 주었다. 수년에 걸쳐 나는 미국뿐만 아니라 유럽과 이스라엘에서 열린 다수의 학회, 회의 및 세미나에 참석했던 동료, 친구 및 학생들 — 거명하기에는 너무 많은 — 로부터 배웠고 자극을 받았다. 이들 모두에게 심심한 사의를 표한다.

롤린스 대학(Rollins College) 철학 및 종교 학부 구성원들이 수년에 걸쳐 물심양면으로 지원해주었다. 나는 그들의 도움과 스피노자에 대한 나의 약간은 강박적인 집중적 연구에 대한 그들의 인내에 감사드린다. 또한 이 책『리더스 가이드』원고 제3장 대부분을 읽고 소중한 제안과 피드백을 해준 2006년『에티카』4학년 세미나에 참석한 분들에게도 감사드릴 수 있어서 행복하다.

위대한 철학자 오디오 테이프 시리즈 스피노자 부문 최초 출판 자료를 사용할 수 있도록 허락해준 것에 대해 테네시(Tennessee), 네쉬빌(Nashville)의 놀리지 프로덕츠(Knowledge Products)사에 감사드린다.

또한 특히 헌신적으로 색인 작업을 도와준 카렌 레인(Karen Lane)
에게도 감사한다.

마지막으로, 나는 프로젝트를 예정대로 수행하는 데 있어서 컨티뉴
엄 출판사 편집진의 엄청난 지원과 격려에 감사의 인사를 드린다.

서문

스피노자의 『에티카』(*Ethics*)는 일반적으로 초기 근대철학의 걸작으로 인정된다. 그러나 또한 그것은 초심자들에게 상당히 만만치 않은 저작이라는 느낌을 주기도 한다. '기하학적 방식'으로 구성되어 있고 친숙하지 않은 철학적 어휘로 표현되고 있기 때문에, 처음 접하는 독자들에게 그것은 벅찬 도전으로 다가온다.

『에티카』의 형식과 용어는 낯설어 보일 수 있지만, 스피노자가 그 책에서 제시하고 있는 철학적 체계는 그 관점에서 보면 많은 점에서 상당히 현대적이다. 이성적으로 진행하고, 과학을 진지하게 받아들이며 인간 존재를 엄격하게 기계론적인 관점에서 바라봄으로써, 스피노자는 우리가 갖는 불만의 근원을 심리학적으로 진단하고, 자유와 만족 및 심지어 지복으로 이어지는 감정적이고 윤리적인 자기-개선의 치유 프로그램을 제안한다. 그 길을 따라서 그는 신, 목적, 인간의 유한성, 환상 및 해방에 관해 지금도 유효한 물음들을 다룬다.

철학사에 많은 관심을 가지고 있는 학생은 스피노자에게서 근대 여명기에 중심축을 이루는 급진적 사상가를 발견할 것이다. 오늘날의 일반적인 독자들은 관심사가 비슷한 사람 그리고 우리 자신의 것과 그렇게 철저하게 다르지 않은 세계관과 마주칠 수도 있다. 이 『리더스 가이드』(*Reader's Guide*)는 오늘날 다양한 수준의 독자들이 『에티카』를 더 접근하기 쉽게 하고 더 호감을 갖게 하려는 바람에서 저술되었다.

　제1장은 『에티카』의 배경을 이루는 전기적이고 역사적인 맥락을 개략적으로 서술하고 있다. 제2장은 독자들을 적응시키고 스피노자 체계의 일종의 개요를 제공하기 위해 네 가지 핵심 주제들 — '훌륭한 사상들' — 을 개괄하여 설명하고 있다. 이 『리더스 가이드』의 본문(제3장)은 『에티카』를 따라 — 전문 용어를 명확히 하고, 논증을 설명하며 저자의 동기를 반성하고 모순처럼 보이는 것을 해결하려고 노력하면서 — 단계적으로 나아간다. 스피노자의 원문이 이해하기 힘든 곳에서, 나는 이 책이 적어도 어느 정도 쉽게 이해하는 데 도움이 될 수 있기를 바라며, 『에티카』의 읽어나가기 다소 힘든 부분을, 이 책을 통해 무리없이 읽어 나갈 수 있기를 바란다. 제4장에서 우리는 『에티카』 발간 당시(1678)부터 오늘날까지 몇 가지 일련의 역사적 영향을 추적할 것이다.

　독자들에게는 쉽지 않은 일이 되겠지만, 그 노고가 영향력 있는 철학자와 주요 저서를 더 많이 이해하는 것으로 보상받았으면 하는 것이 나의 희망이다. 『에티카』는 쉬운 저서가 아니다. 그러나 널리 알려진 스피노자의 말대로 — 『에티카』의 맨 마지막 말 — '모든 뛰어난 것은 드문 만큼이나 어렵다'.

　『에티카』로부터의 인용은, 때로는 사무엘 셜리 번역본에서 발췌하기도 했지만, 대부분 커리 번역본에서 발췌했다(p.255 참고문헌 세부 목록 참조). 나는 다음의 예에서 알 수 있듯이, 『에티카』의 구절을 언급할 경우, 오늘날 표준적인 약칭 방식을 택했다.

　3p17dem은 『에티카』, 제3부 정리17 증명을 지시한다.

　2p11c는 제2부 정리11 보충을 지시한다.

　1p15s는 제1부 정리15 주석을 지시한다.

　2a1은 제2부 공리1을 지시한다.

　4d1은 제4부 정의1을 지시한다.

　　L7dem은 보조정리들 중 보조정리7 증명을 지시한다(보조정리 전체
는 제2부 정리13 다음에 있다).

　　Post. 3은 요청3을 지시한다(요청 전체는 제2부 정리13 다음에 있
다).

스피노자와 『에티카』: 배경과 맥락

스피노자는 살아생전에 종교와 정치에 관한 급진적 사상으로 유명했다. 그는 24살 젊은 나이에 공식적으로 암스테르담 유대 공동체에 의해 저주받고 파문되었다. 그 이유는 유대 교회의 장로들이 보기에 그의 사상이 너무 이단적이어서 용인될 수 없었기 때문이었다. 14년 후, 그는 사유의 자유와 출판의 자유를 지지하는 책을 출간함으로써 네덜란드에서의 일련의 정치적 사건들에 영향력을 행사하려고 했다. 자신의 입장을 옹호하는 과정에서 그는 성서, 제도권 종교 및 정치권력의 기초에 대한 전통적 생각에 의문을 제기하는 분석을 했다. 자유분방한 네덜란드에서조차 그러한 저작은 공공연하게 출간될 수 없었다. 그래서 독일 함부르크에서 인쇄되었다는 허위로 승인된 속표지를 붙이고 익명으로 출간되었다. 『신학—정치론』(*Theological-Political*)이라는 인상적인 제목을 가진 이 저서는 그 당시 정치권에 의해 호의적으로 받아들여지지 않았고 곧바로 당국에 의해 널리 금서로 지정되었다. 그러나 금서로 지정되었음에도 유럽 전역에 걸쳐 많은 지성인들이 그 저서를 읽었으며, 결국 스피노자가 저자임이 밝혀졌을 때, 그는 성서 문헌학자로서 존경받았다. 불행히도 그는 또한 위험한 자유사상가라는 그리고 심지어 무신론자라는 평판을 얻기도 했다.

스피노자가 가장 중요한 저서 『에티카』의 저술을 마무리했던 것은 바로 이러한 악평과 의혹의 분위기에서였다. 그는 수년 간 이 책에 대한 생각들을 발전시켰으며, 그러한 생각들을 가능한 한 가장 명료하고 설득력 있는 형태로 표현하는 데 10년 가까운 세월을 보냈다. 자신의 성과가 공유되기를 간절히 바랐으며, 1675년에 실제로 출판업자와 협상을 시작했다. 그러나 점차적으로 분명해졌던 것은 익명으로조차 출판 작업을 진행하는 것이 위험하다는 것이었고, 결국 그는 출판 작업을 중단하고, 더 우호적인 시기가 오기를 기다리기로 했다. 하지만 2년이 채 되지 않아, 44세에 사망했기 때문에 그런 시기를 맞이할 정도로 살지 못했다. 『에티카』 원고는 그의 사망 당시 침대 탁자 서랍에 남겨져 있었다. 그것은 은밀하게 친구들에 의해 편집되고 발행되었던 '스피노자의 유고집'(Posthumous Works of B.D.S.) 속에 담겨 다음 해에 출판되었다. 그것 역시 당국에 의해 널리 금서로 지정되었으나 그것은 또한 널리 읽혀지기도 했다.

그의 초기 저작은 주로 종교와 정치론에 초점을 맞추고 있었다. 그러나 『에티카』에서 스피노자는 철학에 있어서 가장 근본적인 쟁점들 거의 모두를 다루기 위해 탐구 범위를 확장한다. 단 한 권의 책 속에서 그는 형이상학, 인식론, 물리학, 정신 철학, 심리학 및 윤리학의 핵심 문제들을 다루고 있다. 이 문제들은 단순히 차례대로, 각각 단일 난제로 다루어지지 않는다. 반대로 스피노자는 각각의 탐구 분야가 자신의 고유한 위치를 차지하고 있는 체계적인 설명을 하고 있으며, 각각 상당히 밀접하게 통합된 방식으로 다른 분야와 관련되어 있다.

처음 출간되었을 때는 억압과 비방의 대상이었지만, 오늘날 스피노자의 『에티카』는 이론의 여지없는 초기 근대철학의 걸작들 중의 하나로 보편적으로 인정받고 있다. 그러나 많은 위대한 저서들처럼 『에티카』도 처음 접하는 독자들에게 쉽사리 접근을 허용하지 않는다. 스피노자는 자신의 철학을 정의에서 시작하여 공리, 정리, 증명 등으로 나아가는 기하학적 형태로 구성하기로 했다. 그가 이러한 서술 방식을 택한 데는 타당한 이유(이는 3장에서 고찰될 것이다)가 있지만, 기하학적 형식은 더 대화적이거나 더 서사적인 글쓰기 스타일과 달리 개인적으로 독자들의 관심을 끌지 못했다. 기하학적 구조는 저자를 시야에서 멀어지게 하지만, 철학적 생각들과 그것들의 논리적 연관을 집중적으로 조명하게 한다. 기하학적 질서에 따른 설명은 저자 자신을 소개하거나 왜 이러한 철학적 기획을 하는지 설명할 기회를 주지 않는다.

스피노자는 자신의 익명성이 유지되기를 원했지만, 오늘날의 독자들이 저자의 삶과 저술 환경에 대해 어느 정도 아는 것은 도움이 될 것이다. 한 가지 예를 들자면, 스피노자의 삶은 그의 철학적 생각을 실천에 옮겼을 때 도달하게 될 곳을 우리에게 알려준다 — 왜냐하면 그는 대부분의 삶을 『에티카』에서 발견되는 철학적이고 도덕적인 원칙에 따라 살았기 때문이다. 동시대의 많은 사람들을 가장 많이 매혹시켰고 당혹스럽게 했던 것들 중의 하나는 그렇게도 신성을 모독하는 것처럼 보였던 사상을 신봉했던 사람이 도덕적으로 모범이 되는 삶을 살 수 있었다는 것이다. 오늘날에도 그의 삶의 소박함과 평온함은 그의 저술만큼이나 유창하게 그를 찬미하는 많은 이들에게 말해주는 바가 있다. 이러한 평온함은 그가 평생 거부, 적대 및 비방의 대상이었다는 것을 상기할 때 훨씬 더 가치가 있다.

스피노자의 삶

스피노자는 1632년 네덜란드, 활기 넘치는 항구 도시 암스테르담에서 태어났다. 그 도시는 당시, 오늘날 '황금시대'라 지칭되는 시대의 한가운데서, 권력과 번영의 정점에 있었다. 무역이 최고의 자리를 차지하고 있었고, 무역선은 매일 전 세계로부터 도착했으며 외국 상품과 엄청난 부를 그 도시에 가져다주었다. 상인들이 부를 축적함에 따라 그들은 낡은 도시의 수로를 우아하게 꾸민 아름다운 귀족적 주택을 건축했다. 암스테르담은 스피노자의 이웃이었던 렘브란트(Rembrandt)와 같은 예술가들뿐만 아니라 현미경 발명자, 앤톤 반 레벤후크(Anton van Leeuwenhoek)와 같은 위대한 과학자들의 고향이었다.

국제 무역의 중심으로서의 역할 때문에 아마도 부분적으로, 암스테르담은 ─ 적어도 당시 기준으로는 ─ 진보와 관용의 도시였다. 스피노자의 선조는 고향인 포르투갈을 떠나지 않을 수 없었을 때, 종교적 다양성에 대한 암스테르담의 관용 덕분에 그곳에 정착할 수 있었다. 스피노자 집안은 유대계였고 카톨릭 종교재판소는 스페인과 포르투갈의 유대인들에게 오로지 세 가지 선택지 ─ 기독교로의 개종, 죽음 아니면 추방 ─ 만을 허용했다. 스피노자의 선조는 추방을 택했고, 암스테르담으로 항해하여 그 도시의 대규모 유대인 지구에 정착했다.

미카엘(Michael)과 하나 데보라 데스피노자(Hana Deborah deSpinoza)는 장남에게 '바루크'(Baruch) ─ 히브리어로 '축복받은'을 뜻하는 ─ 라는 이름을 지어주었다. 그는 탈무드 토라 학교에서 교육받았고 랍비가 되는 것에 관해 생각했을 수도 있다. 그러나 그는 히브리 성서와 주해서를 깊이 연구하면서, 교사들의 정통적 해석에 점점 더 동의할 수 없다는 것을 깨달았다. 이러한 저작들에 대한 연구로부터 원문 해석과 논리에 관해 배웠으나 궁극적으로 이 저작들에 만족할 수 없었다.

10대 후반에 (혹은 아마도 20대 초) 그의 지적 지평은 넓어졌으며, 기독교와 세속적 사상가들의 저작에 관해 호기심을 갖게 되었다. 그러나 이것들을 읽기 위해, 그는 라틴어를 배워야 했다. 왜냐하면 당시 거의 모든 저작들이 그 언어로 저술되었기 때문이다. 그는 프란시스 반

덴 엔덴(Francis van den Enden)이라는 이름을 가진 의사의 홈-스쿨에서 훌륭한 라틴어 훈련을 받았으며, 그 언어와 병행하여 철학적이고 과학적인 사상들의 더 큰 세계를 배우기 시작했다.

스피노자가 20세가 되었을 때, 아버지가 돌아가셨고, 한동안 그는 동생 가브리엘(Gabriel)과 함께 과일과 채소 장사를 했다. 그러나 스피노자의 관심은 장사보다는 학문연구에 더 집중되어 있었던 것 같다. 그가 더 많이 배울수록, 그의 신학적이고 종교적인 견해는 랍비와 장로들의 그것으로부터 벗어났다. 사유뿐만 아니라 행동에 있어서도 정통 신앙과 다르게 생각하고 일상적 삶에 있어서 규율을 경건하게 준수하지도 않았기 때문에 공동체로부터 점차 멀어졌다.

우리는 1656년 그가 최종적으로 파문을 당하게 된 정확한 이유를 알지 못한다. 어느 시점에서 그가 지지했던 사상과 그가 영위했던, 점점 더 세속화되어 갔던 삶은 장로들에 의해 참을 수 없을 정도로 이단적이라고 판정되었다. 그는 삶의 방식을 바꾸고 이단적 사상을 철회할 기회를 부여받았지만 타협하지 않았다. 그리하여 그의 선조가 종교적 이유로 추방되었듯이, 정통파의 요구에 순응하지 않았다는 이유로 스피노자도 유대 공동체로부터 추방되었다. 공식적으로 그를 파문시켰던 포고령은 (부분적으로) 다음과 같다.

천사들의 결의와 성인들의 명령에 따라, 우리는 바루크 드 에스피노자를 파문하고, 추방하고, 비난하고 저주한다. … 낮에도 밤에도 저주받아라. 잠 잘 때도, 일어날 때도 저주받아라. 나가고 들어올 때도 저주받아라. 주께서는 그를 용서하지 마시고, 주의 분노와 노여움이 이 사람을 향해 불타게 하시고, 이 책에 쓰여 있는 모든 저주가 그에게 내리게 하소서 … 어느 누구도 그와 교제해서는 안 되고, 서신을 교환해서도 안 되고, 어떠한 호의를 베풀어서도 안 되고, 그와 함께 한 지붕 아래에서 머물러서도 안 되고, 4큐빗 이내로 그에게 가까이 다가가서도 안 되며, 그가 구성하거나 작성한 어떠한 글도 읽어서는 안 된다.[1]

이러한 놀라운 말과 함께 스피노자는 그가 그 속에서 성장하고 공부하고 일하고 예배를 드렸던 공동체로부터 최종적으로 차단되었다.

24살, 파문 후 스피노자는 첫 번째 이름, 바루크를 같은 의미의 라틴어, 베네딕투스(Benedictus)로 바꿨다. 그는 때때로 자신처럼 이단적인, 일군의 개신교 신자들과 의견을 주고받으면서, 조용한 삶을 살았다. 그는 자신의 사상에 관심을 표명했던 다수의 영향력 있는 사업가, 철학자 및 과학자들과 서신을 교환했다. 파문과 죽음 사이 20년 간 스피노자는 언제나 지역 시민들의 집에 있는 방을 세내는 형태로, 네덜란드 여러 도시들로 5번 이사를 했다. 그는 렌즈를 갈면서 수수하게 자립적으로 생활을 했기 때문에 매우 검소하게 살았다. 시몬 드 브리스(Simon de Vries)라는 한 친구가 편히 살도록 그에게 2천 플로린(영국화폐로 약 5백 파운드)을 주겠다는 제안을 했다. 그러나 스피노자는 그렇게 큰 금액 때문에 분명 자신의 일과 연구에 집중하지 못할 것이라고 설명하면서 그에게 선물을 줄여줄 것을 요청했다. 다소 놀랍게도, 그는 심지어 독일 하이델베르크 대학의 명망 있고 경제적으로 안정적인 교수직을 제안 받기도 했다. 그는 그러한 지위에 수반될 산만함과 정치적 압력을 우려하여 예의를 갖춰서 그 제안을 거절했다.

스피노자는 그가 살았던 비좁은 거처에서 열심히 렌즈를 갈고 철학을 했다. 1665년부터 1670년까지 그는 『에티카』를 미뤄두고 『신학－정

---

1 더 완벽한 텍스트는 다음의 책에서 찾아볼 수 있다. Steven Nadler, *Spinoza: A Life*. Cambridge University Press, 1999, p. 20.

치론』에 집중했다. 그가 『신학-정치론』 출간했을 때(앞서 살펴보았듯이, 익명으로 그리고 엄청난 논란과 더불어), 그는 곧바로 주과업으로 되돌아갔으며 끝까지 『에티카』 마무리를 위해 애썼다. 그는 마지막 몇 년 간 은둔자가 아니었다. 왜냐하면 다수의 학자들은 그의 통찰을 높이 평가했으며 담화를 나누면서 오후 시간을 보냈기 때문이다. 그러나 그는 대부분의 시간을 방 한 칸에서 보냈으며, 그가 지속적으로 호흡해야 했던 유리 가루는 폐를 약화시켰다. 그는 마지막으로 거주했던 도시, 헤이그에서 1677년 어느 일요일 오후 폐결핵으로 조용히 숨을 거뒀다.

『에티카』와 『에티카』를 둘러싼 논란

스피노자는 『에티카』 내용의 일부를 다수의 믿을 수 있는 친구들과 수년에 걸쳐서 공유했다. 따라서 당국은 유해한 『신학-정치론』을 썼던 '변절자 유대인'이 자신의 철학을 더 포괄적이고 체계적인 방식으로 표현하려는 의도에서 책을 썼다는 사실에 대해 알게 되었고, 스피노자가 사망했을 때, 원고를 없애기 위해 아니면 적어도 그것의 출간을 막기 위해 원고의 소재를 알아내려고 했다. 멀리 로마에서도 그 책의 출간이 가져올 위험한 결과에 대해 우려를 표했다.[2]

　다행히도 스피노자의 친구들은 인쇄를 준비하는 동안 당국의 감시를 피할 수 있었고, 그 책은 1678년 1월에 출간되었는데, 교회와 정부의 판단은 신속하고 가혹했다. 2월 4일 라이덴 개혁 종교회의는 그것을 '태초부터 지금까지 … 가장 사악하고 모든 종교를 제거하려 하며 왕

2　『에티카』 출간을 둘러싼 논란에 대한 탁월한 논의에 대해서는 다음 책을 참조하라. Jonathan, Israel, 『급진적 계몽운동』(Radical Enlightenment). Oxford: Oxford University Press, 2001. 라이덴 종교회의로부터 인용된 구절은 이스라엘의 저서에서 찾아볼 수 있다. p. 291

위에 도전하려는 책'이라고 공포했다. 6월 그 저서는 공식적으로 홀랜드 전역 그리고 네덜란드의 대부분의 지역에서 공식적으로 금지되었다.

스피노자 철학에 대한 당국의 두려움과 대립을 이해하기 위해서는 저술 당시 점진적이지만 의미심장한 지적인 혁명이 서부 유럽에서 진행되고 있었다는 것을 기억하지 않으면 안 된다. 그러한 혁명을 추동했던 가장 중요한 요인들 중 몇 가지를 살펴보도록 하자.

1. 르네상스는 인간 사회와 자연 세계에 초점을 맞추고 있는 고전 문화에 대한 관심을 다시 불러일으켰다. 그리고 고전 시대의 위대한 작가들이 성서적 지혜 내지 기독교 신학과는 무관하게 인간의 삶과 우주에 관해 훌륭하게 그리고 통찰력을 가지고 글을 썼다는 것을 아는 것은 어렵지 않다.

2. 종교개혁은 서구 기독교 신앙의 통일성과 성사, 구원 및 성서 해석에 관한 신자들의 의견의 일치를 붕괴시켰다. 끝없는 교리상의 논란과 피비린내 나는 종교 전쟁은 사고하는 사람들이 의심할 수 없는 진리를, 그리고 그들 자신의 신념과 충성의 정당성을 신뢰하면서 침묵하는 것을 더 어렵게 만들었다.

3. 천문학, 광학 및 역학이라는 '새로운 과학'은 수 세기를 지배했던 아리스토텔레스-기독교적 종합의 이론적 기초를 의문시했다. 우리가 글자 그대로 우주의 중심에 있지 않다는 코페르니쿠스(Copernicus)의 견해를 지지하는 증거들이 제시됨에 따라, 사람들은 더 비유적으로 인류의 '지위'를 다시 생각하게 되었다. 갈릴레이와 데카르트 같은 사상가들에 의해 주도되었던, 새로운 '자연철학'은 자연 속에서 일어나는 사건들은 수학적 용어로 정식화될 수 있는 기계적 법칙에 따라 발생한

다고 주장했다. 이러한 견해가 근거를 획득함에 따라, 그것은 사물을 설명하는 데 있어서 불가피하게 어려운 질문들 — 인간의 자유의지에 관한, 기적의 가능성에 관한 그리고 목적의 (그 어떤 것이든) 역할에 관한 — 을 제기했다. 머지않아 사람들은 새로운 과학이 제안했던 그러한 종류의 기계론적 설명이 인간 존재와 인간 사회에도 적용될 수 있는지를 묻기 시작했다.

변화의 과정은 궁극적으로 계몽사상에 이르기까지 그리고 우리가 근대성과 결합시키는 세계관에 이르기까지 진행되었다. 이성과 과학에 기초를 둔 세속적 관점은 인간의 복지, 윤리학 및 정치학에 관한 논쟁에 있어서 점점 더 전통적인 종교적 관점에 도전했다. 철학은 점점 더 '신학의 시녀'라는 지위를 벗어났으며, 과학적 세계관 — 종종 계시 종교와 충돌했던 세계관 — 이 출현하는 과정에서 능동적 역할을 했다.

1670년대에 이러한 지적 혁명은 여전히 초기 단계에 머물러 있었다. 하지만 역사적으로 되돌아보면, 우리는 성직자와 행정 관료들이 스피노자의 저작이 위험하다고 생각했다는 점에서 매우 옳았다는 것을 알 수 있다. 당시 어떤 다른 저작도 세계가, 기꺼이 계시종교에 대한 신념을 보류하고 새롭게 떠오르는 자연 과학의 주장을 진지하게 받아들이는 사람에게 어떻게 보일 수 있는지를 그렇게 체계적이고 일관성 있게 보여주지 못했다. 스피노자의 저작 속에서 우리는 계몽사상과 근대성 자체의 가장 중요한 특징을 명확하게 확인할 수 있다. 당국자들은 이 저술들이 그들에게 위험이 되리라고 생각했다는 점에서 틀리지 않았다. 왜냐하면 여러 가지 방식으로 스피노자는 미래를 표현했고, 그 미래는 그들의 보수적 이익에 결코 우호적이지 않았기 때문이다.

우리가 다음 장에서 스피노자 『에티카』의 핵심 주제들을 살펴볼 때,

그의 견해들이 당시 주류의 견해와 얼마나 근본적으로 다른지 분명하게 드러날 것이다. 그리고 나서 원문 자체를 더 상세히 살펴볼 때, 우리는 어떻게 이러한 견해들이 상당히 통합된 체계 속에서 조화를 이루는지를 알게 될 것이다. 비록 저술된 지가 3세기 이상 되었지만, 이러한 생각들은 여전히 오늘날에도 우리의 도전 의식을 북돋우고 우리를 사로잡는 힘을 가지고 있다.

『에티카』에서 스피노자는 실재 전체에 대해 그리고 어떻게 인간 존재
가 저 거대 실재와 조화를 이루는지에 대해 설명한다. 기하학적 형태로
제시되었고 형이상학적 언어로 기술된 그의 논증의 세부사항은 따라가
기 어려울 수 있다(우리는 제3장에서 덤불을 헤치고 길을 내려고 노력
할 것이다). 그러나 그의 철학의 거대한 형세를 구성하는 주요 사상들
은 실제로 전혀 어렵지 않다. 반대로 이 사상들은 명쾌하며, 서로 잘 조
화를 이루면서 일관성 있고 (다양한 방식으로) 설득력 있는 세계관을
형성한다. 만약 우리가 큰 그림을 명확하게 이해할 수 있다면, 세부적
인 내용에 훨씬 더 쉽게 접근할 수 있을 것이다.

　　위대한 사상들의 수준에서 견주어 볼 때, 또한, 우리는 이전 사상가
들이 스피노자에게 끼친 영향을 가장 쉽게 알아챌 수 있다. 기하학적
형태의 글쓰기는 스피노자가 이전 철학자들에 의해 제기되어 당시 활
발하게 논의되었던 쟁점 사항들을 어느 정도까지 다루고 있는지를 이
해하기 어렵게 한다. 스피노자는 『에티카』에서 다른 철학자를 거의 언
급하지 않는다. 그러나 박식한 독자들은 스피노자의 윤리학설에서 고
대 스토아학파의 자취를, 그리고 그의 정치론에서 홉스(Hobbes)의 흔
적을 간파할 수 있다. 『신학-정치론』의 성서 비판은 많은 것을 마이모
니데스(Maimonides) 및 다른 유대 학자들에게 빚지고 있다. 자신의
서신에서 스피노자는 고대 원자론자들(데모크리투스(Democritus)와

루크레티우스(Lucretius)가 그의 사고에 끼친 영향을 기꺼이 인정하고
있다. 모든 다른 철학자들처럼, 스피노자도 은밀하게 전통과 대화를 했
다―그는 수많은 앞선 저술가들의 물음과 주장에 의해 고무되었고 자
극 받았다.

　스피노자에게 가장 직접적으로 영향을 준 유일한 사상가는 프랑스
철학자 르네 데카르트(René Descartes)였다. 창의적 수학자요 근대 철
학의 설립자인 데카르트는 하나의 체계를 발전시켰는데, 그가 원했던
것은 기독교의 가장 중요한 교리들과 조화를 이루면서도 수학적으로
정초된 새로운 자연학의 근거가 되는 체계였다. 그의 철학은 수 세기에
걸쳐 서구 사유를 지배했던 아리스토텔레스적/스콜라적 체계에 대한
대안을 제시했다. 그는 자신의 사상을 1630년대와 1640년대에 일련의
저서 속에서 표현했으며, 1650년에 사망했지만 그의 사상은 이후 수십
년에 걸쳐 꾸준히 점점 더 많은 영향력을 갖게 되었다.

　스피노자가 청소년기에 프란시스 반 덴 엔덴(Francis van den En-
den)의 학교에서 라틴어를 배우고 기독교 철학자들과 세속적 철학자
들의 저서를 읽기 시작했을 때가 바로 1650년대였다. 유럽 전역에 걸
쳐 진보적 사상가들을 위한 지식인 필독 목록에 속해 있었던 데카르트
의 저서는 어린 스피노자를 위한 교육 도서 목록에도 영향을 끼쳤다.
스피노자는 라틴어와 함께 데카르트 철학의 기초를 배웠으며, 그는 데
카르트 철학에 정통했다. 한때는 특별히 데카르트 철학을 배우기 위해
찾아온 학생들을 개인적으로 지도했을 정도였다. 사실, 스피노자는 데
카르트 사상을 배우려는 한 학생에게 도움을 주기 위해 데카르트 저서
들 중 하나인 『철학 원리』(The Principles of Philosophy)를 기하학적 형
태로 재구성했고, 훗날 몇몇 친구들이 스피노자에게 이 보조 교재를 출
간할 것을 권했다 ― 그것이 스피노자가 생전에 공개적으로 출간할 수

있었던 유일한 저서였다.

데카르트의 사상은 스피노자의 『에티카』에 커다란 영향을 미쳤다. 그러나 이 영향이 기본 학설에 대한 광범위한 의견 일치를 의미하는 것은 아니다. 반대로 스피노자는 철학에 있어서 몇 가지 가장 핵심적인 쟁점에 대해 데카르트와 견해를 달리한다. 『에티카』의 핵심 주제들을 염두에 둘 경우, 우리는 종종 그것들을 스피노자가 새로운 데카르트 철학에 있어서 근본적인 오류로 간주했던 것에 대한 반응과 교정으로 간주할 수 있다. 우리는 『에티카』를 그러한 획기적이고 논란이 많은 저서로 만들었던 네 개의 핵심적이고 가장 근원적인 사상들을 살펴볼 것이다. 그렇게 하는 과정에서 우리는 원문의 미세-구조를 이해하기 위해 문맥을 설정할 것(제3장에서)이고 또한 그 과정에서 당시 가장 영향력 있던 철학자와 스피노자의 불일치의 정도를 주의 깊게 살펴볼 것이다.

1. 신

신은 스피노자 철학 체계에서 대단히 중요한 역할을 한다. 물론 이것이 그 자체로 특이한 경우는 아니다. 중세 철학뿐만 아니라 데카르트의 새로운 체계에서도 신은 중요한 역할을 한다. 특이한 것은 스피노자가 신이란 무엇인가에 대해 전적으로 새로운 설명을 하고 그것을 옹호한다는 것이다. 스피노자의 신은 유대-기독교적 전통에서 언급되는 천상의 아버지가 아니다. 반대로 스피노자는 신은 존재하는 모든 것을 포괄하지 않으면 안 된다고 주장한다. 신은 모든 것의 원인이지만, 자기 자신과 분리되어 있는 것들을 창조했다는 의미에서 원인은 아니다. 오히려 신은 모든 것 안에 있으며, 모든 것은 신 안에 있다. 사실상 스피노자에 따르면, 세상에 있는 모든 개별 사물은 신의 일부 — 능동적으로 현존하는 신이 그 사물 속에서 그리고 그 사물로서 나타난 것 — 이다. 신은 존재하는 모든 것을 포괄하기 때문에, 스피노자는 때때로 직접적으로 신을 자연과 동일시한다. 그의 주장에 따르면, 신과 자연은 동일한 실재를 지칭하는 두 가지 낱말에 지나지 않는다.

『에티카』는 다섯 부분으로 나누어진다. 제1부('De Deo' — '신에 대하여' 라는 제목이 붙여진)는 전적으로 신이라는 평범하지 않은 개념을 연역하고 설명하며 옹호하는 데 할애되고 있다. 첫 부분(정리1~15)은 17세기 철학자들이 폭넓게 사용했던 추상적인 형이상학적 용어(예를 들어 '실체', '속성', '양태')를 활용하여, 신이 존재할 수밖에 없으며 아마도 오직 이 신만이 존재할 수 있다는 것을 합리적으로 논증한다. 『에티카』제1부의 핵심 정리들은 어떻게 모든 것들이 신으로부터 따라 나오는지를 분명히 하고, 사물들이 존재하게 되는 인과적 과정을 설명한다. 제1부 부록—『에티카』에서 가장 잘 알려진 부분들 중의 하나—은 비전문적인 방식으로, 왜 신의 참된 본성은 여러 시대에 걸쳐서 그렇게도 광범위하게 오해되어 왔는지를 설명한다.

신에 대해 이렇게 매우 난해한 설명을 하면서 스피노자는 물론 암암리에 전통 신학과 대체로 전통적 개념의 토대를 이루는 성서를 비판하고 있다. 만약 신이 자연 전체와 동일하다면, 신은 분명히 유대-기독교적 전통에서 신에게 귀속시켰던 그 어떤 인격적, 즉 인간과 같은 특성을 갖지 않는다. 예를 들어, 신은 어떠한 얼굴이나 목소리도 —어떠한 감정, 욕망, 목적이나 의지도 (우리가 이 용어들을 통상적으로 이해하는 한) — 갖지 않는다. 『신학-정치론』에서 스피노자는 성서를, 그리고 종교적 신자들이 신의 본성 이해에 있어서 오도되는 방식을 세심하고 길게 분석하고 비판한다. 『에티카』에서 스피노자는 이런 문제를 길게 다루지 않지만, 신과 세계에서 인간 존재의 지위를 적합하게 이해하기 위해 독자들은 전통적이고 신인동형적인 '인격적' 신 개념이 허위라는 것을 깨닫지 않으면 안 된다는 것을 명확히 한다.

　스피노자의 독특한 신 개념은 앞서 언급했듯이, 그의 철학 전체에서 매우 중요하다. 실제로 이 개념은 다음 세기의 시인이 그를 '신에 취한 사람'이라고 칭했을 정도로 스피노자의 사유 곳곳에서 발견된다. 그러나 당시의 성직자와 법조인들의 견해로는, 스피노자의 신은 전혀 신이 아니었으며, 그들은 한 치의 망설임도 없이 그를 무신론자라고 고발했다. 사실, 그의 사후 수십 년 간, 누군가를 '스피노자주의'(Spinozism)라고 비난하는 것은 그 사람을 무신론자라고 부르는 또 다른 방식에 지나지 않았다. 독자는 스피노자의 신이 그 이름으로 불릴만한 가치가 있는지 결정해야 할 것이다. 그러나 『에티카』제1부에 대해 더 상세히 연구한 후 (본서 『리더스 가이드』(*Reader's Guide*) 제3장에서), 그러한 판단을 하는 것이 더 좋을 것이다.

2. 보편적 인과 결정론

모든 것은 신의 일부라는 견해로부터 도출되는 일종의 귀결은 자연 속의 모든 것들은 규칙적이고 구조화된 전체 속에서 조화를 잘 이루고 있다는 생각이다. 스피노자에 따르면, 이것은 인과적 질서다 — 모든 사물과 사건은 자연법칙(신적 존재의 구조적 원리라고 불리기도 한다)에 따라 다른 사물과 사건에 의해 야기된다. 모든 자연 속 사건은 선행 사건과 조건에 의해 야기되며, 모든 사건은 자신이 초래하는 결과(효과)를 낳는다. 이러한 통념 속에는 일종의 불가피한 필연성이 있다. 왜냐하면 원인 없이는 결과도 존재할 수 없기 때문이다. 만약 원인이 존재한다면, 결과가 필연적으로 따라 나오지 않으면 안 된다. 이러한 견해는 종종 '인과 결정론'(causal determinism)이라고 칭해지며 스피노자는 과거 그 어떤 철학자보다 더 단호한 인과 결정론자였다.

보편적 인과 결정론이 어떻게 17세기 갈릴레이, 데카르트 및 다른 사람들에 의해 발전되고 있던 새로운 자연 과학을 지지하는 데 관심을 가졌던 한 철학자의 관심을 끌었는지를 이해하는 것은 어렵지 않다. 그런데 특정한 종교적이고 도덕적인 학설에 위협이 된다는 이유로, 그러한 학설을 받아들이지 않았던 많은 사상가들이 있다. 만약 자연 속의 모든 사건이 자연법칙에 따라 선행하는 사건에 의해 야기된다면, 성서에서는 확실한 것으로 받아들여지는 기적을 위한 자리는 없는 것처럼 보인다. 기적은 자연적 사건의 과정 속으로 초자연적인 것이 순간적으로 침입한 것 — 일반적으로 자연적 질서 속에서는 따라 나올 수 없는 결과를 초래하는 것 — 으로 간주되었다. 그러한 기적을 보편적 인과 결정론과 조화시키는 것은 어려운 것처럼 보였다. 따라서 많은 종교적 사상가들은 결정론을 거부했지만 결국 자연 외부에 어떤 것이 존재한다는 것을 부정했던 스피노자는 결정론을 받아들였고 초자연적인 기적을 거부했다.

결정론에 대한 다른 종류의 반론은 그것이 갖는 윤리적 함의를 우려하는 사람들에 의해 제기되었다. 만약 자연 속에 있는 모든 사물과 모든 사건이 선행 원인의 필연적 결과라면, 인간의 행동 역시 모든 다른 사건처럼 인과적으로 결정되지 않으면 안 된다. 만약 그것이 사실이라면, 우리의 선택과 결정은 선행하는 원인이 되는 요인들의 불가피한 결과들이다. 그리고 저 원인들을 고려하면 우리의 선택은 우리가 선택했던 것과 다를 수 없다. 이것은 인간의 자유의지를 배제하는 것처럼 보이며, 그것은 도덕적 책임이라는 우리의 통념을 약화시키는 것처럼 보일 것이다. 만약 사악하거나 범죄가 되는 나의 행동이 선행 원인들의 필연적 결과라면 어떻게 내가 정당하게 그것에 대해 책임질 수 있는가?

데카르트는 이것이 대단히 골치 아픈 문제라는 것을 알았고 그 결과 그는 궁극적으로 결정론을 거부했다. 비록 그가 물리적 세계 전체는 자연의 인과 법칙에 따라 움직인다는 견해를 선호했지만, 그는 인간 정신에 대해 예외를 인정했다. 데카르트에 따르면 인간 존재는 자연법칙의 지배를 받지 않는 자유의지를 가지고 있다. 이 의지는 그 결정과 활동이 선행하는 원인에 의해 결정되지 않는, 그러나 완전히 자유롭고 무제한적 선택의 산물인 그러한 것이다. 이 자유의지의 결단은 자연의 모든 다른 사건들과는 달리, 원인을 가지고 있지 않기 때문에 궁극적으로 새로운 자연과학에 의해 이해될 수 있는 단 하나의 보편적인 결정론적 인과 체계의 일부가 아니다. 이러한 새로운 과학에 대한 헌신에도, 데카르트는 기꺼이 선을 긋고 인간 정신을 과학적 이해의 범위에서 배제했다. 우리가 자유의지를 가지고 있다는 것을 확실하게 하기 위해 데카르트는 인간 정신을 (그 외에는 보편적인) 자연법칙의 예외로 간주했다.

스피노자는 이에 동의하지 않을 것이다. 그에 따르면, 인간 존재들과 그들의 행동은 모두 자연의 일부이며 자연의 모든 사건을 지배하는 동일한 인과 법칙의 지배를 받는다. 그는 심지어 데카르트의 견해를, 그것이 모든 인간 존재를 '왕국 속의 왕국'(kingdom within a kingdom)으로 만든다고 말함으로써 대놓고 조롱하기까지 한다. 스피노자에 따르면, 오직 하나의 '왕국'(자연)만이 존재하며 그 왕국 속의 모든 사건은 자연법칙에 따라 발생한다. 그는 『에티카』 제1부 주요 부분들에서 이러한 견해를 피력하며, 나중에 제2부에서(정리 48과 49) 인간 존재도 보편적인 인과적 결정론의 예외가 아님을 명시적으로 주장한다. 스피노자는 자신의 견해의 함의로써 자유의지란 없다는 것을 받아들인다. 그러나 그는 『에티카』 뒷부분에서 우리 자신을 자연의 일부로 이해함으로써 인간 존재에 의해 성취될 수 있는 더 중요하고 더 가치 있는 종류의 자유가 있다고 주장한다.

3. 정신과 신체

부분적으로 자유의지의 자리를 확고히 하는 데 관심이 있던 데카르트
는 인간 정신은 인과적 질서의 일부가 아니라고 단언했다. 그러나 데카
르트는 새로운 자연과학, 즉 역학, 광학 및 천문학에 상당한 관심이 있
었으며 그것들을 지지했다. 따라서 그는 세계 속에 대체적으로 보편적
인과관계가 존재한다는 것을 승인하기를 원했다. 정신이 인과적 용어
로 이해될 수 있다는 것을 거부하면서 과학에 의해 연구되는 세계 속의
보편적 인과관계를 옹호하는 것이 어떻게 가능한가? 데카르트는 정신
은 물질계와 전혀 다른 종류의 것이라고 주장함으로써 이 문제를 해결
했다(혹은 회피했다). 이러한 견해에 따르면, 물질적 우주는 공간 속
무한한 연장을 특성으로 갖는 하나의 물리적 실체로 이루어져 있다. 이
물리적 실체에 덧붙여, 정신들 — 의식적 사유를 특성으로 가지며 선택
하고 의지하는 역량을 소유하고 있는 정신적 실체들 — 이 존재한다.
데카르트의 이론에서, 인간 존재는 (1) 연장된 실체의 일부인 신체와
(2) 사유하고 의지하는 정신으로 이루어져 있다.

   이것이 데카르트의 유명한 '이원론'(dualism) — 인간 존재는 정신
과 신체로 구성되어 있으며, 정신과 신체는 근본적으로 다른 종류의 것
들이라는 견해 — 이다. 이것은 여러모로 우리의 일상적 말투에서 뿐만
아니라 많은 앞선 철학자들의 이론에서도 전제가 되고 있는 상식적 견
해다. 그러나 전통으로부터 가장 급진적으로 이탈하는 지점들 중의 하
나에서, 스피노자는 이러한 이원론적 견해를 부정한다. 스피노자에 따
르면, 정신적인 것과 물리적인 것 — 정신과 신체 — 은 두 개의 서로 다
른 종류의 것이 아니라, 오히려 단 하나의 유일한 것을 이해하고 기술
하는 두 개의 서로 다른 방식이다. 이러한 견해는 『에티카』 제2부 앞부
분에서 설명되고 옹호되고 있다. 우리는 그것을 아래에서 더 상세하게

논의할 것이다. 제2부 나머지 부분에서 스피노자는 정신과 신체 동일
성론을 이용하여 어떻게 우리는 우리 자신과 세계를 인식할 수 있는가
— 그리고 왜 우리는 그렇게도 자주 오류에 빠지는가 — 를 설명한다.
정신과 신체에 관한 이러한 견해는 또한 감정 탐구를 위한 개념적 기초
를 제공한다.

4. 인간 감정으로부터의 해방학

윤리학과 도덕 심리학에 관심이 있는 사상가들—고대 사상가들로부터
최근의 현대 이론가들에 이르기까지 — 은 반드시 인간의 경험과 행동
에서의 감정의 역할을 고려하지 않으면 안 된다. 감정(특히 전통적으
로 '정념'으로 분류되는 것들)은 보통은 비-합리적인 것으로 매우 종
종 과도하고 파괴적인 것으로 간주된다. 그럴 경우 윤리적 과제는 이러
한 정념들을 '올바른 이성'이 제어함으로써 '완화'시키는 것이다. 스
피노자는 또한 이성과 정념의 관계에도 관심을 가졌다. 그러나 그가 집
중했던 것은 이 다루기 힘든 감정들을 길들이는 것이 아니라, 이 감정
들을 이해함으로써 우리 자신을 그것들의 파괴적 폭력으로부터 해방시
키는 것이었다. 이를 위해, 그는 감정에 대한 체계적인 학문을 발전시
켰다(『에티카』 제3부에서). 그리고 나서 『에티카』 마지막 부분(제4부
와 제5부)에서 스피노자는 이 감정학을 강건하고 기쁨으로 충만한 삶
이 무엇인지를 설명하고 예속으로부터 해방으로 (그가 말하는 대로)
이끄는 치료법적 프로그램을 약술하는 데 이용한다. 우리 자신과 우리
의 감정을 자연의 일부로 이해하게 됨으로써, 우리는 스피노자가 '지
복'(blessedness)이라고 부르는 일종의 기쁨과 자유를 성취할 수 있다.
　철저하게 비정통적인 신 개념에서 시작함으로써, 스피노자는 이성적
자기-이해를 통해 독자를 일종의 세속적 구원으로 인도한다. 이러한

해방 프로그램의 핵심은 우리 인간 존재가 신의 일부, 즉 자연 속의 다른 모든 것들과 사건들처럼, 원인과 결과에 의해 이해될 수 있는 자연적 질서의 일부라는 사실이다. 스피노자에 따르면, 이런 식으로 우리 스스로를 알게 되면, 감정적 동요는 중단되고 정신의 시야는 명료해지며 정신은 평온한 만족감을 느끼게 된다. 그럴 경우 우리는 자연을 존중하고 자연의 역량, 질서 및 다양성에 대해 기쁨으로 충만한 감사의 마음을 갖게 된다. 『에티카』를 마무리하는 페이지에서 스피노자는 주저 없이 이러한 존중과 기쁨을 일종의 지복—신에 대한 사랑의 심원하고 무시간적인 경험—과 동일시한다.

이러한 것들이 『에티카』의 주제들이다. 그것들은 실제로 파악하기 어렵지 않다. 그러나 그 자체로 기하학적 형태로 제시되고 있는 이러한 주제들의 세부적이고 체계적인 전개 과정을 따라 가는 것은 오늘날의 독자에게는 도전일 수 있다. 다음 장에서 우리는 이러한 기하학적 설명 방법에 대해 간략하게 되짚어보고, 오늘날 우리가 쉽게 접근할 수 있도록 배경 지식과 본문 분석을 제공하면서, 이 걸작을 단계적으로 하나하나 살펴볼 것이다.

3장
본문 읽기

그 제목에서 알 수 있듯이, 스피노자의 가장 중요한 저작은 윤리에 관한 논문이다. 그러나 주제는 고대인들이 사용했던 의미에서의 '윤리'다. 아리스토텔레스, 스토아학파 혹은 에피쿠로스학파가 윤리를 주제로 탐구했을 때, 그들은 인간에게 최상의 삶이란 무엇이고 어떻게 그러한 삶을 살 수 있는지를 알고자 했다.

미완의 저서 『지성개선론』(*Treatise on the Emendation of the Intellect*)에서 스피노자는 사람들이 행복해질 수 있다는 희망을 가지고 추구하는 것들(부, 육체적 쾌락, 명성)이 종종 헛되고 공허하다는 것을 젊었을 때 깨달았다고 이야기하고 있다. 잘해야 그것들은 일시적으로 만족감을 주며, 최악의 경우에 강박적이며 파괴적이다. 스피노자는 문제가 있는 이러한 쾌락을 추구하면서 보내는 삶보다 더 크게 그리고 영원하게 만족을 주는 어떤 것을 원했다. 따라서 그는 더 나은 삶의 방식이 있는지 — '한번 발견되고 획득되면, 지속적으로 최대의 기쁨을 영원히 줄 어떤 것이 있는지' — 를 알고자 했다. 그는 자신이 찾는 것을 발견했고 그 과정에서 인간 존재가 살아가는 최상의 방식을 확인했음을 암시적으로 언급하고 있다. 『에티카』는 그가 발견한 것을 우리에게 알려준다.

철학자가 늘 그렇듯이, 스피노자는 좋은 삶의 성취를 위한 인식 — 좀 더 구체적으로 자기-인식 — 의 중요성을 강조한다. 그러나 우리 인간은 자연의 일부이며 산물이다. 따라서 우리 자신을 이해하기 위해 우리는 자연의 기본 원리를 이해하지 않으면 안 된다. 이 역시 고대 윤리학자들의 전통과 아주 유사하다. 그러나 스피노자의 설명은 그가 자연과 자연의 일부로서의 인류에 대한 개념을 상세하게 전개시키고 있다는 점에서 고대 선조들과 다르다.

『에티카』는 다섯 부분으로 나누어진다. 제1부는 신 혹은 자연을, 그리고 유한 사물들의 세계가 어떻게 무한하고 영원한 신으로부터 따라나오는지를 다룬다. 제2부는 인간 정신을 다루고 있으며, 우리가 아는 것을 어떻게 알게 되는지, 그리고 어떻게 우리가 사유하면서 그렇게 자주 잘못을 저지르는지를 설명하고 있다. 제3부에서 스피노자는 상세한 감정론을 전개한다. 한편, 제4부에서는 어떠한 종류의 감정적 삶이 강건하고 행복한 삶에 도움이 되는지를 설명한다. 마지막으로 제5부에서 우리는 이성과 이해가 어떻게 파괴적 정념의 극복을 도울 수 있는지, 그리고 심지어 일종의 지복과 '구원'(스피노자는 지복을 그렇게 부른다)을 가져다주는지를 설명한다. 여기서 윤리학은 정점에 다다른다.

스피노자의 신과 지복에 대한 사상은 밀접하게 관련되어 있다. 그는 지복을 가능하게 하는 통찰을 얻고자 한다면, 우리가 전통 신학의 편견과 환상을 극복하지 않으면 안 된다고 주장한다. 따라서 생각 자체의 질서가 고찰의 질서를 규정한다. — 먼저 신, 그리고 나서 인간 존재들과 그들의 지복.

제1부 – 신에 대하여

『에티카』 제1부에서는 스피노자의 독창적인 신 개념이 제시되고 있으며, 또한 세계가 신 '안에' 있고, 신에 의해 생기며 신으로부터 따라 나오는 방식이 설명되고 있다. 서두에 있는 몇 페이지는 서구 철학을 통틀어 가장 복잡하고 이해하기 어려운 부분이다. 전체적인 개요는 상당히 명쾌하지만, 단계별로 세분화된 논증은 거의 이해가 힘들다고 할 수 있다. 이하에서는 제1부 처음 14개의 정리에 들어있는 논증이 다소 단순화된 형태로 제시될 것이다. 단순화가 스피노자의 의도를 왜곡시키지는 않을 것이며, 오히려 단순화 덕분에『에티카』를 처음 읽는 독자들은 논증을 더 쉽게 이해할 수 있을 것이다. 제1부 나머지 부분에 대해서는 독특한 정리들에 초점을 맞추고 스피노자의 추론을 다소 상세하게 따라감으로써 원문에 매우 충실한 검토가 이뤄질 것이다.

우리는 스피노자가 선택했던 낯선 서술 방식을 먼저 살펴보면서 논의를 시작할 것이다.

기하학적 증명법

스피노자의 가장 위대한 저작을 이해하기 어렵게 하는 것은 대부분 그가 저술하는 방식—실제적인 설명 구조—에 기인한다.『에티카』를 펼쳤을 때 독자가 주목하는 것은 논의의 여지가 있는 관념들이 아니라 스피노자의 독특한 저술 방식이다. 먼저 정의가 등장하고 다음으로 공리가, 그 다음으로 증명이 뒤따르는 수많은 정리들이 등장한다. 이런 식의 저술 모델은 기원전 3세기에 쓰인 유클리드(Euclid)의 고전 저작,『기하학 원론』(*The Elements of Geometry*)이다. 스피노자는 마치 수학 논문을 쓰듯이 자신의 철학적 견해를 서술한다. 그는 이러한 저술 형식을 '기하학적 증명법'이라 부르고 있으며, 그 간결한 형식은『에티카』를 처음 접하는 많은 독자들에게 두려움을 갖게 한다.[1]

1　스피노자는 분명 그 저서가 그가 저술한 질서에 따라 읽히기를 원했다. 그러나 그는 때때로 기하학적 방법이 따라오기 힘들 수 있다는 것을 깨달았으며, 따라서 사이

기하학적 증명법은 독해를 용이하게 하는 방식이 아니다. 그러나 스피노자가 이러한 독특한 저술 방식을 선택한 데는 타당한 이유 — 그의 철학과 그가 저술했던 시대에 뿌리를 두고 있는 이유 — 가 있다. 만약 스피노자가 자신의 생각을 제시하는 이러한 독특한 방식을 선택하게 된 이유를 잠시 살펴보면, 우리는 원문 자체로 어렵지 않게 이행할 수 있을 것이다.

르네상스는 고대 수학자들에 대한 관심을 부활시켰으며, 그 시대 예술가들에게 있어서 기하학의 중요성은 의심의 여지가 없었다(라파엘로(Raphael)의 '아테네 학당'(School of Athens)의 수렴선이나 인간의 형상을 원과 사각형 속에 새겨놓고 있는 레오나르도(Leonardo)의 인체 비례도를 생각해보라). 실로 스피노자가 살았던 17세기는 수학에 대한 엄청난 존경심으로 충만해 있었다. 17세기 초반 갈릴레이(Galilei)는 놀라운 결과를 가져올 자연 연구에 수학을 적용했다. 사실상, 유명한 구절에서 갈릴레이는 수학은 바로 자연 자체의 언어라고 선언했다.

철학은 우리가 끊임없이 주목하는 이 거대한 책 — 우주 — 속에 쓰여 있다. 그러나 그 책은 먼저 언어를 파악하고 그 언어를 구성하고 있는 문자를 독해하는 법을 배우지 않고는 이해될 수 없다. 그 책은 수학적 언어로 쓰여 있으며, 그 문자는 삼각형, 원 및 그 외 기하학적 도형들이다. 그것들 없이는 인간의 능력으로는 그 책의 단 한 단어도 이해할 수 없으며, 우리는 어두운 미로를 방황하게 된다.[2]

사이에 덜 형식적이고 더 접근하기 쉬운 언어로 쓴 주석, 부록 및 서문을 끼워 넣고 있다.

[2] 갈릴레이의 '황금계량자' in Stillman Drake, *Discoveries and Opinions of Galileo*, Garden City, NY: Doubleday Anchor Books, 1957, pp. 237-8.

갈릴레이는 수학(특히 기하학)이 매우 성공적으로 자연 현상을 기술하고 설명할 수 있다는 것을 보여주었다. 17세기에 수학은 그 자체로 참된(명확하고 의심의 여지없는) 지식의 완벽한 전형처럼 보였다. 유클리드 기하학에서는 예를 들어, 모든 것이 최초의 전제로부터 완벽한 연역적 확실성을 가지고 따라 나온다. 즉 만약 우리가 일단 정의, 공리 및 요청을 파악하고 받아들인다면 그것들로부터 도출된 명제의 진리를 의심해서는 안 된다. 스피노자는 모든 질서 정연한 참된 지식의 체계는 자명한 정의와 공리 그리고 그것들로부터 연역적으로 도출된 확실한 정리들로 구성된 이러한 종류의 기하학적 질서 속으로 편입될 수 있다고 믿었다.

제2장에서 우리는 스피노자가 실제로 데카르트 철학의 원리들을 자신의 학생들이 더 쉽게 이해할 수 있도록 기하학적 질서에 따라 서술했다는 것을 살펴보았다. 몇몇 친구들의 격려로 그는 그 저작을 출간하는 데 동의했다. 스피노자의 친구 로드윅 메이어(Lodewijk Meyer)가 쓴 그 책 서문에서는 기하학적 방법의 중요성이 다음과 같이 서술되고 있다.

진리를 발견하고 가르치는 최상의 그리고 가장 확실한 길이 학적 연구와 설명에 있어서 수학자들에 의해 사용되는 방법, 즉 결론이 정의, 요청 및 공리로부터 증명되는 방법이라는 것은 일반적인 운에 의존함 없이 지혜를 추구하는 모든 사람들이 동의하는 견해다. 그리고 실제로 마땅히 그래야 한다. 미지의 것에 대한 모든 확실하고 건전한 지식은 확실하게 이미 알려진 것으로부터만 도출되고 추론될 수 있기 때문에 이 후자의 것은, 인간 지식 전 체계가 저절로 붕괴되거나 아주 약한 공격에 무너지지 않기 위해서는 그 체계 전체를 그 위에 구축할 수 있는 확고한 토대로서 철저하게

처음부터 확립되어야 한다.³

　스피노자는 자신의 철학이 수학적 증명에서 따라 나오는 것과 같은 명확성과 확고함을 갖기를 원했다. 그래서 그는 실재에 대한 그리고 실재 속에서의 우리의 지위에 대한 자신의 체계적 설명 전체를 기하학적 형식으로 제시하고 있다. 그 결과는 도전적이고 난해한 저작으로 나타났지만, 스피노자는 독자의 고통이 명쾌한 통찰과 확실한 이해의 즐거움으로 보상받을 것이라는 확신을 가지고 있었다.

　또한 스피노자가 자신의 철학을 기하학적 방식으로 서술하기로 한 데는 또 다른 이유가 있다. 철학사가들이 사상가들을 범주로 구분할 때, 스피노자는 통상적으로 '합리론자'로 분류된다. 일반적으로 말해서 합리론자들이 믿는 것이 만약 우리가 실제로 명확하고 단순하며 확실하게 참된 관념에서 출발한다면, 그리고 만약 우리가 연역적 방법으로 신중하게 추론을 진행하여 이러한 관념들로부터 결론을 도출한다면, 우리는 실재 자체를 정확하게 반영하는 진리의 전 계열에 도달할 수 있다는 것이다. 이것이 바로 유클리드가 했던 것이다 — 그는 명확하고 단순한 정의와 자명한 공리에서 출발하여, 이것들로부터 기하학적 진리의 체계적 계열 전체를 이끌어냈다. 만약 독자가 유클리드의 체계에서 뒷부분에 등장하는 명제에 관해 그 어떤 것이든 의혹을 갖는다면, 최초의 전제 속에 있는 그 명제의 근거에 이르기까지 역으로 그 명제를 추적하는 것은 언제나 가능한 일이다. 이러한 전제들 — 정의, 공

3　스피노자의 『기하학적 방법으로 증명된 데카르트의 철학 원리 제1부와 제2부』 (*Parts I and II of Rene Descartes' The Principles of Philosophy demonstrated in the geometric manner*. Trans. Samuel Shirley, Indianapolis: Hackett Publishing, 1998– original 1663, p.1)에 대한 로드윅 메이어의 '서문'에서

리 및 요청—은 더 이상의 정당화가 필요 없을 정도로 명백하고 의심의 여지가 없는 것으로 간주되었다. 그것들은 스스로를 정당화하는 것들이었다.

스피노자는 자신의 철학이 이런 종류의 확고한 기초, 완벽한 명료성 및 모든 수준에서의 철저한 합리적 정당성을 갖기를 원했다. 자신의 체계를 기하학적 형식으로 서술하게 되면, 토대의 확고함은 명백해질 것이고 체계의 나머지 부분이 그 최초의 토대로부터 따라 나오는 논리적 연관은 분명해질 것이라고 그는 생각했다. 철학 체계 전체를 기하학적 질서에 따라 체계적으로 정리하는 것은 엄청나게 야심찬 시도였으며, 스피노자가 세부적으로 정교하게 다듬어내는 데 수년이 걸렸다. 그 결과는, 대부분의 독자에게 강한 인상을 주는—그러나 다소 두렵기까지 한—매우 신중하게 구축된 사상 체계였다. 스피노자가 자신이 추구했던 명확성과 강력한 설득력을 획득했는지 그렇지 않은지는 지금 던질 수 있는 물음이 아니다. 먼저 『에티카』맨 처음에 등장하는 스피노자의 추론을 따라가보도록 하자. 그가 어떻게 시작하는지 살펴보자.

실체 개념

『에티카』는 다섯 부분으로 나뉘어져 있다. 제1부에는 간단히 '신에 대하여'(De Deo)라는 제목이 붙어 있다. 독자는 처음부터 신에게 초점이 집중되어 있을 거라는 기대를 할지도 모른다. 그러나 그것은 전혀 사실이 아니다. 제1부 처음에 있는 8개 정의들 중의 하나가 '신'이라는 낱말의 의미를 설명하고 있지만, 그 후 우리는 제1부 거의 1/3이 지날 때까지(즉, 제1부 총 36개의 정리 중 11번째 정리에 이르기까지) 신에 대하여 한마디도 듣지 못한다. 대신, 처음 10개 정리들의 초점은 '실체' 관념에 맞춰져 있다. 스피노자는 실체에 관해 수많은 주장을 확증하고 나서 정리11에서 신이 그가 처음 10개의 정리에서 논의한 실체와 같은 것이라고 주장함으로써 신에게로 되돌아간다. 왜 그는 이런 식으로 진행하는 것일까?

이 질문에 대해서는 명확하고 합리적인 이해의 모델로서의 기하학에 다시금 주목함으로써 가장 잘 답할 수 있다. 우리가 살펴보았듯이, 유클리드 『원론』에서는 각 정리가 선행하는 정리에 의존하고 있으며, 궁극적으로 진리의 계열 전체는 체계의 정의와 공리 — 자명한 것으로 간주되고 따라서 더 이상의 설명이나 정당화가 필요 없는 — 에 의존한다. 그런 까닭에 각 단계에서의 모든 주장은 완벽하게 정당화된다 — 이전에 증명된 정리에 의해서든 (최초의 전제의 경우) 스스로의 자명성에 의해서든. 우리가 앞서 살펴보았듯이, 스피노자는 자신의 철학 전체가 이와 같이 합리적으로 구성된 명료성을 갖기를 원했다.

스피노자에 따르면, 유클리드의 독자는 하나의 정리가 어떻게 선행하는 정리로부터 (그리고 궁극적으로는 체계의 기초를 이루는 정의와 공리로부터) 도출되는가를 이해하고 나서야 진정으로 그 정리를 이해할 수 있다. 이러한 견해에 따르면, 만약 정리B가 정리A에 의해 수반되고 정당화 된다면, 나는 A를 이해하고 B가 어떻게 A로부터 논리적으로 따라 나오는지를 이해하고 나서야 진정으로 B를 이해하게 된다. 기하학에서 앞선 정리와 뒤에 오는 정리 사이의 관계는 논리적 관계다. 세계 속에 존재하는 사물과 사건들 사이의 관계는 인과적 관계다. 스피노자는 논리적 관계와 매우 유사한 방식으로 인과적 관계에 대해 생각한다. 예를 들면, 어떤 것의 원인을 이해하지 못한다면 그리고 그것을 이해할 때까지는 진정으로 그것을 이해하는 것이 아니라고 생각하는 것이다. 그는 '결과에 대한 인식은 원인에 대한 인식에 의존하며 그것을 포함한다' (공리4)는 것을 공리로서 서술한다. 모든 사물과 모든 사건은 원인을 갖는다는 것—모든 것은 자연법칙에 따라 인과적 질서 속에서 따라 나온다는 것—을 스피노자가 믿고 있었음을 우리는 바로 앞 장에서 살펴보았다. 이러한 인과적 원리에 대한 생각 또한 공리(공리 3)로서—어떠한 논증이나 정당화가 필요 없을 정도로 명백한 어떤 것으로서—다음과 같이 서술되고 있다. 즉, '주어진 일정한 원인으로부터 필연적으로 결과가 따라 나온다. 그리고 반대로 만약 일정한 원인이 없다면, 결과가 따라 나오는 것은 불가능하다.'

스피노자가 생각하는 세계는 결과가 그것의 원인으로부터 질서 있게 따라 나오는 그리고 결과가 그것의 원인을 이해함으로써만 이해될 수 있는 세계다. 그리고 그 원인 또한 그것의 원인을 이해함으로써 이해될 수 있다—그렇게 계속된다. 유클리드의 저서를 읽을 때, 선행하는 일련의 정리들을 역추적하여 주어진 정리의 정당성을 추적할 수 있는 것과 마찬가지로 우리는 선행하는 일련의 원인들을 역추적함으로써 어떤 것이든 그 원인을 추적할 수 있다. 기하학의 경우, 우리는 궁극적으로, 그 밖의 모든 것이 그것으로부터 따라 나오는 최종적인 출발점에 도달한다. 만약 스피노자의 실재에 대한 철학적 설명이 기하학과 같은 전적으로 합리적인 명료성을 가지려 한다면, 체계를 위한 출발점—존재하기 위해 더 이상의 원인을 필요로 하지 않으며 이해를 위해 더 이상의 설명을 필요로 하지 않는 어떤 것—이 있어야 한다. 이것이 스피노자 철학이 요구하는 출발점이다. 더 강하게 말하면 (그리고 스피노자는 더 강하게 말하기를 원할 것이다) 이것은 실재가 합리적으로 이해될 수 있기 위해 반드시 요구되는 출발점이다. 선행하는 원인 없이 존재할 수 있는 어떤 것—더 이상의 설명을 필요로 하지 않는 설명 원리가 있어야 한다. 스피노자가 이러한 출발점을 지시하기 위해 사용하는 낱말이 '실체'(substance)다.

'실체'는 형이상학이라고 알려진 철학 분과의 핵심에 오랜 시간 있었던 낱말이다. 그것은 그 의미가 오랜 세월 다양한 방식으로 변화해온 개념이다. 스피노자가 사용하는 그 낱말의 의미는 데카르트가 사용하는 방식과 유사하다. 데카르트는 '실체'라는 낱말을 이런 식으로 정의한다. 즉, '실체는 존재하기 위해 다른 어떤 것도 필요로 하지 않는 방식으로 존재하는 것이다.' 이것은 스피노자가 필요로 했던 출발점으로, 정의상 실체는 존재하기 위해 선행하는 어떠한 원인도 필요로 하지 않는다. 그리고 선행하는 원인이 없기 때문에, 우리는 그것의 원인에 대한 이해 없이도 그것을 알고 이해할 수 있다.

'실체'에 대한 스피노자 자신의 정의가 조금 더 많은 설명을 필요로 하지만 기본적인 생각은 동일하다. 『에티카』 제1부 정의3은 다음과 같다. '나는 실체를 자신 안에 있으며 자신에 의해 생각되는 것으로 이해한다. 즉, 그것의 개념을 형성하기 위해 다른 것의 개념을 필요로 하지 않는 것이다.' 생각은 여기서 상당히 명확하지만, 용어들은 약간의 설명을 필요로 한다.

스피노자의 정의는 두 종류의 주장 — 존재론적 주장과 개념적 주장 — 을 포함하고 있다. 스피노자가 실체는 '자신 안에' 있다고 말할 때, 그는 존재론적 주장을 하고 있는 것이다. 스피노자에게 있어서, 어떤 것 (B) 이 다른 것 (A) '안에' 있다고 말하는 것은 (무엇보다도) B가 A에 존재론적으로 의존하고 있다고 말하는 것이다. 존재론적으로 의존한다는 것이 추상적인 형이상학적 관념이지만, 예를 통해 명확하게 이해될 수 있다. 얼굴과 웃음 사이의 관계에 대해 생각해보라. 얼굴은 웃음보다 존재론적으로 더 근본적이다. 웃음 없는 얼굴은 존재할 수 있지만, 얼굴 없는 웃음은 있을 수 없다(체셔 고양이 이야기가 있긴 하지만!). 얼굴은 웃음의 토대가 된다. 웃음은 얼굴에 존재론적으로 의존하는 것이다. 스피노자 용어로 표현하면, 웃음은 얼굴 '안에' 있다.

이 예를 조금 더 살펴 볼 경우, 우리가 주목하지 않을 수 없는 것은 웃음에 대해 생각하기 위해서는 얼굴에 대해 생각하지 않을 수 없다는 것이다. 사실 웃음은 얼굴의 특정한 변용 — 얼굴을 구성하는 부분들의 특정한 배치 — 일 뿐이다. 웃음에 대해 생각하기 위해서는 필연적으로 또한 얼굴에 대해 생각하지 않을 수 없다. 이런 식의 관계를 개념적 의존이라 부른다 — 웃음은 얼굴에 개념적으로 의존한다.

실체에 대한 스피노자의 정의로 돌아가서 — 스피노자가 실체는 '자신 안에' 있다고 말할 때, 그것은 다른 어떤 것에도 존재론적으로 의존하지 않는다는 것을 뜻한다. 그것은 '그것의 개념이 그것으로부터 그것이 형성되지 않으면 안 되는 어떤 다른 것의 개념도 필요로 하지 는 것'이라고 그가 말할 때, 그가 말하고 있는 것은 실체는 다른 어떤 것에도 개념적으로 의존하지 않는다는 것이다. 실체는 존재하기 위해 다른 어떤 것도 필요로 하지 않으며, 그것을 이해하기 위해 우리는 다른 어떤 것도 생각할 필요가 없다. 따라서 실체는 존재론적으로 그리고 개념적으로 근원적인 것이다. 이런 의미에서, 그것은 기하학의 정의 및 공리와 같은 것이다 — 그것들은 다른 어떤 것으로부터도 따라 나오지 않지만, 다른 모든 것은 그것들로부터 따라 나온다. 이것이 스피노자에게 있어서 실체가 의미하는 것이다 — 그리고 실체는 그의 체계의 출발점이다.

연구를 위한 물음들

1. 기하학을 (17세기 철학자의 눈으로 볼 때) 완벽한 합리적 이해의 모범 사례로 만드는 것은 무엇일까?
2. 존재론적 의존과 개념적 의존이라는 통념을 설명하라.

3. 실재를 합리적으로 이해할 수 있기 위해서는 더 이상의 설명을 필요
   로 하지 않으며 자신 이외의 어떤 것도 원인으로 갖지 않는 어떤 것
   이 있어야 한다는 것은 사실인가?

실체 – 필연적, 무한한, 단일한, 분할불가능한, 신적인(제1부, 정리 1-14)

『에티카』 제1부에 나오는 처음 몇 개의 정리들은 세부적으로 따라 가기가 매우 어렵다. 각 단계의 논증들은 스피노자가 형식적으로 정의하고 있는 낱말들로 정식화되어 있지만, 독자들은 아직 실질적으로 이러한 낱말들을 이해할 수 있는 위치에 있지 못하다. 그러므로 처음 원문을 읽을 때 가장 좋은 방식은 초기 논증의 전반적인 구조와 주요 결론들에 초점을 맞추는 것이다. 스피노자 사유의 전반적인 개요가 더 확고하게 이해될 때, 독자들은 이러한 초기 정리들의 세부 내용으로 되돌아감으로써 논증을 따라 갈 더 나은 기회를 가질 수 있다.

스피노자의 전략은 실체 개념에서 출발하여 실체는 '자신 안에 있고 자신에 의해 생각된다'는 사실로부터 따라 나오는 것을 보여주는 것이다. 그는 실체에 관한 광범위한 목록의 결론들 —실재에 대한 그의 설명의 나머지 부분에 대해 심오한 의미를 함축하고 있는 결론들 — 을 이끌어낸다. 궁극적으로, 그는 오직 하나의 실체만 —다른 것에 의존하지 않는 단 하나의 것만 —이 존재할 수 있다는 것을 알게 된다. 일단 그가 오직 하나의 그러한 것만이 존재할 수 있다는 것을 확증하자마자, 그는 다른 모든 것이 궁극적으로 그 하나의 실체에 의해 생겨나며 그것에 의존한다는 것을 보여준다. 사실상, 세상 모든 것은 하나의 제1원인의 표현이다.

스피노자는 바로 그 실체 관념을 분석함으로써 —정의의 논리적 함

의를 끝까지 추적함으로써 — 이러한 포괄적인 결론에 다다른다. 그의 논증의 기본적인 개요를 간략하게 따라가보도록 하자. 먼저 그가 보여주는 것은 어떠한 실체도 결코 다른 것에 의해 야기되거나 산출될 수 없다는 것이다. 그 이유는 만약 실체 B가 실체 A를 원인으로 갖는다면, 실체B를 인식하기 위해 우리는 그것의 원인 A에 대해 생각하지 않을 수 없다는 데 있다(결과에 대한 인식은 원인에 대한 인식에 의존하고 그것을 포함한다는 것을 알려주는 공리4에 의해). 그러나 만약 B에 대한 인식이 A에 대한 인식을 필요로 한다면, B는 '자기 자신에 의해' 인식되지 못하며 따라서 실체가 아니다. 그러므로 어떤 실체도 다른 것에 의해 야기될 수 없다(이것이 스피노자가 정리6에서 제시하는 또 다른 증명이다).

다른 것을 통해 인식될 수 없는 것은 무엇이든 자기 자신을 통해 인식되지 않으면 안 된다(공리2)는 것은 스피노자에게 자명한 것이다. 그리고 어떤 것을 '통해서 인식된다'는 것은 그것에 의해 야기된다는 것과 관련이 있기 때문에, 스피노자는 다음과 같이 결론짓는다. 즉, 실체는 다른 어떤 것에 의해서도 야기될 수 없는 까닭에, 자기 원인(causa sui)이지 않으면 안 된다(제1부 정리7 증명). 이것은 특히 오늘날의 독자에게는 이해하기 힘든 관념이다. 오늘날 인과관계에 대해 생각할 때, 우리는 원인을 결과에 앞서 생기는 것으로 간주한다. 그러나 만약 원인이 결과에 시간적으로 선행한다면, 어떻게 어떤 것이 자기 자신의 원인일 수 있는가? 분명 어떤 것이 자기 자신에 시간적으로 선행할 수는 없지 않는가!

이것은 스피노자가 인과관계에 대해 오늘날 우리의 생각과 다른 방식으로 생각하고 있었다는 것을 분명하게 보여주는 또 다른 지점이다. 우리가 앞서 알아낸 것은 스피노자가 인과관계를 논리적 관계와 유사한 것으로 생각한다는 것이다. 기하학은 또다시 스피노자가 마음속에 가지고 있던 것을 보여주는 가장 좋은 예를 제공할 것이다. 내각의 합이 언제나 180도라는 것은 삼각형의 본성이다. 삼각형의 본성이 내각의 합이 180도라는 것을 참 '이게 한다'고 스피노자는 말할 것이다. 그러나 여기에는 어떠한 시간 관련도 없다. 삼각형의 본성은 내각의 합이 180도라는 사실에 **시간적으로** 선행하지 않는다. 여기서 관계는 논리적 함축 관계다 — 내각의 합이 180도라는 것은 삼각형의 본성 '으로부터 따라 나오'지만, 이러한 '으로부터 따라 나옴'은 시간을 포함하지 않는다. 여기서 관계는 타당한 논증의 전제와 결론 사이의 관계와 같다. 결론은 전제로부터 따라 나오지만, 시간과는 아무런 관련이 없다.

유사한 방식으로, 실체의 실존은 실체의 본성 혹은 본질로부터 따라 나온다고 스피노자는 말한다. 정리7이 우리에게 알려주는 것은 '존재하는 것은 실체의 본성에 속한다'는 것이다. 이것은 실체는 **자기 원인**(*causa sui*)이라는 말이 뜻하는 것이다. 스피노자에 따르면, 내각의 합이 180도가 아닌 유클리드 삼각형을 생각할 수 없는 것과 같은 방식으로, 실존하지 않는 실체는 생각할 수 없다. 실체의 실존은 그것 자체의 본성으로부터 필연적으로 (그리고 시간과 무관한 방식으로) 따라 나온다.

바로 다음 정리(제1부 정리8)에서 스피노자는 '모든 실체는 필연적으로 무한하다'는 것을 이끌어낸다. '무한'에 대한 형식적 정의는 제시되고 있지 않지만, '무한'을 '한계 없음'의 뜻으로 간단히 독해하는 것으로 충분하다. 만약 실체가 제한된다면, 그것은 다른 어떤 것에 의해 제한되어야 할 것이다 — 어쨌든 그것은 존재하지 않는 것에 의해 제한될 수는 없다. 그러나 만약 실체가 다른 어떤 것에 의해 제한된다면, 그 다른 어떤 것은 (적어도 부분적으로) 실체를 현재의 실체이게 하는 원인일 것이다. 그러나 그것은 불가능하다. 왜냐하면 어떠한 실체도 다른 어떤 것에 의해 야기될 수 없기 때문이다. 그러므로 실체는 제한될 수 없으며, 따라서 무한하지 않을 수 없다.

　이 지점까지 스피노자는 마치 다수의 실체가 있을 수 있는 것처럼 서술하고 있다. 그러나 정리11 직전에, 그는 이것이 잠정적인 말투에 지나지 않는다는 것을 명확히 한다. '그러나 만약 이제 누군가가 어떤 표시에 의해 서로 다른 실체들을 구별할 수 있는가를 묻는다면, 그로 하여금 다음의 정리들을 읽게 하자. 이 정리들은 자연에는 오직 하나의 실체만이 존재한다는 것, 그리고 그것은 절대적으로 무한하다는 것을 보여준다. 그러므로 그러한 표시를 찾는 것은 헛된 일이 될 것이다.' 무한 실체는 어떠한 경계도, 그리고 어떠한 한계도 가질 수 없다. 어떤 것도 그것 외부에 있을 수 없으며, 따라서 그것은 모든 것을 포함하지 않을 수 없다. 그리고 만약 실로 그것이 모든 것을 포함한다면, 그것 외에 다른 실체는 있을 수 없다. 오직 하나의 실체만이 존재한다.

　우리가 추적하고 있는 논증은 『에티카』 처음 10개의 정리에서 스피노자가 행했던 논증을 상당히 단순화시킨 것이다. 대단히 많은 전문적이고 난해한 것들이 여기서 무시되고 있지만, 논증의 전반적인 흐름에는 아무런 문제가 없다. 그럼에도 다음 단계로 나아가기 위해 지금까지 우리가 의도적으로 무시했던 몇 개의 낱말들을 알아둘 필요가 있다. 첫째로 알아야 할 것은 '속성'(attribute)이라는 낱말이다.

　처음에 스피노자의 형식적 정의는 그다지 도움이 되는 것처럼 보이지 않는다. '지성이 실체에 관하여 그 본질을 구성하는 것으로 지각하는 것을 나는 속성으로 이해한다.' 이러한 속성 관념을 스피노자는 『에티카』 서두에서 실체의 유일성과 무한성에 대한 복잡한 증명을 하면서 사용한다. 그러나 독자는 속성 개념이 중요한 역할을 하는 『에티카』 제2부에 이르기까지 스피노자가 마음에 품고 있던 것을 실제로 정확하게 알아채지 못한다. 제1부에서 그 관념은 지극히 추상적이다.

사물의 본질은 그것의 근원적 본성 — 그것이 무엇인지를 가장 특징적으로 그리고 가장 근본적으로 표현하는 것 — 이다. 실체의 경우, 만약 본질이 실체의 근원적 본성을 반영한다면, 본질은 그 개념이 그것을 형성하는 데 다른 어떤 것의 개념도 필요로 하지 않는 그러한 것이어야 한다(실체에 대한 정의는 이것을 요구하며 정리10은 이 점을 반복해서 말하고 있다). 공간적 연장이 실체의 본질에 대해 생각할 수 있는 방식들 중의 하나라는 것을 우리는 제2부에서 배우게 될 것이다. 나무와 같이 연장된 개별 사물은 연장 자체를 '통해 연장된 사물로서 인식' 되어야 — 이를테면 우리는 나무를 연장의 특정한 형태라고 생각해야 한다 — 한다고 스피노자는 주장한다. 나무를 생각하기 위해서는 연장을 '통해 생각' 해야 한다 — 앞서 우리가 살펴보았듯이, 웃음에 대해 생각하기 위해서는 얼굴을 '통해 그것을 생각' 하지 않으면 안 되는 것과 마찬가지로. 그러나 연장은 특별하다고 할 수 있다. 왜냐하면 스피노자에 따르면, 연장 자체를 그 이상의 어떤 것을 통해 생각할 필요가 없기 때문이다. 이러한 의미에서, 연장은 개념적으로 근원적인 것이다. 연장이 다른 어떤 것을 통해 생각될 필요가 없다는 사실은 근본 원리에 도달했다는 것 — 이를테면, 실체를 정의하는 근원(실체의 본질)에 도달했다는 것 — 을 뜻한다. 우리 지성이 연장을 실체의 본질을 구성하는 것으로 파악하는 까닭에, 연장은 (정의4에 의해) 실체의 속성이다.

연장된 개별 사물이 **연장**(extension)이라는 속성 '안에' 있으며 그것을 '통해 파악되는' 것처럼, 개별 관념과 정신 상태도 **사유**(thought)라는 일반적 범주 '안에' 있으며 그것을 '통해 파악될' 수밖에 없다고 스피노자는 주장한다. 특정한 관념은 말하자면, 일정한 사유의 구성이다. 사유 자체를 파악하는 데 그 이상의 어떠한 개념도 필요로 하지 않기 때문에 우리는 그것 역시 개념적으로 근원적인 것으로서, 따라서 실체의 속성으로 파악할 수 있다. 이 두 속성 — 연장과 사유 — 은 실재에 대한 스피노자의 전반적인 설명에 있어서 가장 중요하다. 그러므로 우리는 그것들을 『에티카』제2부에서 더 상세하게 살펴볼 것이다. 그러나 이곳 제1부에서 스피노자가 오로지 관심을 가졌던 것은, 비록 개념적으로 근원적인 범주가 하나 이상 — 이를테면, 실체의 본질을 파악할 수 있는 방식이 하나 이상 — 있을 수 있지만, 그것이 하나 이상의 실체가 있다는 것을 의미하지는 않는다는 것을 강조하는 것이다. 서로 다른 두 개의 실체(유명한 데카르트의 이원론)가 있다고 주장했던 데카르트는 이러한 오류를 범했던 것 같다. 그러나 스피노자는 이원론을 받아들이지 않는다. 왜냐하면 그는 오직 하나의 실체만이 있을 수 있다는 주장을 독자적으로 논증하고 (위에서 개략적으로 서술된) 있기 때문이다. 그는 연장과 사유가 모두 개념적으로 근본 원리라는 것을 인정하지만, 그럼에도 그것들이 모두 하나의 단일한 실체의 속성이라고 주장한다.

　무한하고 필연적으로 실존하는 하나의 실체가 있다는 것 그리고 실체가 단 하나의 속성에 제한되지 않는다는 것을 확증하고 나서, 무한한 실체는 무한히 많은 수의 속성을 가져야만 한다는 것 그리고 각 속성 자체가 무한하지 않으면 안 된다는 것을 스피노자는 추론한다. 정리11에서 그는 이 모든 주장을 함께 제시하면서 처음으로 '신'이라는 낱말을 끌어 들인다. '그 각각이 영원하고 무한한 본질을 표현하는 무한히 많은 속성들로 이루어진 신, 즉 실체는 필연적으로 존재한다.' 이 정리에서 스피노자는 자신의 체계의 개념적 기초와 실재의 존재론적 기초를, 추상적으로 확증한다. 이제 우리가 인식하고 경험하는 세계가 어떻게 이러한 형이상학적 기초와 관련되어 있는가를 그는 설명하기 시작한다.

연구를 위한 물음들

1. 스피노자는 자신 안에 있고 자신을 통해 생각되는 것이라는 '실체'
   에 대한 정의에서 출발하여, 실체는 자기 원인이어야 한다는 것, 그
   것은 무한일 수밖에 없다는 것 그리고 오직 하나의 실체만이 있을
   수 있다는 것을 입증하고 있다. 그 논증의 기본 개요를 추적하라.

정리11에 관한 두 가지 물음

그러나 앞으로 나가기 전에 우리는 정리11에 의해 제기된 두 개의 쟁
점을 고찰하지 않으면 안 된다. 첫 번째 쟁점은 속성론과 관련된 것이
고, 두 번째 쟁점은 스피노자의 '신'이라는 용어의 사용과 관련된 것이
다. 이것들을 차례로 살펴보도록 하자.

　비록 우리가 단 두 개의 속성(연장과 사유)만을 알고 있지만, 무한히
많은 속성들이 있으며, 각각이 그 자체로 무한하다고 스피노자는 주장
한다. 스피노자 당시에도, 그와 의견을 교환했던 서신 왕래자들과 친구
들은 이 이론이 이해하기 힘들다는 것을 알았다. 하나의 실재(실체 혹
은 신)가 연장과 사유라는 서로 다른 두 개의 본질을 가질 수 있다는
생각은 사람들을 당황하게 만들었던 것 같다. 게다가 실체가 그러한 본
질들—그것들 중에서 우리는 모종의 이해하기 힘든 이유로 단지 두 개
만을 아는 것 같다—을 무한히 많이 가질 수 있다는 생각은 이해하기
훨씬 더 어려운 것처럼 보인다. 몇몇 연구자들은 '속성'에 대한 정의에
초점을 맞춤으로써 이 견해를 이해하려고 했다. 스피노자가 속성은 실
체의 본질이라고 말하지 않고 속성은 '지성이 실체에 대하여 그 본질
을 구성하는 것으로 지각하는 것'이라고 말했다는 것에 그들은 주목했

제3장 본문 읽기 55

다. 이러한 속성에 대한 정의는 실재적 본질과 '지성이 본질을 구성하는 것으로 지각하는 것'을 구분할 여지를 주는 것처럼 보인다. 이러한 해석에 따르면, 속성이 무한히 많다는 것은 어쨌든 지성이 사물을 지각하는 방식과 관련이 있을 수 있다. 여기서 언급되고 있는 지성을 인간 지성으로 간주할 경우, 인간 지성이 지각하는 방식에는 실제로는 통일되어 있는 것을 다르게 나타나게 하는—실제로는 단일한 것을 다양하게 나타나게 하는—무엇인가가 있을 수 있다. 때때로 속성에 대한 '주관적' 해석이라 불리는 이러한 견해에 따르면, 속성들 사이의 차이는 겉으로 보이는 것에 지나지 않는다. 다른 스피노자 연구자들은 속성은 지성이 사물을 지각하는 방식과 관련된 주관적 결과물에 불과한 것이 아니며 속성들 사이의 차이는 실재적인 것으로 간주되어야 한다고 주장했다.

  속성의 무한성은 복잡하고 명확하지 못한 이론으로, 그 난해함 때문에 스피노자 사유의 이러한 측면을 일관성 있게 해석하려는 모든 시도는 성공하기 힘들다. 이러한 문제들은 여기서 당장 해결될 성질의 것들이 아니다. 다행히도 이 독특한 이론은 그의 체계를 전개시켜 나가는 데 그다지 중요한 역할을 하지 않는다. 인간 정신 및 그것과 신체의 관계에 대한 스피노자의 이론(『에티카』 제2부 앞부분)을 살펴볼 때, 우리는 이미 알려진 두 개의 속성 사이의 관계에 대해 훨씬 더 명확하게 알게 될 것이며, 이것이 중요하다고 할 수 있다. 그러나 무한히 많은 속성들이 있다는 이론은 『에티카』에서 더 이상의 역할을 하지 못하며 그러므로 안심하고 제쳐둘 수 있다.

  정리11에 의해 제기된 두 번째 주요 물음은 스피노자의 '신'이라는 낱말의 사용과 관련이 있다. 왜—그리고 무슨 권리로—그는 자신의 주요 철학서 서두를 장식하는 정리들에서 그 존재를 증명하고자 하는

실체에 대해 이 명칭을 사용하는가? 당시부터 지금까지 정통 신앙인들
은 스피노자의 **실체**(substance)는 전통적인 유신론의 인격화된 신과는
공통의 것이 거의 없으며, 따라서 그 실체에 대해 그가 '신'이라는 낱
말을 전용해서 사용하는 것은 잘못이라고 반박하고 있다. 스피노자의
신은 유대-기독교 전통의 신과 근본적으로 다르다는 그들의 비판은 전
적으로 옳다. 앞으로 살펴보게 되겠지만, 스피노자는 특히 구약이나 신
약의 신과 다른 자신의 신의 특성을 강조한다. 그러면 왜 그는 그 명칭
을 사용했는가?

　스피노자가 제시할 수 있는 가장 간단한 답(그리고 정리11 증명에서
그가 제시하고 있는 답)은 다음과 같은 신에 대한 자신의 정의(정의5)
를 가리키는 것이다. 이를테면, '나는 신을 절대적으로 무한한 존재 —
즉, 그 각각이 영원하고 무한한 본질을 표현하는 무한히 많은 속성들로
이루어진 실체 — 라고 이해한다.' 이 정의에 의하면, '신'은 그가 『에
티카』 처음 10개의 정리에서 자신의 실존에 대한 증명을 마친 실체를
표현하기에 매우 적절한 낱말이다. 그러나 이 답변은 물론, 형이상학적
추상으로 가득 찬 그의 정의가 신의 가장 중요한 특성을 잡아내는 데
실패했다고 주장하는 사람들의 논점을 회피하고 있다.

　자신의 신과 보통 세상에서 볼 수 있는 사물들 사이의 관계에 대한
스피노자의 설명을 더 자세히 살펴볼 경우, 우리는 이 논제를 판단하는
데 있어서 더 좋은 위치를 차지하게 될 것이다. 그러나 그를 변호하자
면, 대부분의 성숙한 신학적 전통 속에 철학으로부터 유래하는 개념과
관념을 사용함으로써 신에 대한 우리의 이해를 개선시키려고 했던 사
상가들이 있었다는 것을 우리는 이미 언급한 적이 있다. 대부분 그들은
존재론적으로 근원적인 것이라고 할 수 있는 신의 지위에 초점을 맞추
고 있었으며, 신의 무한성, 통일성, 편재, 전지 및 무시간성에 주목했

다. 그때 종종 이러한 지적이고 다소 추상적인 신 개념과 훨씬 더 신인 동형적인 『성경』(Bible)의 신 사이에 긴장이 있다. 스피노자의 신은 여호아와 공통점이 많지 않지만, 확실히 '철학자들의 신'이라 불렸던 것의 변형이라는 것을 쉽게 알 수 있다.

정리12와 13은 스피노자가 그 존재를 입증했던 무한 실체가 분리불가능하다는 것을 증명하기 위해 실체라는 전문용어로 되돌아간다. 증명은 딜레마 형식으로 진행된다. 즉, 만약 실체가 분리된다면 분리된 부분들은 실체이거나 실체가 아니어야 한다. 만약 부분들이 실체라면, 하나 이상의 실체가 존재하게 될 것이다(그런데 스피노자는 이것이 불가능하다는 것을 증명했다). 만약 실체가 쪼개져서 생긴 부분들이 그 자체로 실체라면, 처음에 있던 실체는 더 이상 존재하지 않을 것이다(이것이 불가능하다는 것을 스피노자는 증명했다). 따라서 실체는 분리불가능하다. 정리14는 신, 즉 무한하고 분리불가능하며 필연적으로 존재하는 실체가 유일하다는 것을 분명하게 확증함으로써 논의를 마무리한다.

모든 것의 제1원인으로서의 신(제1부, 정리15-35)

단 하나의 실체인 신은, 스피노자에 따르면 유일 실재다. 이것이 의미하는 것은, 탁자, 의자, 나무, 새, 구름, 촛불 등이 존재하지 않는다는 것이 아니라, 이 개별적이고 일상적인 사물들 각각이 어쨌든 단 하나의 신적 실체의 부분, 산물 내지는 표현으로서 이해되어야 한다는 것이다. 신과 이 세상 사물들 사이의 관계를 이해하기 위해서는, 신에 관해 그리고 사물들이 신의 역량으로부터 따라 나오는 방식에 관해 조금 더 알 필요가 있다. 『에티카』 제1부 나머지 부분에서 스피노자는 이러한 사항을 명확하게 하고 이 핵심 요지에 관한 오해를 불식시키기 위해 노력한다.

정리15와 주석

정리15의 내용은 '존재하는 모든 것은 신 안에 있으며, 신 없이는 아무것도 존재할 수도 인식될 수도 없다'는 것이다. 신은 모든 것을 포괄하기 때문에, 모든 것은 신 안에 있다는 것을 알게 된다고 해서 놀랄만한 것은 못 된다. 그러나 스피노자에게 있어서, 어떤 것이 신 '안에' 있다고 말하는 것은 단순히 그 사물의 위치에 관해 주장하는 것만이 아니다. 반대로, 앞서 살펴보았듯이, 그것은 존재론적 의존에 관해 그리고 궁극적으로는 인과관계에 관해 주장하는 것이다.

이 정리의 첫 부분에서 서술되고 있는 것은 존재하는 모든 것은 존재론적으로 신에게 의존하며 신에 의해 야기된다는 것이다. 처음 이 개념을 고찰할 때, 우리가 예로 들었던 것은 존재론적으로 얼굴에 의존하는 웃음이었다. 얼굴 없이는 웃음이 존재할 수 없다. 아니 그 이상이다 ― 웃음은 실로 독립적으로 실존하는 것이 아니다. 그것은 얼굴의 각 부분이 배치되는 특정한 방식에 지나지 않는다. 이것은 스피노자가 신과 개별 사물 사이의 관계를 이해하는 방식에 대한 상당히 훌륭한 유비다. 사물들은 전적으로 신에게 의존한다. 이를테면, 사물들은 신적 실체가 배치되는 어떤 유한한 방식에 지나지 않는다.

스피노자가 때때로 이러한 맥락에서 '사물'이라는 낱말을 사용하긴 하지만, 그가 선호하는 것은 '양태'라는 더 전문적인 용어다. 이 용어에 대한 정의는 '실체'에 대한 정의와 직접적으로 대조를 이룬다. 실체는 '자기 자신 안에 있고 자기 자신을 통해 파악'되지만, 양태는 '다른 것 안에 있고 또한 다른 것을 통해 파악'된다. '양태'로 번역되는 라틴어 '모두스(modus)'가 원래 '양식'이나 '방식'을 뜻한다(**모두스 비벤**

디*modus vivendi* ─ 삶의 방식 ─ 에서처럼)는 것을 기억하는 것이 도움이 될 것이다. 양태란 바로 신적 실체의 특성들이 배치되는 방식일 뿐이다.

어떤 물리적 대상(스피노자가 '연장된 양태' 혹은 '연장의 양태' 라고 지칭했던) ─ 말하자면, 나무 ─ 을 생각해보자. 위에서 살펴보았듯이, 연장은 속성이며 개념적으로 근원적인 것이다. 개별적인 연장된 사물들은 연장 '안에' 있지만, 연장 자체는 다른 것 '안에' 있는 것이 아니다. 나무는 연장 '안에' 있으며, 나무를 개념화하기 위해서는 그것을 연장의 양태라고 ─ 연장의 특성들이 배치되는 방식으로 ─ 생각하지 않으면 안 된다. 우리는 또한 나무를 연장을 원인으로 하여 생겨난 것으로 생각해야 한다.

개별적인 연장된 사물들이 연장에 의해 생긴다고 말하는 것이 약간 이상하게 들리지만, 만약 연장이 속성으로서 우리가 신의 본질을 지각하는 방식이라는 것을 기억하면, 더 잘 이해된다. 신 ─ 자기 원인이면서 존재하는 모든 것의 원인 ─ 은 강력한 역량을 갖는다. 실제로, 신/실체는 역량 ─ 능동적으로 우리를 둘러싼 세계로서 스스로를 표현하는 역량 ─ 이다(정리34에서, 스피노자는 신의 본질과 신의 역량을 명시적으로 동일시한다). (『에티카』에서 나중에 배우게 되는) 불변의 법칙과 같은 규칙적인 것들이 있으며 그것에 따라 신의 역량이 연장이라는 속성을 통해 표현된다. 스피노자는 이것들을 연장된 자연의 법칙들이라 불렀으며(오늘날이라면 우리는 물리학적 법칙이라 불렀을 것이다), 연장된 세계에서 발생하는 모든 것은 이러한 법칙들에 따라 발생한다 ─ 왜냐하면 다채로움과 활력으로 가득 찬 연장된 세계는 법칙과 같은 방식으로 자기 자신을 표현하는 이러한 역량 이외의 다른 것이 아니기 때문이다. 따라서 어떤 연장된 양태, 즉 나무와 같은 것이 연장에 의해 생긴다고 말하는 것은 양태가 연장된 자연의 법칙과 같은 작업을 통해 표현되는 신의 역량에서 생긴다고, 즉 신의 역량의 표현이라고 말하는 것이다.

정리15 다음에 스피노자는 잠시 멈춰 신과 연장을 주제로 하는 긴 주석을 끼워 넣고 있다. 일부 교육을 받지 못한 사람들은 신이 우리처럼 팔과 다리가 달린 신체를 갖고 있는 듯이, 신인동형적 용어를 사용해 신에 대해 생각하는 경향이 있다는 데 그는 주목했다. 스피노자는 이러한 견해를 불합리한 것으로 일축해버린다. 그러나 더 정교한 이론적 사상가들은 신을 순수 정신적 존재로 생각하고 있으며, 모든 신체성이나 연장된 자연을 신에게서 부정했다는 것을 그는 알고 있었다. 연장이 신의 본질과 역량을 드러내는 신의 무한한 속성들 중 하나라는 확고한 생각을 가지고 있었기 때문에, 스피노자는 이전의 신학자들이 신에게서 모든 연장적 특성을 부정하는 데 사용했던 논증들을 다룰 시간이 필요했다(제1부 정리15 주석). 이 논증들의 세부 내용은 스피노자의 견해를 이해하는 데 있어서 중요하지 않다. 그러나 그것은 사물을 상상하는 방식과 지성으로 사물을 인식하는 방식 사이의 중요한 차이를 그가 이끌어내고 있다는 점에서는 주목할만한 가치가 있다. 이것은 논의를 진행시켜 나아가는 데 중요한 역할을 할 것이다.

연구를 위한 물음들

1. 스피노자가 양태는, 양태가 그것의 양태인 실체 없이는 '존재할 수도 인식될 수도' 없다고 말할 때 그가 의도했던 것은 무엇인가?

정리16과 17

정리16은 신은 무한하다는 사실의 중요성을 되풀이해서 언급하고

있지만, 그것을 신의 본성의 또 다른 중요한 측면 — 신의 필연성 — 에
대한 언급과 결합시키고 있다. '신적 본성의 필연성으로부터 무한히
많은 것들이 무한히 많은 방식으로 따라 나오지 않으면 안 된다….' 스
피노자는 사물들이 '신적 본성으로부터 따라 나온다'고 — 그가 논리학
에 준하거나 아마도 기하학적 용어로 이것에 대해 생각한다는 것을 상
기시키는 어투 — 말한다. 이를테면, 결론이 논증의 전제로부터 따라 나
오거나 기하학적 진리가 기하학의 정의와 공리로부터 따라 나오는 것
과 같은 방식으로, 사물들은 신적 본성으로부터 따라 나온다. 논증은
이러한 인상을 강화시킨다. 왜냐하면 어떤 것에 대한 정의로부터 지성
은 그 사물의 본질로부터 따라 나오는 일정한 성질들을 추론하기 때문
이다. 신의 본질은 무한한 구조화된 역량이며, 이 역량으로부터 무한히
많은 것들이 무한히 많은 양식 내지 방식으로 따라 나온다. 그러나 스
피노자가 신의 본성으로부터 이 사물들이 따라 **나올** 것이라거나 따라
나온다고 말하지 않는다는 사실에 주목하자. 그는 신의 본성의 **필연성**
으로부터 그것들이 따라 나오지 않으면 **안 된다**고 말한다. 이것 역시
논리적 함축과 유비관계에 있다. 왜냐하면 마땅히 타당한 연역 논증에
서는 결론이 전제로부터 필연적으로 따라 나오기 때문이다. 필연성에
대한 강조는 스피노자 철학에 있어서 핵심적인 주제를 끌어들인다. 그
런데 이 주제는 제1부 나머지 부분에서 매우 중요하며 『에티카』 나머
지 부분에서도 주요 지점들에서 다시 등장하게 될 것이다.

스피노자는 자신이 신의 본성은 필연적으로 있는 그대로 존재한다는
것을, 그리고 존재하는 모든 것은 그 본성의 법칙에 따라 그 본성으로
부터 필연적으로 따라 나온다는 것을 증명했다고 믿었다. 신은 절대적
제1원인이기 때문에, 그리고 신으로 하여금 어떤 것을 하게끔 하는 것
이 신 외부에 존재하지 않기 때문에, 정리17에서, '신은 자신의 본성에

따라서만 활동하고 어떤 것에 의해서도 강요받지 않는다'고 스피노자
는 결론 내린다. 여기서 어투로 인해 발생하는 약간의 오해가 있을 수
있다. 왜냐하면 '신은 활동한다…'를 읽을 때, 우리는 자연스럽게 어
떤 것을 하기로 정신이 결정하고 나서 활동하는 인간을 닮은 신을 생각
하기 때문이다. 그러나 스피노자에게 있어서, 신이 '활동한다'는 것은
결코 이런 의미가 아니다. 신이 활동한다고 말하는 것은, 스피노자의
전문용어로는, 사물들이 신의 본성인 구조화된 역량으로부터 따라 나
온다고 말하는 것일 뿐이다. 스피노자가 좋아하는 예를 들어 말하면,
삼각형 내각의 합이 180도라는 것은 삼각형의 본성으로부터 따라 나온
다. 이상하게 들리겠지만, 어떤 것이 그 본성으로부터 따라 나왔다는
점에서 스피노자는 삼각형이 '활동했다'고 말할 수도 있었을 것이다.
따라서 또한, 존재하는 모든 것이 신의 본성인 구조화된 역량으로부터
따라 나올 때, 신의 본성 역시 사물들을 현재 상태로 존재하게 하며, 지
금처럼 생기게 하고 있다 — 따라서 신은 (스피노자의 의미에서) 활동
하고 있다. 그리고 신은 지금처럼 활동하도록 다른 어떤 것에 의해 유
인되거나 강요되지 않기 때문에(기억하라, 그 외에는 다른 어떤 것도
존재하지 않는다는 것), 신이 활동하는 방식은 자신의 본성으로부터 —
그리고 그 본성의 일부인 법칙들로부터 — 따라 나오는 것일 수밖에
없다.

　정리17 보충에서, 스피노자는 신이 자유 원인 — 실제로 신은 유일하
게 진정으로 자유로운 원인 — 이라는 결론을 내린다. 스피노자는 자신
이 제1부 서두에서 제시했던 '자유'에 대한 정의(정의7)를 이용하고
있으며, 신은 자유 원인이라는 그의 주장은 그 정의를 염두에 둘 경우
쉽게 이해된다. '오로지 자신의 본성의 필연성에 의해서만 존재하며,
자기 자신에 의해서만 활동하도록 결정되는 것은 자유롭다고 칭해진

다…' 신이 자신의 본성에 의해 존재한다는 주장은 지금쯤이면 낯설지 않을 것이며(정리7), 그것에 의해 신이 신적 본성 자체와 다른 것을 행하도록 결정될 어떤 것도 존재하지 않는다. 따라서 신은 정의에서 서술된 자유의 기준을 명확하게 충족시킨다.

그러나 신의 본성은 필연적으로 있는 그대로 존재하며 모든 것이 — **필연적으로** — 따라 나오지 않으면 **안 된다**는 것을 논증한 직후에, 스피노자가 신은 전적으로 자유라고 주장하는 것에 대해 독자들 중 일부가 의아하게 여기리라는 것을 스피노자는 알고 있었다. 어떻게 이 모든 필연성이 자유와 양립할 수 있는가? 자유는 종종 선택지들 사이에서 선택할 수 있는 역량과 기회를 포함하는 것으로 생각된다. 그러나 스피노자의 신은 결코 어떠한 선택도 하지 않는다 — 사물들은 어떠한 선택과도 관련 없이, 신적 본성으로부터 필연적으로 따라 나온다. 정리17 주석에서, 스피노자는 신의 자유와 관련된 이런 식의 이의 제기에 답하고자 했으며, 그렇게 함으로써 그는 인간 자유에 대한 자신의 적극적인 설명 — 이 책 후반 윤리 관련 부분에서 매우 중요한 설명 — 을 위한 기틀을 마련하기 시작한다.

종종 있는 일이지만, 스피노자는 주석을 자신과 견해를 달리하는 사람들과 격식에 얽매이지 않고 논쟁할 기회로 활용한다. 그는 먼저 신의 자유는 신이 선택한다는 것 — 이를테면, 신은 자신의 역량 속에 있는 것을 하거나 하지 않을 수 있다는 것 — 을 의미한다고 생각하는 사람들에 대해 언급한다.

신은 자신의 본성으로부터 따라 나온다고 이야기되는 것들(이를테면, 자신의 역량 속에 있는 것들)이 자신에 의해 생기지 않거나 산출되지 않게 할 수 있는 까닭에 (그렇게 생각하는) 다른 사람들은 신은 자유 원인이라고 생각한다. 그러나 이것은 마치 신은 삼각형의 세 각의 합이 2직각이라는 것이 삼각형의 본성에서 따라 나오지 않게 할 수 있다고 그들이 말하는 것과 같다―이것은 부당하다.(제1부 정리17주석)

스피노자는 신이 자유롭기 위해서는, 자신의 적대자들의 정의에 따르면, 신은 자신의 본성과 모순되는 방식으로 활동할 수 있어야 할 것이라는 점을 지적함으로써 자신과 견해를 달리 하는 사람들의 자유에 대한 생각을 공격한다. 그러나 (스피노자는 강조한다) 자기-모순은 자유가 아니다. 그것은 불합리다. 그것은 누군가가 신이 둥근 사각형을 창조할 수 없다면 신은 자유롭지 않다고 말하는 것과 마찬가지다. 그러나 둥근 사각형에 대한 언급은 자유에 대한 언급이 아니라 이해할 수 없는 무의미를 말하는 것이라고 스피노자는 생각한다. 따라서 신의 본성으로부터 따라 나오는 것에 반하는 어떤 것이 생길 가능성에 대해 말하는 것조차 역시 불합리한 것에 지나지 않는다.

스피노자는 끝없는 논쟁에 빠져들지 않고 자신의 입장을 분명히 하기를 원했지만, 그는 이러한 논의 곳곳에 심오한 논제가 숨어있다는 것을 알았다. 예를 들면, 논리 법칙만 해도 그것들이 참인 것은 신이 자신의 자유의지를 행사했고 그것들이 그러하도록 명했기 때문이라고 데카르트는 주장했던 것으로 보인다. 스피노자는 이러한 견해를 전적으로 거부한다. 신은 그것으로부터 사물들이 필연적으로 따라 나오는 일정한 본성을 갖는다고 주장함으로써, 스피노자는 신이 '자유의지'를 갖는다는 것을 부정하고 있다. 이러한 자유의지가 우리들에게 있어서 최상의 완전성이라는 생각에서, 그리고 신은 최상의 그러한 완전성을 가지고 있을 것이라는 자연스러운 생각에서 많은 사상가들이 그러한 의지를 신에게 귀속시키고 있다는 것을 그는 알고 있었다. 다음으로, 신에게 의지를 부여한 후, 신학자들은 신의 본성에 있어서 어느 것이 더 근본적인가―신의 지성인가 아니면 신의 의지인가―에 대해 논쟁했다. 스피노자는 이러한 논의들이 신의 본성에 대한 철저한 오해를 드러내고 있다고 생각했다. 그것들은 사상가들이 인간 본성과 신의 본성을 혼동하고 있었다는 것을 보여준다. 신이 자신의 지성으로 사물들에 대해 생각하고 나서 의지 활동으로 그것들을 창조한다고 그들은 상상했다. 스피노자가 지적하듯이, 지성도 의지도 (인간에게 적용하여 이러한 용어들을 우리가 이해하는 한) 신에게 적용된다고 이야기될 수 없다. 반대로, 만약 우리가 의지와 지성을 신에게 귀속시키려 한다면, 인간을 참조로 이 용어들을 이해하는 방식과 전혀 다른 의미에서 그것들을 이해하지 않으면 안 된다. '신의 의지'라는 통념과 관련된 문제들에 관해서는 더 많은 내용을 제1부 부록에서 찾아볼 수 있다.

연구를 위한 물음들

1. 신은 절대적으로 필연적으로 활동하면서도 절대적으로 자유롭게 활동한다고 스피노자가 말할 수 있었던 것은 자유에 대한 그의 정의 때문이다. 어떻게 그의 정의는 필연과 자유의 조화를 가능하게 하는가?

2. 자유에 대한 스피노자의 정의는―자기 자신에 의해서만 활동하도록 결정된다는 점에 있어서―통상 자유가 의미하는 것을 담아내고 있는가?

정리18

신이 존재하는 모든 것의 제1원인이라는 것은 확증되었지만, 사물들이 신의 본성인 구조화된 역량으로부터 어떻게 따라 나오는가에 관해

서는 많은 의문이 남는다. 정리18-25는 이 문제를 어느 정도 해결하려
는 의도를 가지고 있다. 이 정리들 중 첫 번째 것(정리18)이 설명하고
있는 것은 신은 사물들의 초월적 원인이 아니라 내재적 원인이라는 것
이다. 이 용어들은 요즘은 더 이상 사용되지 않지만 그 의미는 아주 분
명하다. 신이 사물들의 초월적 원인이라면, 신은 그것들을 산출할 것
이고, 인과관계는 끊어질 것이며, 그것들은 신의 인과적 충격으로부터
분리되어 독립적으로 존재하게 될 것이다. 신이 내재적 원인이라고 말
하는 것은 사물들이 신 안에서 신에 의해 산출된다고, 그리고 사물들
을 산출한 신의 역량이 그것들 속에 남아 있듯이 그것들이 신 안에 머
물러 있다고 말하는 것이다. 우리가 드는 예가 지나치게 단순하긴 하
지만, 또다시 얼굴의 각 부분의 배치인 웃음을 생각해보자. 웃음이 얼
굴 속에 있듯이 웃음을 구성하는 얼굴의 각 부분은 웃음 속에 내재해
있다.

정리21-23

내재적 원인으로서 신이 결과 속에 존재하고 있다는 것을 안다고 해
도, 그 자체로, 인과 과정이 상당 부분 분명하게 드러나는 것은 아니다.
불행히도 스피노자는 그것을 철저하게 해명하지 않는다. 그러나 신의
속성의 절대적 본성으로부터 따라 나오는 사물들과 더 간접적이거나
파생적인 방식으로 따라 나오는 사물들을 구별하여 스피노자는 그 과
정을 이해하는 데 어느 정도 도움을 주고 있다. 전자(정리21에서 이야
기되고 있는)는 무한하며 항상 존재하지 않으면 안 된다. 이것은 놀랍
지 않다. 왜냐하면 속성 자체는 신의 본질을 표현하며 그것은 무한하고
영원하기 때문이다. 속성의 절대적 본성으로부터 직접적으로 따라 나
오는 사물들은 속성의 이러한 특성을 이어받아 그 자체가 영원하고 무

한하다고 생각할 수 있다.

이 사물들('사물들'이 적당한 낱말이라면)은 보통 학적 문헌에서는 '직접적으로 무한하고 영원한 양태'(immediate infinite and eternal)라고 지칭된다. 그러나 스피노자가 여기서 말하는 것이 정확히 무엇인지에 관해서는 의견이 모아지지 않는다. 정리21-23(『에티카』에서 이러한 학설이 제시되고 있는 부분)은 매우 추상적이며 논의 진척을 위한 정보를 거의 제공하지 않는다. 특히 정리21 증명은 스피노자 연구자조차도 이해하기 힘들다. 다행히도 스피노자는 자신의 저서들 중 두 개의 다른 곳에서 이 논제에 대해 언급하고 있으며 그의 생각에 대한 전반적인 개요라도 파악하기 위해서는 스피노자가 이 두 개의 다른 구절에서 말했던 것을 참고하는 것이 현명할 것이다.

스피노자는 이러한 학설에 관해 서신을 교환했던 명민한 친구 치른 하우스(Tschirnhaus)로부터 질문을 받았고 『에티카』에서 보다 상세하게 답했다(서신64). 사유 속성 아래에 있는 직접적 무한양태는 '절대적으로 무한한 지성'이라고 스피노자는 말하고 있다. 이 말이 전적으로 이해될 수 있는 것은 아니지만, 스피노자에게 있어서 지성은 관념들로 ─ (말하자면) 사물에 대한 생각들로 ─ 이루어져 있다는 사실과 함께 생각해 볼 수 있다(『에티카』 제2부를 다룰 때 이 주제에 대해 더 많은 논의가 있을 것이다). 이렇게 독해할 때, 절대적으로 무한한 지성을 구성하고 있는 것은 존재하는 모든 것의 무한히 많은 관념들이다. 하지만 이것조차도 다소 애매하다. 그것은 관념들의 무한하게 거대한 집합인가 아니면 무한히 많은 사물들에 보편적으로 적용가능하다는 (그리고 아마도 계속해서 무한히 많은 관념들을 발생시킨다는) 의미에서 무한한 관념들의 집합인가? 어느 경우든 속성은 구조화된 무한한 사유 역량이며, 그 절대적 본성으로부터 존재하는 모든 것의 무한히 많은 관념들이 따라 나온다. 그 역량이 영원하기 때문에 그리고 따라 나옴이 시간과 무관한 논리적인 의미에서의 따라 나옴이기 때문에, 여기서 시간적 고려를 끌어들일 여지는 없다 ─ 기하학 자체에서와 마찬가지로.

사유 속성으로부터 전환하여 연장 속성(우리에게 알려져 있는 또 하나의 속성)을 논의하면서, 스피노자는 치른하우스에게 직접적 무한양태는 '운동과 정지'(motion and rest)라고 말하고 있다. 이것을 어떻게 이해할 것인가? 그것은 그저 연장된 사물들에 관한 보편적 진리 ─ 바로 연장의 본성으로부터 따라 나오는 진리 ─ 가 연장된 사물은 운동하고 있거나 정지해 있을 수 있다는 것임을 의미하는 것일 수 있다. 그러나 그러한 해석은 연장 속성이 신 혹은 실체의 무한한 구조화된 역량이라는 사실을 제대로 담아내지 못하는 것 같다. 아마도 주장하고 싶은 것은 연장 역량이 운동하고 있고 정지해 있는 무한히 많은 사물들로서 직접적으로 표현된다는 것이 아닐까한다. 이러한 제안이 방향은 잘 잡았지만, (우리가 살펴볼 수 있듯이) 스피노자는 운동하고 있는 무한 계열의 개별 사물들이 산출되기에 앞서 매개와 상호작용의 더 많은 단계들이 필요하다고 생각한다.

속성의 절대적 본성으로부터 직접적으로 따라 나오는 무한하고 영원한 양태를 이해하고자 할 경우(이를테면, 정리21-23을 이해하고자 할 경우), 양태가 신/실체의 역량이 활동으로서 표현되는 방법 내지 방식이라는 것을 기억하는 것이 좋을 것이다. 그 경우 연장의 무한하고 영원한 양태는 신의 역량이 무한히 연장된 영역 전반에 걸쳐 표현되는 무시간적 방식이다. 스피노자가 '운동과 정지'를 그러한 양태에 대한 명칭으로서 제시할 때, 우리는 그것이 운동과 정지가 연장된 자연 전체에 걸쳐 항상 그리고 모든 곳에 나타나는 방식이라고 생각할 수 있다.

매우 그럴듯한 이런 식의 해석은 E. M. 커리에 의해 제안되었다.[4] 커리는 무한 양태들을 일련의 자연법칙들로 생각할 것을 추천한다. 그것들은 물리적 자연이 항상 그리고 모든 곳에서 작용하는 법칙과 같은 방식들이다. 그것들은 정당하게 영원한 것으로 간주될 수 있다. 왜냐하면 기하학적 진리들처럼 그것들은 시간과 관련이 없으며 시간의 흐름 속에서 변하지 않는다. 모든 것은 이 법칙들에 따라 생기고 변화하지만, 법칙들 자체는 변하지 않는다. 이러한 독해에 따르면, 스피노자가 '운동과 정지'를 연장 속성 아래에 있는 직접적으로 무한하고 영원한 양태라고 말할 때, '운동과 정지'라는 용어는 물리적 자연의 가장 보편적인 법칙들 — 혹은 간단히 말해서, 연장 속성을 통해 이해된 신/실체가 항상 그리고 모든 곳에서 작용하는 가장 보편적인 방식들 — 을 대신하는 것이다. 이러한 가장 보편적이고 근본적인 법칙으로부터, 마찬가지로 무제한으로 적용 가능한, 다른 자연법칙들이 따라 나온다. 후자는 함께 전우주의 전반적인 구조적 특징들과 구성을 결정하며 세계 속의 유한한 연장된 사물들 사이의 상호작용을 제어한다. 사실 스피노자가 치른하우스에게 보낸 서간에서, 그는 이 다음 단계의 간접적으로 무한하고 영원한 양태를 '전우주의 얼굴(혹은 모습)'이라고 칭하고 있다.

정리24-27

지금까지 신의 절대적 본성으로부터 따라 나오고 그런 까닭에 신적 본성의 특징인 영원성과 무한성을 이어 받고 있는 양태들에 대해 알아보았다. 스피노자는 독자들이 이 무한하고 영원한 양태들이 그것들 자체로 일종의 독립적인 존재론적 지위를 확보하고 있다는 잘못된 인상

---

4 Curley, E. M., *Spinoza's Metaphysics: An Essay in Interpretation*. Cambridge, MA: Cambridge University Press, 1969.

을 갖지는 않을까 우려했던 것 같다. 정리24-27은 저 인상이 잘못된 것임을 밝히려는 의도를 가지고 있다. 정리24는 우리에게 신에 의해 산출된 사물들의 본질은 실존을 포함하지 않는다는 것을 상기시킨다. 앞서 살펴본 무한하고 영원한 양태들조차도, 물론 영원히 존재하긴 하지만, 그 자체의 본질이나 역량에 의해서가 아니라 그것으로부터 그것들이 시간과 무관하게 필연적으로 따라 나오는 신의 역량에 의해서 영원히 존재한다. 만약 이러한 양태들의 본질이 실존을 포함한다면, 그것들은 '그 자체로' 존재할 것이다—그것들은 존재하기 위해 다른 그 어떤 것도 필요로 하지 않을 것이다—이를테면, 그것들은 결코 양태가 아니라 실체일 것이다. 정리25 보충은 우리에게 '개물은 신의 속성을 일정하고 결정적인 방식으로 표현하는 양태에 … 지나지 않는다'는 것을 상기시킨다.

정리26은 사물들이 가질 수 있는 모든 특성, 그리고 또한 모든 인과적 역량은 신으로부터 따라 나온다는 것을 상기시킨다. '결과를 산출하도록 결정된 사물은 필연적으로 신에 의해 이런 식으로 결정되었다. 그리고 신에 의해 결정되지 않은 것은 결과를 산출하도록 자기 자신을 결정할 수 없다.' 다음 정리에서 스피노자는 양태란, 말하자면, 그것이 행하도록 인과적으로 결정된 것을 행하는 데 실패하거나 행하기를 거부함으로써 신의 역량에 저항할 수 없다는 것을 분명히 한다. '결과를 산출하도록 신에 의해 결정된 사물은 자기 자신을 결정되지 않게 할 수 없다.'

정리28

이제까지 스피노자는 신의 절대적 본성으로부터 따라 나오기 때문에, 무한하고 영원할 수밖에 없는 사물들을 집중적으로 다루어왔다. 이

제 그는 마지막으로 유한 양태들 — '유한하고 일정한 실존을 가지고 있는 저 단일한 사물들' — 의 문제를 다루기로 마음먹는다. 논의와 관련하여 주목해야 할 첫 번째 것은 스피노자가 유한 사물들이 실존한다는 것을 증명하려고 하지 않는다는 것이다. 아마도 그는 이미 정리16에서 그것을 했다고 생각하는 듯하다. 어쨌든, 여기서 그는 그러한 유한하고 일정한 사물들이 있다는 것을 주어진 것으로 간주하는 것 같으며, 그것들이 구조화된 신의 무한한 역량으로부터 따라 나오는 방식을 설명하고자 한다. 우리는 정리21과 22로부터, 이러한 사물들이 속성의 절대적 본성으로부터 따라 나올 수 없다는 것을 안다. 왜냐하면 그럴 경우, 그것들은 무한하고 영원할 것이기 때문이다. 그것들은 다른 유한 사물에 의해 실존하고 활동하도록 결정되지 않으면 안 된다고 스피노자는 주장한다. 그 다른 유한 사물은, 차례차례, 또 다른 유한 사물에 의해 실존하고 활동하도록 결정되지 않으면 안 되며, 그렇게 해서 무한히 계속된다. 이것은 유한 사물들의 무한 연쇄를 암시하며, 그 연쇄 속에서 각각의 것은 그 다음의 것에게 — 그것이 실존하는 데 도움을 주고 그것이 활동하는 방식을 한정함으로써 — 영향을 미친다.

따라서 — 신의 절대적 본성으로부터 따라 나오는 무한하고 영원한 양태들이 있으며, 일정한 실존을 가지고 있는 유한 사물들의 무한 연쇄가 있다. 이 두 유형의 양태들은 서로 어떤 관계에 있는가, 그리고 우리가 아는 실재의 산출에 있어서 각각은 어떤 역할을 하는가? 여기서 다시금 커리의 해석에 기초를 둔 독해가 큰 도움이 된다. 이 독해에 따르면, 무한하고 영원한 양태들은 자연 활동에 있어서 모든 곳에 존재하는 법칙론적으로 규칙적인 것들 — 신/자연이 항상 그리고 모든 곳에서 활동하는 법칙과 같은 방식들 — 이다. 이 규칙적인 것들은 보편적이며, 따라서 그 자체로는 그 어떤 단일한 유한 사물들도 산출할 수 없다. 그러나 그것들의 법칙과 같은 특성을 고려하면, 그것들은 단일 사물들 사이의 상호작용을 지배할 수 있다. 인과관계에 대한 논의에서 종종 사용되는 종류의 간단한 예를 들기 위해, 테이블을 가로질러 움직이고 있는 당구공(이를테면, 8번 볼)을 생각해보라. 이 움직이는 당구공은 연장의 유한 양태다. 그 움직임에 의해 그것은 다른 볼들도 또한 움직이게 할 수 있다. 스피노자는 이 당구공은 다른 것(말하자면, 큐대로 치는 볼)에 의해 움직여지지 않으면 안 된다고 주장한다. 그러나 큐대로 치는 볼의 8번 볼과의 충돌은 어떤 결과를 낳을 것인가는 자연법칙(특히 충돌, 운동량 등의 법칙)의 문제다. 저 유한하고 일정한 양태(움직이는 8번 볼)가 나타나기 위해서는, 그것은 다른 유한 양태(이를테면, 8번 볼은 또 다른 볼에 의해 가격되지 않으면 안 된다)에 의해 존재하고 활동하도록 결정되지 않으면 안 되며 무한하고 영원한 양태들(하나의 구르는 구체가 유사한 질량의 정지된 구체와 충돌할 때 발생하는 것을 지배하는 법칙과 같은 규칙적인 것들이 있어야 한다) 또한 역할을 하지 않으면 안 된다.

이 점을 논의하면서 학자들은 종종 스피노자 이론에서 작동하고 있는 '두 개의 인과 질서' — 수직적 인과 질서와 수평적 인과 질서 — 에 대해 말하고 있다. 수직적 인과 질서는 속성에서 시작된다. 속성(이를테면, 연장)이라는 구조화된 역량으로부터 신/자연의 역량이 언제나 그리고 모든 곳에서 표현되는 어떤 법칙과 같은 방식들이 따라 나온다. 그 경우 저 규칙적인 것들이 수평적 인과 질서를 구성하는 무한한 일련의 유한 양태들 사이의 상호작용을 규정하고 지배한다. 신의 본성으로부터 따라 나오는 사물들의 무한한 다양성을 산출하기 위해서는 두 가지 모두가 필요하다.

연구를 위한 물음들

1. 수직적 인과 질서와 수평적 인과 질서는 서로 어떻게 다른가? 그것들은 모두 유한 양태의 생산에 어떻게 기여하는가?

정리29-33 - 결정론과 필연성

필연성이 스피노자의 체계에 널리 퍼져있다는 것은 지금까지 줄곧 — 아니면 적어도 정리16과 정리17 주석 이후로(p.61 참조) — 분명했다. 신은 필연적으로 존재하며 그가 가지고 있는 본성을 필연적으로 갖는다. 존재하는 모든 것은 필연적으로 저 신의 본성으로부터 따라 나오며 모든 양태는 지금처럼 존재하고 활동하도록 결정된다 — 신이 필연적으로 언제나 그리고 모든 곳에서 활동하는 규칙적 방식에 따라 다른 양태들에 의해 한정된다. 스피노자는 이 점에 있어서 의심의 여지를 거의 남겨두지 않는다. 그럼에도 제1부 끝부분에서 이러한 핵심적 주장을 반복하고 강조하는데, 그는 일련의 정리들을 할애하고 있다.

그는 왜 이런 식으로 진행하는 걸까? 어떻게 모든 것이 신 안에 있으며 신으로부터 따라 나오는가에 대한 설명의 개요를 마무리했기 때문에, 스피노자는 몇 개의 간극을 채우기를 원했으며 독자들이 그의 입장을 파악하는 것을 어렵게 할 수 있는 몇 가지 오해를 피하고자 했던 것 같다. 먼저 그는, 아주 분명하게, 보편적 인과 결정론이라는 주제를 반복해서 말하고 있다. '자연 속에 우연적인 것은 없다. 모든 것은 신적 본성의 필연성에 따라 일정한 방식으로 존재하고 결과를 산출하도록 결정되어 있다'(정리29). 그러나 사람들이 계속해서 더 전통적인 신 개념과 세계 창조 개념을 간직하고 있는 한, 스피노자는 사람들이 이것을 받아들이기가 쉽지 않을 것이라고 생각한다. 신의 역량과 스스로를 표현하는 그 역량에 대해 말한 터라, 그는 아마도 사람들 중 일부가 계

속해서 신의 의지 행위에 의해 자신의 역량을 행사하기로 작정하는 신
에 관해 생각하는 것이 두려웠을 것이다.

　이러한 오해를 피하기 위해서 스피노자는 신의 활동적 역량을 세계
라는 그 역량의 표현과 차별화하여 구분한다. 그러고 나서 그는 만약
신의 의지와 같은 어떤 것이 있다면, 그것은 이러한 구분 중 후자에 속
할 것이라고―즉, 그것은 저 과정이 일어나는 데 책임이 있는 활동적
역량이라기보다는 오히려 신의 창조적 활동의 산물일 것이라고―주
장한다. 이로써 그는 신이, 의지를 행사하여, 이 세계를 창조하기로 선
택했다는 오해의 소지가 있는 생각이 종식되기를 바란다.

　스피노자 자신의 구분은 그가 **생산하는 자연**(*natura naturans*)과 **생
산된 자연**(*natura naturata*) 사이의 구분에 대해 말하고 있는 정리29
주석에서 서술되고 있다. 생산하는 자연(영어로는 ‘nature naturing’)
은 신의 활동적 측면―즉, 스스로를 활동으로서 표현하면서, 세계를
생산하는 신의 역량―을 지칭한다. 그 역량의 자기-표현은, 서로가 상
호작용하는 일련의 양태들로 간주되기 때문에, 생산된 자연(‘nature
natured’)이다. 이것들은 두 개의 서로 다른 실재가 아니라는 것을 명
확히 하는 것이 중요하다. 오히려 그것들은 하나의 실재를 개념화하는
두 가지 방식이다.

　유추가 여기서 도움이 될 것이다(비록 단지 유추에 지나지 않겠지
만). 우리는 춤추고 있는 신의 활동에 대해 생각할 수 있다. 춤추는 것
은 구조화된 활동으로서 간주될 수 있으며, 또한 하나의 사물로서, 명
사를 사용하자면―‘춤’으로 지칭될 수 있다. 그 사물은 활동의 결과이
면서 동시에, 중요한 의미에서 활동과 동일한 것이다. 더 나아가서, 만
약 우리가 특정한 춤(말하자면, 왈츠든 메렝게(merengue)든)의 구조
에 관해 어떤 것을 알고 있다면, 우리는 춤의 각 단계에서 댄서의 몸의

여러 가지 움직임과 자세를 추론할 수 있다. 이러한 유추는 어떻게 하나의 사물이 활동(춤추는)이면서 동시에 사물(춤)일 수 있는가— 그것이 어떻게 보여지는가에 따라— 를 분명히 하는 데 도움이 된다. 그러나 그것은, 오해의 소지가 있는 까닭에, 주의 깊게 사용되어야 한다. 왜냐하면 춤추는 것은 춤추는 행위를 하고 있는 독립적 행위자를 전제로 하지만, 신은 신의 활동으로부터 분리될 수 없기 (분리는 개념적으로만 가능하다) 때문이다.

능동적인 것을 수동적인 것으로부터 구분하거나 (말하자면) 생산된 것으로부터 생산하는 것을 구분한 후에 스피노자는 정리31에서, 특정한 사유와 의지는 (신 안에 있든 우리 안에 있든) 사유라는 속성의 양태들이며 사물의 '생산된 측면' — 즉, **생산된 자연**(natura naturata) — 에 속할 수밖에 없다고 주장한다. 따라서 이러한 사유와 의지는 그것들을 생산한 활동적 역량에 의해 지금 상태로 존재하도록 결정된다는 것이 분명하다. 의지는 개별적인 의지 작용들로 구성되며(스피노자에 따르면), 이 의지 작용들 각각은 다른 유한 양태들에 의해 그리고 사유 속성의 법칙에 따라 지금처럼 존재하도록 결정된, 하나의 유한 양태다. 이런 식으로 다른 사물들에 의해 결정되기 때문에, 그것들을 자유로운 것으로 생각할 수 없다. 따라서 스피노자는 '의지는 자유 원인이 아니라 단지 필연적 원인이라고만 부를 수 있다' (제1부 정리32)고 결론 내린다. 따라서 자유의지가 가능하다는 것을 부정한 후에, 그는 곧바로 보충에서 신은 자유의지에 의해 어떤 것도 생산하지 않는다고 추론한다.

스피노자의 단호한 결정론적 입장에 대한 마지막 주장은 정리33 — '사물들은 그것들이 생산되고 있는 것과 다른 방식으로, 그리고 다른 질서 속에서 신에 의해 생산될 수 없다' — 에서 등장한다. 이러한 주장을 옹호하면서 스피노자는 모든 것은 신의 본성으로부터 따라 나오기 때문에, 만약 사물들이 다른 방식으로 생산되는 것이 가능하다고 한다면, 신이 다른 본성을 갖는 것이 가능해야만 할 것이라고 주장한다. 그러나 신의 본성이 단일하고 유일하다는 것을 입증했으므로, 그는 신은 다른 본성을 가질 수 없으며, 따라서 어떤 것도 그것이 현실적으로 존재하는 방식과 다르게 존재할 수 없다고 결론짓는다.

이러한 견해(신은 사물들을 다르게 창조할 수 없다)가 대부분의 사람들에 의해 폭넓은 지지를 받거나 긍정적으로 받아들여지는 견해가 아니라는 것을 스피노자는 알고 있었다. 당시 대부분의 사람들은 창조에 대한 성서적 설명―스피노자가 고대 작가의 상상이 만들어낸 신인동형적 허구라고 거부하는 설명―을 받아들였다. 그러나 또한 더 사려 깊고 철학적으로 정교한 사상가들도 신은 다른 세계를 생산할 수 있었다는 것을 자신들의 학설의 핵심 교의로 옹호했다. 데카르트는 위에서 살펴보았듯이, 신은 근본적으로 자유롭고 무제약적인 의지 활동에 의해 모든 것을 창조했다고 주장했다. 이러한 견해에 따르면, 신은 논리학이나 수학의 법칙들조차도 그가 원하기만 한다면 달라지게 할 수 있다. 스피노자는 이것을 (글자 그대로) 상상도 할 수 없는 것으로 간주한다. 스피노자보다 나이가 적은 동시대 인물인 라이프니츠는 수많은 가능 세계들―그것들이 내적으로 일관성을 가지고 있으며, 신이 현실화시키기로 마음먹으면 그것들 중 어떤 것이든 생성될 수 있다는 의미에서 '가능한'―중에서 신이 선택했다는 정교한 견해를 전개했다. 라이프니츠에 따르면, 비록 이것들 중 어느 것이라도 선택될 수 있지만 신이 신적인 완전함을 가지고, 사실상 이러한 가능 세계들 중 최상의 것을 현실화시키려고 선택할 것은 확실하다. 그러나 최상의 것을 신이 선택하는 것이 이미 정해져 있는 결론이라는 사실에도 불구하고, 라이프니츠는 다른 세계들이 가능하며 현실화될 수 있다고 주장한다. 물론 스피노자는 이러한 견해를 거부한다. 왜냐하면 그것은 신이 무엇을 할지 결정하면서 보는, 신으로부터 독립적인 그리고 신을 앞서는, 선의 기준이 있다는 것을 가정하고 있기 때문이다. 그러나 당연히 신으로부터 독립적인 그리고 신을 앞서는 것은 존재하지 않는다.

　모든 이러한 견해는 현혹된 것이며, 궁극적으로 신의 본성과 신의 창조적 활동성에 대한 잘못된 개념으로부터 도출된 것이라고 스피노자는 주장한다. 신이 인간과 같은 심리적 특성을 가지고 있다고 생각하는 한 — 즉 신이 선택하고 결단을 내린다고 생각하는 한, 우리는 세계가 지금 존재하는 방식과 다르게 존재할 수 있다고 잘못 상상한다. 신의 본성은 그것이 실체라는 것을 염두에 두면, 존재할 수밖에 없는 것이라는 사실, 그리고 세계는 '삼각형 세 각의 합이 180도라는 것이 삼각형의 본성으로부터 따라 나오는 것과 같은 필연성을 가지고' 신의 본성으로부터 따라 나온다는 사실을 깨달을 때에만, 신을 올바르게 이해할 것이다. 그리고 그럴 경우에만 우리가 우리 자신과 세계를 이해할 수 있을 것이라는 말을 스피노자는 덧붙인다.

부록

신/실체/자연에 대한 기본적 설명이 마무리되었다. 그러나 스피노자는 자신이 옹호하고 있는 견해가 특이하고 어렵다는 것, 그리고 독자들로 하여금 자신의 입장을 이해하고 받아들이게 하는 것이 힘겨운 투쟁이라는 것을 알고 있었다. 기하학적 설명을 마무리한 후 그는 형식적인 장치들을 제쳐놓고 더 접근하기 쉬운 방식으로 독자들에게 말을 거는 보기 드문 단계를 밟는다. 그는 제1부의 내용을 탁월하고 간략하게 요약하는 데서 출발한다.

이러한 [증명들]과 더불어 나는 신의 본성과 성질들, 이를테면 신이 필연적으로 존재한다는 것, 신이 유일하다는 것, 신은 오로지 자신의 본성의 필연성으로부터 존재하고 활동한다는 것, 신이 모든 것의 자유 원인이라는 것, 모든 것은 신 안에 있으며 신 없이는 존재할 수도 파악될 수도 없을 정도로 신에게 의존한다는 것, 그리고 마지막으로 모든 것은 신에 의해, 즉 의지의 자유나 절대적 재량으로가 아니라 신의 절대적 본성 내지 무한한 역량에 의해 예정되어 있다는 것을 설명했다.

스피노자는 독자들이 이해를 가로 막는 어떤 편견들로 인해 이러한 견해를 평가하고 받아들이기 어려울 것이라고 생각한다. 부록의 나머지 부분에서 그는 이러한 편견을 폭로하고 '이성적으로 검토하는 데' 착수한다.

이 모든 편견의 근저에는 우리는 사물들을 그것들이 기여하는 목적에 의해 설명하고 이해하는 경향이 있다는 사실이 있다. 인간 존재들이 일을 할 때, 그들은 일반적으로 어떤 목적—그들이 만족시키고자 하는 어떤 욕망 내지 그들이 마음에 두고있는 어떤 목적—을 달성하기 위해 일을 한다. 그렇다면, 인간 존재의 행동을 설명하고 이해하기 위해서는, 행위자의 욕망과 목적을 고찰해야 할 것이다. 어떤 인간의 인공물 내지 생산물(탁자, 차, 집)을 이해하기 위해서 우리는 인공물이 사용되는 목표 내지 목적에 의지한다. 물론 스피노자는 이것에 대해 이의를 제기하지 않는다. 그러나 그는 우리는 이런 식의 설명에 집중하는 경향이 있다는 사실로 인해 야기되는 심각한 문제가 있다는 데 주목한다. 먼저, 이런 식의 설명은 본질적으로 설명으로서 결함이 있으며, 다음으로 모든 종류의 혼란은 우리가 이런 식의 설명을 자연 속의 인간이 아닌 사물들에 적용할 때 발생한다.

이러한 문제들 중 첫 번째 것과 관련하여, 스피노자는 우리 인간 존재들은 자연스럽게 우리에게 유익한 것을 욕망한다는 것, 그리고 우리가 이 욕망들을 의식한다는 것에 주목한다. 스피노자에 따르면, 이러한 욕망은 자연 질서의 일부이며 따라서 자연법칙에 따라 선행하는 사건이나 요인들에 의해 생겨난다. 그러나 우리는 욕망의 원인을 알지 못한다—실제로, 사람들은 일반적으로 욕망이 그 어떤 것이든 원인을 가지고 있다는 것을 알지 못한다. 따라서, 우리가 인간 존재가 행하는 어떤 것, 혹은 어떤 인공물을 설명하고자 할 때, 우리는 행위자의 욕망이나 목적에 호소하고 그 욕망이나 목적의 원인에 관해서는 묻지 않는다. 그리고 저 원인들에 관해 알지 못하기 때문에, 우리는 그러한 원인이란 없다고 추정하는 경향이 있으며, 우리는 단지 욕망, 목적 내지 행동을 행위자의 '자유의지' 때문에 생긴 것으로 간주할 뿐이다—그리고 그러한 설명에 만족스러워 한다. 그러나 스피노자는 이것이 전혀 만족스럽지 못한 설명이라고 생각한다. 실제로, 그것은 전혀 설명이 아니며, 어떠한 실질적인 인식이나 이해를 제공하지 못한다. 스피노자에게 있어서 (우리 기억으로는) '결과에 대한 인식은 그 원인에 대한 인식에 의존하며 그것을 포함한다'는 것은 공리로서 자명한 것이다.

목표, 욕망과 목적(때때로 '목적인'이라 불리는 것)으로 사물들을 설명하려는 우리의 성향과 관련된 또 다른 문제는 우리가 이런 식의 설명을 자연 속의 다른 사물들에 잘못 적용한다는 것이다. 사람들은 그들의 욕구에 도움이 되는 것들—씹기 위한 이, 보기 위한 눈, 비추기 위한 태양과 같은 그러한 것—을 발견한다. 그리고 그들은 이러한 것들이 우리의 욕구와 목적에 도움을 주기 **위해** 존재한다고 판단한다. 그들은 자신들이 이러한 것들 자체를 만들지 않았다는 것을 알기 때문에, 어떤 다른 누군가가 그들이 사용하도록 이러한 것들을 마련해 주었다고 그들은 추정한다. 그리하여 그들은 '…인간의 자유를 부여 받은, 하나의 자연의 지배자 혹은 다수의 자연의 지배자들이 있으며, 그러한 지배자들이 그들을 위해 모든 것을 배려했고, 그들이 사용하도록 모든 것을 만들었다'고 추론한다. 그러고 나서 '…신이 다른 사람들 이상으로 자신들을 사랑하도록 하기 위해, 그리고 자연 전체로 하여금 자신들의 맹목적 욕망과 만족할 줄 모르는 탐욕을 충족시키도록 하기 위해', 그들은 이 지배자를 숭배하고 그의 환심을 살 방법을 찾는다. 그리고 해로운 것들(폭풍, 질병 등과 같은 그러한 것들)이 발생할 때, 그들은 이러한 것들이 신의 그들에 대한 분노의 결과라고 판단한다. 종종 선한 사람들이 고통을 겪고 불의한 사람들이 번성하는 것을 알게 되었을 때, 그들은 신의 방식이 불가해하다고 단언하며, '…따라서 그들이 태어났던 무지의 상태 속에 머물게 된다'.

스피노자는 목표와 목적에 의해 자연 속에 있는 것들을 이해하려는 시도가 우리를 방황하게 한다고 생각한다. 자연 사건들은 어떤 목적을 이루기 위해 발생하지 않는다. 자연 사건들이 발생하는 것은 그것들이 자연법칙들 — 목표나 목적에 대해 전혀 언급하지 않는 법칙들 — 에 따라 선행하는 원인에 의해 발생하도록 야기되었기 때문이다. 게다가, 신이 어떤 목적을 성취하기 위해 활동하거나 자신의 어떤 욕망을 채우기 위해 활동한다고 말하는 것은 신이 어떤 것을 결여하고 있어서 그것을 욕망한다고 말하는 것이다. 그러나 무한 존재는 그 어떤 것도 결여할 수 없다.

이런 식의 사고 — 이를테면, 목표에 의해 그리고 신의 목적에 의해 사물들을 이해하려는 시도 — 는 막다른 골목에 비유될 수 있다. 궁극적으로 이러한 설명은 그렇다면 그런 것이 신의 의지라는 주장으로 끝난다. 스피노자는 이런 식으로 신의 의지를 들먹이는 사람들에 대해 그들은 '…신의 의지 속으로, 즉 무지의 피난처로 피난' 하고 있다고 말한다. 그는 또한 불가해한 신의 의지를 들먹이려는 이러한 성향이, '만약 목적이 아니라 오로지 도형의 본질과 성질에만 관심을 가지는 수학이 사람들에게 진리의 또 다른 기준을 보여주지 않았더라면, 진리가 인류로부터 영원히 은폐되는 원인이 되었을' 것이라고 주장한다.

　스피노자는 『에티카』에서 가장 신랄한 언어로, 기이한 사건들의 자연적 원인들을 찾지 않고, 그러한 사건들을 초자연적 존재의 개입 탓으로 돌리면서 기적이라고 부르는 사람들을 비난한다. 만약 기적을 자연 법칙에 위배되는 사건이라고 한다면, 스피노자는 기적이라는 것이 존재하거나 존재했던 적이 있다는 것을 믿지 않는다. 일단 하나의 사건이 기적으로 여겨진다면, 그것을 자연적으로 설명하려는 더 이상의 노력은 행해지지 않는다는 데 그는 주목한다. 기적으로 추정되는 사건들을 계속해서 자연적으로 설명하려는 사람들은 신앙심이 깊은 사람들에 의해 경멸의 대상이 된다. '…기적의 참된 원인을 찾고, 바보처럼 자연적인 것들에 놀라지 않고, 교양인처럼 그것들을 열심히 이해하려고 하는 사람은 자연과 신의 해석자로서 존경받는 사람들에 의해 일반적으로 불경한 이교도로 간주되고 고발된다.' 스피노자는 오히려 사람들을 무지와 경외 속으로 몰아넣음으로써 자신들의 권력을 유지하는 성직자들을 강하게 비난한다.

　부록 끝부분에 수록된 일련의 마지막 논증에서, 스피노자는 우리에게 도움이 되기 위해 사물들이 존재한다고 생각하는 성향이 초래하는 결과를 지적한다. 우리는 사물들이 가지고 있는 가장 중요한 특성은 우리에게 가장 큰 인상을 준 특성이라고 생각하는 경향이 있다. 우리는 우리가 경험하는 사물들에 의해 변용되는 방식들을 반영하는 통념들을 내놓으며, 이러한 통념들이 사물들 자체의 특성을 반영한다고 잘못 생각한다. 스피노자는 특히 선과 악, 질서와 혼란, 따뜻함과 차가움, 미와 추에 대해 언급한다. 그는, 이것들 각각이 실제로 우리가 사물들에 의해 변용되는 방식에 관한 어떤 것(사물들 자체에 관한 어떤 것이 아니라)을 기술하고 있다고 생각한다. 곧 제2부에서 배우겠지만, 스피노자는 우리가 오늘날 상상이라고 부르는 것뿐만이 아니라 우리의 감각 경험을 지칭하기 위해 '상상'이라는 용어를 사용한다(이것은 그 당시 일반적 어법—부분적으로는, 우리가 감각으로 사물들을 지각할 때 우리는 사물들의 '상'을 형성한다는 사실의 결과—이었다). 스피노자는 앞서 언급한 특성들(선, 악, 미, 추 등등)이 우리의 상상이 사물들에 의해 변용되는 방식을 지칭한다고 생각하며, 따라서 그는 그것들을 '상상의 존재들'(*entia imaginationis*)이라고 부른다. 예를 들어, '…만약 눈에 나타난 대상들로부터 신경이 받아들이는 운동이 건강에 도움이 되면, 이것을 야기시키는 대상은 아름답다고 불리며, 반대의 운동을 야기시키는 것들은 추하다고 불린다.' 요지는 우리가 미와 추를 세계 속에 있는 사물들의 성질들이라고 생각하지만, 사실 그것들은 사물들이 우리 감각을 변용시키는 방식의 특성들이라는 것이다.

대체로 사람들은 그 조직과 구성이 서로 매우 유사하다. 그러나 물론 차이도 있다. 선과 악, 미와 추 등등의 이러한 통념들은 우리 감각이 우리가 지각하는 사물들에 의해 변용되는 방식들을 지칭하기 때문에, 약간 다른 구성의 서로 다른 개인들이 종종 이러한 통념에 관해 판단을 달리한다. 이런 까닭에 우리는 불일치하게 되고 불화를 겪게 되며, 궁극적으로(어떠한 일치도 불가능하기 때문에) 회의주의에 빠지게 된다. 스피노자는 이런 종류의 불일치와 회의주의는 오로지 수학과 새로운 자연 과학을 통해서만 극복될 수 있다고 생각한다. 왜냐하면 이 학문들은 사물들이 우리의 기만적 감각을 변용시키는 방식이 아니라, 사물들의 실재적이고 본질적인 성질들에 초점을 맞추고 있기 때문이다.

사물들이 실제로 가지고 있는 성질들과 오로지 관찰자 속에만 현실적으로 존재하는 성질들 사이의 차별화는 스피노자 당시 매우 중요한 것이었다. 갈릴레이는 『황금계량자』(*The Assayer*)라는 표제가 달린 저서에서 매우 명확하게 구분했고, 핵심적인 것은 데카르트와 그 밖의 사람들에 의해서도 받아들여졌다. 두 그룹의 성질들은 제1성질과 제2성질로 알려지게 되었고, 수 세기에 걸친 광범위한 비판(예를 들면, 버클리 주교(Bishop Berkeley)에 의해)에도, 구분은 여전히 오늘날에도 폭넓게 받아들여지고 있으며 사용되고 있다. 이 학설은 『에티카』 제2부에서 살펴보게 되겠지만, 스피노자 이론에서 특히 중요한 역할을 할 것이다.

제2부 – 정신의 본성과 기원에 대하여

제1부에서는 실재를 체계적으로 설명하는 기본적인 형이상학적 개념들이 제시되었다. 제2부로 넘어가면서 스피노자는 이 모든 이론화 작업에는 윤리적 동기가 있다는 것을 독자에게 상기시키고 있다.

이제 나는 신, 즉 무한하고 영원한 존재의 본질로부터 필연적으로 따라 나오지 않으면 안 되는 것들을 설명하려고 한다. 물론, 그 모든 것들에 대해서는 아니다. 왜냐하면 우리가 증명했듯이(제1부 정리16), 신의 본질로부터 무한히 많은 것들이 무한히 많은 방식으로 따라 나오지 않으면 안 되기 때문이다. 여기서는 단지 인간 정신과 그것의 최상의 지복에 대한 인식으로, 말하자면 직접 우리를 인도할 수 있는 것들만 설명하고자 한다.

왜 초점이 곧바로 인간 정신으로 옮겨가는가? 주된 이유는 스피노자가 윤리학자로서 인간 행복과 '지복'을 이해하고자 했으며 행복과 만족은 **정신**(mind)의 상태라는 데 있다. 게다가 스피노자는 불행의 주된 원인들 가운데 우리들이 집착하는 어떤 거짓된 신념들이 있다고 생각했다. 진리를 배우고 그렇게 해서 이 잘못된 신념들을 제거하기 위해서는 우리가 인식을 어떻게 획득하며 왜 그렇게 자주 오류를 범하는지를 아는 것이 도움이 될 것이다. 그런데 인간의 인식이 어떻게 이루어지는지(그리고 이루어지지 못하는지)에 대한 그러한 인식은 정신에 대한 인식을 요구한다. 『에티카』 제2부는 그러한 인식을 알려주려는 의도를 가지고 있다.

내용상, 제2부는 세 부분으로 나누어질 수 있다. (1) 첫 번째 부분은 정리1~13을 포함하며, 연장 속성과 사유 속성 사이—연장된 사물들과 그 사물들의 관념들 사이—의 관계를 체계적으로 다루고 있다. 마지막 세 개의 정리(제2부 정리11~13)는 일반적인 관점을 인간 정신과 신체에 적용시키고 있다. (2) 정신이 '신체의 관념'이라는 것을 확증하고 나서, 스피노자는 정신을 이해하기 위해서는 연장의 유한 양태인 인간 신체의 본성을 더 깊이 탐구하지 않으면 안 된다는 것을 알게 된다. 이것은 최소한 기본 물리학에 대한 개략적인 설명을 필요로 한다. 제2부 두 번째 부분은 정리13과 14 사이에 삽입된 일련의 보조정리에서 그러한 설명을 하고 있다. (3) 세 번째 부분, 즉 정리14~49는 제2부 대부분을 차지한다. 이 부분에서 우리들은 상상의 허위 관념들(제2부 정리14~31, 35~36), 이성의 참된 관념(제2부 정리32~34, 37~47) 및 인간 의지의 본성(제2부 정리48과 49)에 관해 알게 될 것이다. 스피노자가 이러한 문제들을 고찰하는 순서는 주제 자체에 의해 정해진다. 우리도 그 순서를 따를 것이다.

배경 – 데카르트와 심-신 문제

17세기에 가장 폭넓게 받아들여졌던 정신에 대한 근대적 견해는 데카르트의 것이었다. 위에서 살펴보았듯이(제2장에서), 데카르트는 이 세계에는 두 유형의 창조된 실체 — 연장적 (즉, 물리적) 실체와 정신적 실체—가 있다고 주장했다. 인간 존재의 정신은 생각하고 의심하고 사랑하는 것 등을 할 수 있는 개별적인 정신적 실체다. 이 정신은 또한 행동하도록 스스로 결단을 내릴 수 있기 때문에, 데카르트는 자유의지에 대한 우리의 일상적 신념을 뒷받침하기 위해 이 이론을 사용한다. 이러한 설명은 여러 가지 점에서 정신에 관한 우리의 상식적 견해와 잘 맞아 떨어지지만, 확연히 드러나는 수많은 문제를 가지고 있다.

주된 문제들 중의 하나는 두 개의 전혀 다른 종류의 실체들 — 하나는 물질적이고 다른 하나는 전적으로 비-물질적이다 — 사이에 어떻게 상호작용이 있을 수 있는지를 설명하는 것이 어렵다는 것이다. 우리 신체에서 일어나는 것들(말하자면, 맹장염이나 채인 발가락)은 우리 정신 안에서 일어나는 것들(고통의 경험)의 원인일 수 있다. 반대로, 내 정신 안에 있는 생각(나는 더 빨리 그 곳에 도착하고 싶다)은 내 신체에서의 변화(발걸음을 빨리함)의 원인일 수 있다. 그러나 데카르트의 모델을 따를 경우, 어떻게 양 방향에서의 이러한 종류의 인과적 상호작용이 있을 수 있는가? 데카르트가 세운 가설은 뇌 속에 송과선이라 불리는 작고 쉽게 움직일 수 있는 기관이 있다는 것이다. 이 선은 상당히 민감해서 생각이 전혀 물질적인 것이 아님에도, 생각(내가 바쁘다는 생각과 같은)에 의해 움직일 수 있다. 일단 생각에 의해 움직인다면, 그 움직임은 나를 더 빨리 걷게 만들 물리적 원인과 결과의 연쇄를 촉발시킬 수 있다. 반대로, 내 맹장에서 일어난 사건은 물질적 원인의 연쇄를 통해, 송과선을 움직이게 할 수 있으며, 이 물질적 움직임은 어쨌

든 고통의 경험이라는 내 안에서 일어나는 정신적 사건의 원인일 수 있
다. 이 이론으로, 데카르트는 정신과 신체―즉, 정신적 실체와 물질적
실체―사이의 상호작용의 문제를 해결하고자 했다. 스피노자는 데카
르트를 대단히 존경했지만, 데카르트의 이 학설은 전혀 설득력이 없다
고 생각했다(그는 나중에, 즉 『에티카』 제5부 서문에서 데카르트의 이
러한 견해를 조롱하기까지 한다).

   물론―데카르트의 견해가 정신과 신체의 상호작용에 대해 적절한
설명을 제공하지 못한다는 사실 이외에도―스피노자는 그 견해에 대
해 추가적인 반론을 이어나갔다. 데카르트는 정신과 신체는 두 개의 서
로 다른 실체라고 주장했다. 그러나 이것은 스피노자의 관점에서는 받
아들여질 수 없는 것이다. 왜냐하면 오직 하나의 실체―무한하고 영
원한 신―만이 존재할 수 있다는 것을 스피노자가 증명했기 때문이다.
그리고 인간 정신은 의지적 측면에서 자기-결정적일 수 없다. 왜냐하
면 인간 정신은 유한한 것이고 모든 유한한 것은 자연의 법칙에 따라
다른 유한한 것에 의해 결정되기 때문이다. 그런데 정신과 신체가 실체
가 아니라면, 과연 무엇이란 말인가?

정리1-10 - 연장된 사물들과 그것들의 관념들

정신-신체 문제만큼이나 오래된 혹은 난해한 철학적 논제도 거의 없
다. 그리고 스피노자의 독창성이 이 문제를 다루는 데 있어서만큼 명확
하게 드러나는 영역도 거의 없다. 정신의 본성에 대한 그의 설명은 오
늘날 이론가들에 의해 받아들여지지 않지만, 이러한 오래된 문제에 대
해 실로 새로운 접근방식을 보여주고 있기 때문에 여전히 읽히고 논의
되고 있다.

   스피노자는 인간 정신과 인간 신체 사이의 관계에서 시작하지 않는

다. 그는 사유 혹은 관념이 있다는 것에 주목한다. 그리고 제1부에서 약술된 자신의 전반적인 형이상학 체계에 따라, 그는 사유가 신의 속성이라고 주장하며 개별적 사유 혹은 관념을 이 속성의 양태들 — 이를테면, 하나의 사유 역량이 표현될 수 있는 특정한 방식들 — 로 간주한다 (제2부 정리1). 또한, 그는 연장된 사물들이 있다는 것에 주목한다. 그리고 자신의 형이상학에 따라, 그는 연장을 속성으로 그리고 연장된 개별 사물들을 이 속성의 양태들 — 즉, 하나의 신의 역량이 연장의 법칙에 따라 연장적으로 활동하는 특정한 방식들 — 로 간주한다(제2부 정리2)

신의 사유 역량(연장적으로 활동하는 신의 역량과 똑같이)은 무한하기 때문에 신 안에는 신의 본질(역량)에 대한 관념들과 실로 그 본질로부터 따라 나오는 모든 것에 대한 관념들이 있을 것이다(제2부 정리3). 연장된 사물들이 연장적으로 활동하는 신의 역량으로부터 따라 나오듯이, 관념들은 신의 사유 역량으로부터 따라 나온다.

스피노자에게 있어서 **관념**(idea)이 무엇인지에 대해서는 약간의 논란이 있다. 그가 거듭해서 강조하고 있는 것은 관념이란 '그림'이 아니라는 것이다. 그에게 있어서 관념은 명제에 더 가깝다 — 그 이유는 관념이 본래적으로 언어적 특성을 갖고 있어서가 아니라(반대로, 스피노자의 관념은 분명 낱말들로 이루어져 있지 않다), 관념이 명제처럼 어떤 것이 사실이라고 주장하기 때문이다. 스피노자에게 있어서 특정한 사태의 관념은 그러한 사태가 사실임을 사유하는 것을 의미하는 것 같다. 한 주석가는 어떤 것의 관념(스피노자의 이론에 있어서)을 '그 사물에 관한 진리'로 간주할 것을 제안했다. 우리가 여기서 이러한 광범위한 논의를 자세히 다룰 수는 없다. 하지만 『에티카』의 독자는 관념들이 말 없는 그림이 아니라, 오히려 능동적 사유 활동들이라는 것을 잊어서는 안 된다.

스피노자가 제2부 정리5와 정리6에서 강조하고 있는 것은 연장된 사물이 관념의 원인도, 관념이 연장된 사물의 원인도 아니라는 것이다. 반대로, 관념들의 무한 계열 전체(사유의 양태들)의 원인은 사유 속성에 의해 표현되는 신의 무한 역량이다. 연장된 사물들의 무한 계열 전체(연장의 양태들)의 원인은 연장 속성에 의해 표현되는 동일한 신의 무한 역량이다. 각 속성의 양태들은, 신이 그 양태들의 속성을 통해 고찰되는 한에 있어서 신을 원인으로 갖는다.

이것은 『에티카』에서 가장 중요한 정리들 중의 하나, 즉 '관념의 질서와 연결(*ordo et connexio*)은 사물의 질서와 연결과 동일하다'(제2부 정리7)로 이어진다. 이 정리의 증명은 이 단계에서 그다지 도움이 되지 못한다(하지만 만약 제2부를 마치고 나서 다시 살펴본다면 이해가 될 것이다). 그러나 왜 스피노자가 이 정리를 참이라고 생각하는지는 너무도 분명하다. 신의 역량은 구조화된 역량이고, 사물들은 이 구조화된 역량에 의해 생겨나게 되며 이 역량으로부터 질서 있게 따라 나온다(위에서 — p. 72-73 — 논의된 수직적이고 수평적인 인과 질서에 따라). 만약 양태의 계열 전체가 연장 속성 아래에서 그 역량에 의해 생긴다고 생각한다면, 우리는 연장된 사물의 무한 계열이 잘-구조화된 방식으로 서로에 의해 생기고 서로 관계 맺는다는 것을 알게 될 것이다. 만약 양태의 계열 전체가 사유 속성 아래에서 그 역량에 의해 생긴다고 생각한다면, 우리는 관념 혹은 사유의 무한 계열이 잘-구조화된 방식으로 서로에 의해 생기고 서로 관계 맺는다는 것을 알게 될 것이다. 바로 이 동일한 구조적 역량이 양태의 두 계열 — 연장과 사유 — 모두를 통해 표현되는 것이다. 따라서 사물의 질서 및 연결은 관념의 질서 및 연결과 동일하다는 것은 전혀 놀라울 것이 없다.

스피노자가 창안한 (우리가 아주 상세하게 다루게 될) 학설은 때때로 '평행론'으로 칭해진다. 그렇게 불리는 이유는 두 개, 즉 정신적인 것과 물질적인 것의 인과 계열(이를테면, 사유 속성 아래에 있는 양태들의 질서정연한 계열과 연장 속성 아래에 있는 양태들의 질서정연한 계열)이 모든 곳에서 짝을 이루어 서로 평행을 달리는 것으로 생각될 수 있기 때문이다. 모든 관념에 대해 정확히 그에 상응하는 연장의 양태가 있다—스피노자는 그 상응하는 연장의 양태를 관념의 대상 *ideatum*이라 부른다. 모든 연장의 양태—세계 속에 있는 모든 물질적 대상—에 대해 정확히 그에 상응하는 사유의 양태가 있다. 모든 연장된 사물에 대해, 그 사물의 관념이 있다.

있을 수 있는 혼란을 미연에 방지하기 위해 저 어구('연장된 사물의 관념')에 대해 잠시 생각해 볼 필요가 있다. 스피노자 사상 전개의 이 시점에서 '사물의 관념'이라는 어구는 모호하다. 한편으로 그것은 연장된 사물들의 평행 계열 속에 있는 연장된 사물(대상, *ideatum*)의 상관물 혹은 대응물인 관념들의 계열 속에 있는 관념 혹은 사유 양태를 의미한다. 그러나 일반적 어법으로는, '사물의 관념'이라는 어구는 사물**에 관한** 관념—즉, 사물을 자신의 지향적 내용으로서 갖는 관념—을 의미한다. 특정한 단풍나무의 관념(**이러한** 의미에서)은 그 단풍나무**에 관한** 것이다. 스피노자가 각각의 연장된 사물에게는 그 사물의 관념이 있다고 말할 때 그는 이 의미들 중 어느 것을 염두에 두고 있는 것일까?

스피노자는 두 가지 모두를 염두에 두고 있다. 나무의 관념은 나무라는 물질적 대상의 평행하는 관념적 대응물인 관념이다. 그러나 스피노자에 따르면, 이 동일한 나무의 관념은 또한 나무**에 관한** 것이기도 하다—그것은 나무를 자신의 지향적 내용으로서 갖는다. 이것이 이상하게 보이는 것은 부분적으로 '평행론' 모델이 어떤 점에서는 도움을 주지만, 다른 점에서는 오해를 불러일으키기도 하기 때문이다. 평행론이 주장하는 것은 우리가 다루고 있는 것이 서로 평행을 달리는 두 개의 서로 다른 사물들의 분리된 계열들이라는 것이다. 그러나 사실상 여기서 존재하는 것은 두 가지 방식으로 표현되고 있는 오직 하나의 양태들의 계열뿐이다(제2부 정리7 주석). 따라서 나무와 나무의 관념(어떤 대상(ideatum)과 그 대상(ideatum)의 관념처럼)은 두 개의 서로 다른 양태들이 아니라 두 개의 서로 다른 속성들을 통해서 인식되고 있는 하나의 양태다. 나무는 연장의 양태다. 그리고 나무의 관념은 사유의 양태다—그것은 나무의 생각(사유, 관념)이다. 이 둘은 사실상 두 가지 방식으로 표현된 하나의 실체의 양태다.

때때로 스피노자는 사유의 모든 양태를 통틀어서 '신의 지성' 혹은 심지어 '신의 정신'이라고 부른다. 우리가 잊어서는 안 되는 것은 '신의 정신'과 같은 용어는 사유 속성 아래에 있는 무한하고 질서정연한 양태들의 계열—연장 속성 아래에 있는 양태들의 질서에 정확히 일치하는 (실체적으로 일치하기 때문에) — 을 지칭한다는 것이다. 그런데 '신의 정신' 속에 실체의 모든 양태의 관념이 있기 때문에, 스피노자가 자신만의 독특한 방식으로 신의 전지라는 전통적인 신학 이론을 긍정할 수 있었다는 데 주목하라.

앞으로 나가기 전에, 스피노자는 제2부 정리8에서 어렵고 난해한 문제를 해소하기 위해 노력한다. 독자들에게 다음과 같은 생각이 떠오를 수 있다. 즉, 과거에 실존했던 (그러나 지금은 더 이상 실존하지 않는) 사물들과 아직 실존하지는 않지만 (그러나 미래에는 실존하게 될) 그럼에도 그것들에 대한 관념은 존재하는 사물들이 있다. 예를 들면 (스피노자가 드는 예는 아니다), 지금 실존하지는 않지만, 공룡은 한때 실존했다. 그럼에도 마치 공룡의 관념이 있는 것처럼 보인다. 왜냐하면 사람들이 공룡에 관해 생각하고 말하기 때문이다. 만약 평행론이 완벽하다면, 현재 공룡이 없다고 할 경우 공룡의 관념도 현재 없어야 할 것이다.

이 난제에 완벽하게 답하기 위해서는, 상상(imagination)에 관한 이론 전체—이것은 제2부 후반에 가서야 살펴보게 될 것이다—가 필요하다. 그러나 스피노자가 말하고자 하는 것은 어떤 의미에서는 사물들 자체가 실존하지 않을 때조차도 그가 어떤 것의 '형상적 본질'(formal essence)이라고 부르는 것이 신의 속성 속에 포함되어 있을 수 있다는 것이다. 이것은 스피노자가 자신의 주장의 요지를 명확히 하기 위해 독자들에게 예를 들어 주려고 하는 『에티카』에서 몇 안 되는 곳들 중의 하나다—그러나 불행히도 그가 드는 예(여느 때처럼, 기하학적 예)는 그다지 도움이 되지 않는다. 그가 여기서 염두에 두고 있는 것을 이해하는 가장 좋은 방식은 이 장 앞부분에서 신이 항상 그리고 모든 곳에서 활동하는 법칙과 같은 방식들—우리가 '자연법칙'에 관해 말할 때 기술하려고 노력하는 신의 능동적 표현의 규칙적 패턴들—에 관해 이야기했던 것을 기억하는 것이다. 자연법칙은 적당한 인과적 조건들이 갖춰질 때, 공룡이 존재하게 되는 그러한 것이다. 자연법칙은 공룡의 가능성을 배제하지 않는다—반대로 적당한 기후적, 유전적, 지질학적 등의 조건들이 충족될 때 공룡의 실존을 지시한다. 이것을 말하는 스피노자의 어법은 공룡의 형상적 본질이 연장 속성 속에 (무시간적으로) 포함되어 있다(비록 역사적으로 지금 이 순간에, 공룡의 현실적 실존을 위한 조건들이 충족되지 않고 있다 할지라도)고 말하는 것이다. 그때 그는 현실적으로 실존하는 공룡의 관념이 없을 때에도 공룡의 관념이 마찬가지로 (무시간적으로) 사유 속성 속에 포함되어 있다고 말함

으로써 평행론을 옹호한다. 이 점을 이해하려고 할 때, 평행론(실제로
는 동일성이라는 것을 기억하라)은 수평적 인과의 질서 속에 있는 유
한 양태들 사이에 뿐만 아니라, 수직적 인과의 질서 속에 있는 무한하
고 영원한 양태들 사이에서도 유지된다는 것을 기억하는 것이 도움이
된다. 따라서 공룡의 물질적/인과적 가능성이 자연 활동의 법칙 같은
규칙적 패턴으로부터 따라 나오는 것과 동일한 방식으로, 그것의 관념
은 저 규칙적 패턴의 관념으로부터 따라 나온다. 평행(동일성) 덕분에
수평적 질서가 계속해서 유지되듯이, 위 아래로 수직적 인과의 질서가
유지된다.

　제2부 정리5 및 제2부 정리6과 관련하여 위에서 언급된 한 가지 약
간은 전문적인 요소가 다시 강조될 필요가 있다. 스피노자에 따르면,
연장의 양태를 인과적으로 설명할 때, 우리는 그 양태를 연장 속성의
법칙들(수직적 인과의 질서 속에 있는 항목들)과 연장의 수평적 질서
속에 있는 다른 유한 양태들에 의해 설명하지 않으면 안 된다. 그리고
사유 양태(관념)를 설명할 때 우리는 사유 속성의 법칙들(수직적 인과
의 질서 속에 있는 항목들)과 수평적 사유의 질서 속에 있는 다른 유한
양태들(이를테면, 다른 관념들)에 의해 그렇게 하지 않으면 안 된다.
연장의 질서와 사유의 질서가 완벽하게 평행한다는 것을 우리가 안다
고 할지라도—실제로 실체의 양태로서 모든 연장의 양태가 사유의 양
태와 일치한다는 것을 우리가 안다고 할지라도—우리는 연장된 사물
에 대한 언급을 통해 사유 양태를 설명하거나 사유 양태에 대한 언급을
통해 연장된 사물을 설명할 수 없다. 우리가 파악하고 이해하는 한, 이
것들은 별개의 그리고 자족적인 두 개의 인과 질서들이다.

　제2부 정리9는 관념에 대한 강조만 제외하면, 제1부 정리28의 반복
이다. 실존하는 유한한 사물의 관념(그 자체가 물론 실존하는 유한한

관념)은 신이 무한인 한에 있어서가 아니라, 신이 또 다른 실존하는 유한한 사물의 관념에 의해 변용된 것으로 고찰되는 한에 있어서만 신으로부터 따라 나올 수 있다. 물론 이것은 놀랄 것이 못된다. 왜냐하면 평행론/동일성은 움직이는 당구공에 관해 앞서 말한 모든 것(제1부 정리 28에 대한 우리의 논의에서)은 움직이는 당구공의 관념에 대해서도 타당하리라(필요한 수정을 가하면)는 것을 보증하기 때문이다. 그러나 이 정리의 보충은 중요한 함의를 이끌어낸다. 무엇인가가 연장된 양태에서 발생하면, 그것의 관념은 연장된 사물의 관념이 신 안에 있는 한에 있어서만 신 안에 있을 것이다. 또한, 이것은 제2부 정리7로부터 — 관념의 질서 및 연결은 사물의 질서 및 연결과 동일하다는 사실로부터 — 따라 나온다.

스피노자는 제2부 정리10에서 '실체의 존재는 인간의 본질에 속하지 않는다'는 것을 상기시킨다. 이것은 다음과 같은 것을 의미하는 것처럼 보인다. 즉, 비록 인간과 같은 그러한 존재가 있을 수 있는 것 — 특정한 인과적 조건이 충족된다면 그리고 충족될 때 인간이 존재하리라는 것 — 이 신의 본성으로부터 따라 나온다 할지라도, 여전히 필연적 실존은 우리 인간 본성의 특성 혹은 개별적인 인간으로서의 우리들 중의 어느 누구의 특성이 아니다. 스피노자는 '인간의 본질은 필연적 실존을 포함하지 않으며, 이 또는 저 인간이 실존하는 것이나 실존하지 않는 것이나 똑같이 자연의 질서로부터 생길 수 있다'는 제2부 공리1에 호소한다.

여기에 혼란의 위험이 있다. 그것은 마치 스피노자가 특정한 개인이 실존하는지 그렇지 않은지에 대해 어느 쪽으로도 결정되지 않았다고 주장하는 것처럼 들릴 수 있다. 그러나 절대적으로 모든 것은 정확히 지금 이대로 실존하도록 인과적으로 결정되어 있다는 것을 그는 앞서

(제1부 정리33과 주석) 매우 분명히 했다. 그는 자기 모순을 범하고 있는가? 그렇지 않다. 이 경우, 모순은 겉으로 보기에만 그럴 뿐이다. 특정인이 실존하는지 그렇지 않은지는 절대적으로 그리고 완벽하게 신으로부터 따라 나오는 인과적 질서에 의해 결정된다. 따라서 한 인간이 실존한다면, 그는 필연적으로 실존한다. 그러나 여기서 필연성은 인간의 본성 내지 본질에서 발견될 수 있는 것이 아니다. 인간의 실존은 그의 본질 내지 본성으로부터 따라 나오지 않는다(결국, 그런 일이 일어났다면, 그는 신일 것이다). 우리는 필연적으로 실존한다. 그런데 그 필연성은 파생적—신의 본성과 본질로부터 파생된—필연성이다.

연구를 위한 물음들

1. 어떤 의미에서 사유 속성 아래에 있는 양태는 연장 속성 아래에 있는 양태와 일치하는가?
2. 왜 관념과 연장된 양태 사이의 관계는 때때로 '평행론'이라 불리는가?
3. 어떤 의미에서 스피노자는 자신의 견해가 신은 전지하다는 전통적 교설을 확증하고 있다고 주장할 수 있는가?
4. 특정한 시기에 사물들 자체가 실존하지 않는다 할지라도 그 사물들의 형상적 본질이 신의 속성 속에 포함되어 있다고 주장하는 것은 무엇을 뜻하는가?

정리11-13 - 신체의 관념으로서의 정신

제2부 정리11에서 스피노자는 인간 정신이란 무엇인가를 규명하고 있다. 실체와 속성의 변용인 양태 이외에 아무것도 존재하지 않기 때문에, 사유를 특징으로 하는 정신은 사유 속성의 양태들—즉, 관념들—

로 구성되지 않으면 안 된다. 하나씩 배제해 나가는 과정을 통해 스피노자는 인간 정신이라는 관념의 **대상**(*ideatum*)은 현실적으로 존재하는 유한한 사물일 수밖에 없다는 것을 확증하고 있다. 결국 그것은 무한한 사물의 관념일 수 없다. 그렇다면, 그것은 무한해야 할 것이고 자신의 본성의 필연성에 의해 항상 존재해야 할 것이기 때문이다(그런데 이것은 제2부 공리1에 의해 불합리하다). 그러나 그것은 또한 실존하지 않는 어떤 것의 관념일 수도 없다(그렇지 않으면 그 관념은 현실적으로 실존하지 않을 것이다). 따라서 그것은 현실적으로 실존하는 유한 사물의 관념일 수밖에 없다. 제2부 정리13에서 알게 되겠지만, 그것은 현실적으로 실존하는 인간 신체의 관념이다.

　제2부 정리11 보충 첫 문장에서 스피노자는 '이로부터 인간 정신은 신의 무한 지성의 일부라는 결론이 도출된다'고 진술하고 있다. 이것은 이해하기 힘든 주장이지만, 만약 그가 여기서 신의 무한 지성이라고 부르는 것이 사유 속성 아래에 있는 양태들의 계열이라는 것을 기억한다면, 그렇게 낯설지만은 않은 것 같다. 그럼에도, 인간 정신에 대한 이러한 설명 전체가 쉽게 믿기 힘든 것이기에 많은 독자들을 당혹스럽게 하리라는 것을 스피노자는 알고 있었다. 그래서 제2부 정리11 주석에서 그는 천천히 받아들이고, 자신의 책 전체를 읽을 때까지는 판단을 유보해 줄 것을 요청하고 있다.

　제2부 정리11 보충 나머지 부분은 매우 중요한 이론을 제시하고 있지만, 『에티카』에서의 그것의 핵심적 의의는 어떻게 우리 인간이 사고에 있어서 오류를 범하는가를 스피노자가 논하고 있는 제2부 후반부에 이르러서야 명확하게 드러난다. 그 때까지(p. 118-121 참조) 우리는 이 구절(제2부 정리 보충)에 대한 상세한 고찰을 연기할 것이다.

　정리12는 인간 감각-지각과 인식 획득에 대한 스피노자의 설명에 있어서 중요한 어구의 전환을 보여준다. '인간 정신을 구성하는 관념의 대상 안에서 일어나는 것은 무엇이든 인간 정신에 의해 지각되지 않으면 안 되거나, **또는** 정신 안에는 그 사물의 관념이 필연적으로 존재할 것이다. 즉, 만약 인간 정신을 구성하는 관념의 대상이 신체라면, 그 신체 안에서는 정신에 의해 지각되지 않는 어떤 것도 일어날 수 없다.' 스피노자가 정신의 대상인 신체 안에서 일어나는 모든 것의 관념이 정신 안에 존재할 것이라고 주장하는 이유를 이해하는 것은 어렵지 않다. 그것을 보증하는 것은 평행론(제2부 정리7)이다('안에' 라는 낱말이 정신 '안에' 존재하는 관념과 관련하여 어떤 의미를 갖는가에 관해서는 약간의 의문이 있을 수 있기는 하지만). 그러나 그가 어떻게 '정신 안에 그것의 관념이 존재할 것이다' 로부터 '그것은 정신에 의해 지각되지 않으면 안 된다' 로 이행하는가를 주목하라. 이것은 지각과 인식에 대한 스피노자의 설명에 있어서 근본을 이룰 것이다. 정신 안에 어떤 것의 관념이 현존한다는 것은 정신이 그 어떤 것을 지각한다는 것과 같다.

　원문을 세심하게 읽는 독자는 제2부 정리12가 나는 내 신체 안에서 일어나는 모든 것을 '지각한다' 는 것을 함축하는 것처럼 보인다는 데 주목할 것이다. 이것은 내가 나의 혈압 변화나 내 머리카락의 성장을 의식적으로 자각한다는 것을 의미하는가? 그것이 이것을 의미하지 않기를 기원하자. 왜냐하면 내가 내 신체 안에서 일어나는 이러한 것들을 자각하지 못한다는 것은 너무도 분명하기 때문이다. 호의적 해석이라는 일반 원리에 따라 우리는 — 다른 해석의 여지가 있는 한 — 저자가 명백한 거짓을 주장했다고 해석해서는 안 된다. 우리는 지각에 대한 스피노자의 설명을 심도 있게 다룰 때 이 문제를 다시 다룰 — 그가 믿기 힘든 주장을 하지 않았다는 것을 설득력 있게 제시할 수 있는지를 살펴보게 될―것이다.

마지막으로 제2부 정리13은 분명 스피노자가 당연한 귀결로서 받아들이고 있는 학설―정신은 관념이며 그 관념의 대상(*ideatum*)은 신체다―을 포용한다. 이 정리의 증명은 어떤 것이 내 신체에 일어날 때 나는 그것을 느낀다는 간단한 경험적 사실에 근거하고 있다. 이것은 공리로서 주어질 정도로 스피노자에게 분명하며 근본적이다(제2부 공리 4). 만약 정신이 신체의 관념이 아니라면, 정신은 신체가 사물들에 의해 변용되는 방식에 대한 관념을 포함하지 않을 것이다(스피노자는 또한 신체는 연장의 양태이며, 정신의 대상은 연장 속성 이외의 어떤 다른 속성의 양태가 아니라는 사실을 강조한다. 이 곳은 무한히 많은 다른 알려지지 않은 속성들에 관한 특이한 학설이 나타나는『에티카』에서 매우 드문 장소들 중의 하나다).

이러한 정신 설명에 대한 초기 평가

이러한 정신에 대한 설명은 다수의 어려운 문제들을 독창적으로 단번에 해결한다. 예를 들어, 데카르트를 송과선이라는 터무니없는 학설로 내몰았던 정신과 신체의 통일 문제를 생각해보라. 스피노자의 설명은 신체적인 것과 비-신체적인 것 사이의 이해할 수 없는 상호작용을 끌어들일 필요 없이 정신과 신체 사이의 이중적 관계를 허용한다. 한편으로, 정신과 신체는 동일하다. 왜냐하면 그것들은 하나의 사물 ― 실체의 양태 ― 이 표현되는 두 가지 방식이기 때문이다. 다른 한편으로, 둘 사이에는 인식론적 관계가 존재한다. 왜냐하면 신체의 관념으로서 정신은 신체에 대한 인식이기 때문이다.

일상적인 말로 하면, 물론, 정신을 어떤 것에 대한 인식**이라고** 말하는 것은 이상하게 들린다. 우리는 통상적으로 정신이 (혹은 단순히 우리가) 어떤 것에 대한 인식을 **갖는다**는 식으로 말할 것이다. 이것은 스피노자가 일상 언어는 우리를 잘못된 길로 이끈다고 주장하는 사례들 중의 하나다. 왜냐하면 그것은 정신이라는 어떤 것 그리고 관념을 따라서 인식을 '갖는' 어떤 것 — 아마도 근저에 있는 실체나 능력 — 이 있다는 것을 전제하는 것처럼 보이기 때문이다. 스피노자의 견해에 따르면, 신의 사유하는 역량 이외에는 나의 관념의 근저에는 아무것도 없다. 그리고 나의 정신을 구성하는 관념들은 그 역량의 유한한 표현이다. 인간 정신은 이해하는 능력도, 관념들의 저장소도 아니다. 반대로, 그것은 관념들**이며**, 거기서 관념들은 상으로서가 아니라 (말하자면) 신이 사유하는 유한한 방식들로 이해된다. 내가 신체를 **갖**는 것이 아닌 것과 마찬가지로 나는 정신을 **갖**거나 관념들을 **갖**는 것이 아니다. 오히려 나는 복잡한 물리적 실재(인간 신체)요, 그 신체의 복잡한 관념인 정신**이다**.

분명한 것은 정신에 대한 스피노자의 설명은 몇 가지 어려운 문제들의 해결을 약속한다는 것이다. 그러나 이론의 강점에 병행하여, 또한 그 견해가 지니는 몇 가지 **명백한** 난점들도 있다. 예를 들어, 평행론에 따르면, 각각의 연장의 양태는 상응하는 사유의 양태 — 연장의 양태의 관념 — 를 갖는다. 스피노자의 이론에 따르면, 인간 신체의 관념은 인간 정신임이 밝혀진다. 모든 연장의 양태 — 모든 나무, 모든 초 및 모든 종이 — 가 상응하는 관념을 갖는다면, 그것은 모든 나무, 모든 초 및 모든 종이가 정신을 가지고 있다는 것을 의미하는가? 스피노자는 어떤 의미에서 '그렇다'라고 답하기를 주저하지 않는다. '지금까지 살펴본 것들은 매우 일반적이며 인간에게 해당되는 것과 마찬가지로 다른 개체들에게도 해당된다. 정도의 차이는 있지만 모든 개체는 그럼에도 영혼을 가지고 있다'(제2부 정리13 주석)라고 그는 말한다.

이것은 놀라운 주장이며, 다른 독자들에 의해 매우 다른 방식으로 해석되어 왔다. 먼저 주목해야 할 것은 '영혼을 가지고 있는'으로 번역되는 낱말이 라틴어 '아니마타(animata)'라는 낱말이라는 것이다. 라틴어로, '아니마(anima)'라는 말은 '영혼' 내지 때로는 '정신'을 의미한다. 그래서 스피노자는 모든 것은 '영혼을 가지고 있다'거나 때로는 '정신을 가지고 있다'고 말한다. 오늘날 우리는 때때로 '아니마(anima)'라는 어원으로부터 파생된 용어들(생기 있는, 동물)을 '살아있음'을 의미하기 위해 사용한다. 어쨌든, '아니마타(animata)'라는 용어가 의미하는 바가 무엇이든, 다른 중요한 어구를 살펴봄으로써 명확해지는 것은 스피노자가 나무나 바위가 사려 깊은 의식을 가지고 스스로를 지각하고 있다고 생각하는 것은 아니라는 것이다. **정도의 차이가 있지만**, 모든 것은 영혼**을 가지고** 있다. 그러나 이러한 정도의 차이를 어떻게 구분할 것인가? 스피노자는 정신들은 그것들의 대상들—정신들이 그것들의 관념들인 연장의 양태들—이 서로 다른 것만큼이나 서로 다를 것이라고 말한다. 어떤 것들은 다른 것들보다 더 복잡하다. 어떤 것들은 다른 것들보다 더 탁월하다. 그는 상세히 설명할 수는 없지만, 일반적으로 다음과 같이 말할 수는 있다고 한다. 즉, '…신체가 다른 것들보다 동시에 많을 것을 더 많이 할 수 있거나 동시에 많은 방식으로 더 많이 작용을 받을 수 있으면 있을수록, 그것의 정신은 다른 것들보다 동시에 많은 것들을 더 많이 지각할 수 있다.'

이것은 이 단계에서는 매우 추상적이지만, 중요한 것을 시사하고 있다. 만약 정신—즉, 신체의 관념—을 더 잘 이해하려고 한다면, 우리는 신체 자체를 더 잘 이해하지 않으면 안 된다. 그러고는 스피노자는 물체들에 관해 더 많은 것—물체는 무엇이며 어떻게 움직이는가—, 즉 연장 속성과 그 속성의 양태들을 지배하는 법칙들에 관해 더 많을

것을 설명하기 위해 정신에 대한 논의를 중단한다. 정리 13과 14 사이
에 삽입된 공리, 보조정리 및 요청들은 간략하고 기초적인 '자연 철학'
—그 당시 스피노자가 이해했던 물리학—강좌라고 할 수 있다.

연구를 위한 물음들

1. 스피노자의 정신론은 데카르트의 정신-신체 관계론을 괴롭혔던 문
   제들을 해결하는 데 어떤 도움을 주는가?
2. 어떻게 스피노자는 모든 바위와 모든 나무가 정신을 갖는다는 결론
   을 피하는가?

**연장된 물체에 관한 학문 – 제2부 정리13과 제2부 정리14 사이의
물리학적 간주**

서신에서 스피노자는 온전한 물리학 논문을 저술하려는 의도를 가지고
있었다는 것을 시사하고 있다.[5] 44세에 맞이한 죽음으로 인해 그는 그
러한 의도를 실현하지 못했지만 그의 견해에 대한 일반적인 개요는
『에티카』이 부분에 포함된 원리에서 확인될 수 있다. 모든 물리적 사
물들은 그것들이 연장의 양태들이라는 바로 그 사실 때문에 공통적으
로 어떤 특징들을 가지고 있다. 가장 중요한 것은 그것들이 운동하고
(다소의 정도의 차이는 있겠지만) 있거나 정지해 있다는 사실이다(공
리1, 공리2). 사실상 스피노자는 하나의 물체를 다른 물체로부터 구별
하는 것은 그것들 각각의 운동의 정도에 있어서의 차이라고 주장한다
(보조정리1).

  소위 미시적-수준(스피노자는 이것을 '가장 단순한 물체' [보조정리

---

5   서간 60과 83 (모두 수신자는 치른하우스)

3 이후에 등장하는 공리2]의 수준이라고 부른다)에서, 소립자들은 끊임없이 상호작용 — 서로 충돌하고, 튕기고, 서로를 멈추게 하고, 자신들의 운동을 서로에게 전달하면서 — 하고 있다. 따라서 단일한 단순 물체의 운동 — 이것이 그 물체가 어떤 물체인가를 규정한다 — 은 다른 물체들과의 상호작용의 결과다. 제1부 정리28에 의거하여 스피노자는 다음과 같이 주장한다. 즉, '운동하거나 정지해 있는 물체는 다른 물체에 의해 운동하거나 정지하도록 결정되지 않으면 안 되며, 또한 이 다른 물체는 또 다른 물체에 의해 운동하거나 정지하도록 결정되며, 이렇게 무한하게 계속된다'. 그리고 이로부터 그는 다음과 같은 관성의 원리를 도출한다(보조정리3 보충). 이를테면, '… 운동 중인 물체는 그것이 다른 물체에 의해 정지하도록 결정되기까지는 운동하며, 그리고 … 정지해 있는 물체는 역시 다른 물체에 의해 운동하도록 결정되기까지는 정지해 있다'(『에티카』 제3부 앞부분에서 우리는 이러한 관성의 원리가 스피노자 윤리학적 체계에서 매우 중요하다는 것을 알게 될 것이다).

　이 모든 것의 근원에는 확실히 데카르트 철학이 있다 — 그리고 그것은 17세기 '기계론 철학'에 친숙한 독자들에게는 잘 알려져 있다. 스피노자의 독창성은 자연 철학의 이러한 기본 원리에 있는 것이 아니라, 그가 이러한 원리들을 더 큰 형이상학적 체계 속에 끼워넣는 방식, 그리고 그것들을 자신의 윤리적 기획을 뒷받침하는 데 사용하는 방식에 있다.

　단순 물체들의 운동을 특징짓는 몇몇 기본 원리들을 서술하고 상술한 (보조정리3 이후에 등장하는 공리1과 공리2) 후에, 스피노자는 단순 물체들로 구성되는 더 크고 더 복잡한 물체들 — **복합 물체**(*corpora composita*) — 로 주의를 전환시킨다. 복합 물체들은 다음과 같이 정의

된다.

크기가 같든 다르든, 다수의 물체들이 서로 합쳐질 정도로 다른 물체들에
의해 압력을 받을 때 혹은 만약 그것들이 어떤 일정한 방식으로 서로에게
자신의 운동을 전달하는 식으로 운동한다면, 우리는 저 물체들이 서로 통
일되어 있다고 말할 것이며, 그것들이 모두 합쳐져서 물체들의 이러한 통
일에 의해 다른 것들과 구분되는, 하나의 물체 내지 개체를 형성한다고 말
할 것이다.

복합 물체는 상호관계의 항상성 — 개체를 구성하는 많은 단순 물체
들 사이의 운동과 정지의 '고정된 방식' — 때문에 개체다. 때때로 스피
노자는 부분들 사이의 '운동과 정지의 비율'에 대해 말한다(보조정리
5). 운동과 정지의 비율이라는 어구가 정확히 무엇을 의미하는지에 대
한 많은 추측이 있었다. 그것은 복합 물체의 부분들이 서로에 **대해**(*vis
á vis*) 갖는 상대적 위치와 운동 — 복합 물체의 형태를 규정하고 구성
하는, 그리고 그 물체가 현재의 물체로 남으려 한다면 어느 정도 변함
없이 유지하지 않으면 안 되는 위치와 운동 — 을 지시한다고 우리는
확실하게 말할 수 있다. 실제로 — 그리고 이것이 중요한 점이다 — 복
합 물체가 물체로서 현재의 상태를 유지하는 것은 그것의 부분들이 서
로 상호작용함으로써, 그리고 물체 전체가 주변 환경과 여러 가지 방식
으로 상호작용함으로써 '운동과 정지의 비율'의 이러한 항상성을 유지
하는 것 **이외에 다른 것이 아니다.** 개체를 규정하는 것이 바로 부분들
사이의 운동 비율의 이러한 항상성이기 때문에, 개체는 특정한 단순 물
체들이 다른 것들로 대체됨에도 — 부분들 사이의 운동과 정지의 비율
이 동일하게 유지되는 한 (보조정리4) — 자신의 동일성을 유지할 수

있다는 결론이 도출된다. 따라서 개체 전체도—개체를 규정하는 부분들 사이의 운동과 정지의 비율이 동일하게 유지되는 한—동일성을 유지하면서 운동하거나 (보조정리7) 더 커지거나 더 작아질 (보조정리5) 수 있다.

앞으로 나아가기 전에, 복합 물체에 대한 스피노자 설명의 몇 가지 특성들은 강조할만한 가치가 있다. 왜냐하면 그것들은 **유기체**로서의 인간 신체 이해를 위한 기초를 제공하기 때문이다. '스피노자와 유기체론'(Spinoza and the Theory of Organism)이라는 표제의 논문에서, 한스 요나스(Hans Jonas)는 스피노자는 생물의 특징을 이루는 생물학적 과정을 조절하는 것과 같은 방식으로 복합 물체론을 발전시켰다고 지적했다.[6] 중요한 결정 요인은 구성 요소들의 동일성이 아니다. 이것이 사실이라면, 신진대사, 영양 섭취 및 배설과 같은 유기적 과정은 복합 물체의 동일성을 위협할 것이다. 공간적 위치는 그 자체로 중요한 요인이 아니다. 왜냐하면 유기체의 이동은 그것의 동일성이 그것이 있는 장소로부터 독립적일 것을 요구하기 때문이다. 마지막으로, 결정적 특징으로 크기를 강조하지 않음으로써 하나의 물체가 자신의 동일성을 상실하지 않으면서도 성장하는 것을 가능하게 한다. 하나의 물체를 현재의 물체로 만드는 것에 대한 스피노자의 설명은 활동적인 생물에 대한 그리고 환경과의 상호작용 속에서 변화를 겪으면서도 유지되는 그것의 동일성에 대한 자신의 이해에 의해 근본적으로 영향을 받았다. 스피노자가 생물에 가장 많은 관심이 있었지만(왜냐하면 이 모든 것이 인간 신체와 정신에 대한 설명에 도움이 되기 때문이다), 이 이론은 모

---

6   Jonas, Hans (1973), 'Spinoza and the Theory of Organism', in Marjorie Grene (ed.), *Spinoza: A Collection of Critical Essays*, Garden City, NY: Doubleday/Anchor Press, pp. 259–78.

든 개별적인 연장된 사물에 적용될 수 있다는 것에 주목하는 것이 중요하다. 우리는 여기서 스피노자 자연주의의 인상적인 증거를 발견한다. 동일한 구조적이고 설명적인 범주들은 자연 속의 모든 유한한 것들 ─ 자연의 일부로서의 인간 존재를 포함해서─에 적용될 수 있다.

하지만 이렇게 말하는 것이 연장된 사물들 사이에 유의미한 차이가 없다고 말하는 것은 아니다. 반대로, 스피노자가 제시한 도식은 보조정리7 주석에서 전개되는 특정한 종류의 구분을 인정한다. '가장 단순한 물체들'은 특정한 운동(혹은 그러한 운동의 결여)이 바로 그것들의 정체성이기 때문에, 어떤 의미에서는 바로 그 정체성에 있어서 변화를 겪지 않고는 그 운동에 있어서 변화를 겪을 수 없다. 따라서 이 단계에서는 상호작용이 발생할 때 사물들의 끊임없는 생성과 파괴가 있다고 이야기할 수 있다. 그러나 복합 물체의 단계에서는, 개체의 파괴 없이도 다른 사물들과의 상호작용이 있을 수 있다. 왜냐하면 개체는 부분들 사이의 '운동과 정지의 비율'에 의해 규정되기 때문이다. 그리고 그 비율은 특정한 부분들의 특정한 운동이 변화된다 해도 개체 내에서 변함없이 유지될 수 있다 ─ 왜냐하면 비율 유지를 위해 체계의 다른 부분들이 대안을 마련할 수 있기 때문이다. 복합 물체들의 매우 복잡한 복합체는 그것의 개별적 본성을 상실하지 않으면서도 그것의 가장 단순한 부분들 속에서 그리고 그것의 복합적 부분들 속에서 수많은 변화를 겪을 수 있다. 물론 인간 신체는 수많은 변화 ─신진대사, 성장, 운동 등등에 포함되어 있는 저 모든 변화들을 포함해서─를 겪으면서도 스스로를 유지할 수 있는 매우 복잡한 복합 물체다. 스피노자는 다양한 변화를 겪으면서도 동일성을 유지할 수 있는 이러한 능력을 복합 물체가 지닌 탁월함으로 간주한다.

개별적인 인간 신체들이 다양한 본성의 더 작은 복합 물체들로 구성된 복잡한 복합체로 이해되듯이, 인간 개인도 훨씬 더 큰 전체의 일부로서 간주될 수 있다. '그리고 만약 우리가 이런 식으로 무한히 나아간다면 자연 전체가 하나의 개체이며 그 부분들, 즉 모든 물체들은 개체 전체가 변하지 않고도 무한히 변할 수 있다는 것을 우리는 쉽게 파악하게 될 것이다' (보조정리7 주석). 자연 전체는 그렇게 이해될 경우, 그 일정한 특성을 상실하지 않고도 무한한 변화를 겪을 수 있을 것이기 때문에, 이러한 무한 복합 실재는 가장 탁월한 것으로 간주되지 않으면 안 된다.

이 마지막 주장은 우리에게 또다시, 스피노자가 물리적 사물들(이를테면, 연장 속성 아래에 있는 유한 양태들)에 대해 설명하고 있다는 것을 상기시킨다. 그리고 그러한 설명은 소립자에도, 인간 유기체에도, 생태계에도, 지구 전체에도 그리고 천문학적 성운에도 똑같이 적용된다. 우리 인간 존재는 자연의 일부이며, 그 자체로 우리는 동일한 범주로 기술될 수 있고 자연의 모든 나머지 부분들과 마찬가지로 동일한 법칙의 지배를 받는다. 우리의 신체는 실제로 환경과의 모든 종류의 상호작용을 통해 생존하는 ― 유기적 통일성을 유지하는 ― 주목할만한 능력에 있어서 탁월하다. 그러나 이러한 탁월함은 정도의 문제이며, 모든 복합 물체는 개별적 사물로 간주되기 위해 어느 정도 이러한 능력을 보여주지 않으면 안 된다.

스피노자는 인간 신체와 그것의 환경과의 상호작용에 관한 매우 기본적인 사실들을 요약하고 있는 일련의 6개의 '요청들'로 '물리학적 간주'를 마무리한다. 예를 들면, 인간 신체는 단단하고 부드러운 다양한 본성을 가진 수많은 복합 양태들로 구성된 복합 양태다(요청1과 2). 신체는 많은 외부 사물들에 의해 변용되고 다음으로 신체는 주위 사물들을 움직일 수 있으며 여러 가지 방식으로 자기 외부에 있는 사물들에 영향을 미칠 수 있다(요청3과 4). 마지막으로 신체는 생존하기 위해, 주위 사물들로부터 음식물과 자양분—음식, 물 및 숨 쉴 공기—을 필요로 한다(요청4).

연구를 위한 물음들

1. 하나의 복합 물체를 다른 것으로부터 구별하는 것은 그것의 부분들 사이의 '운동과 정지의 비율'이라고 스피노자는 주장한다. 어떻게 이것이 생물을 다룰 때 특별히 유용한 개체화의 원리인지 설명하라.

2. 스피노자 물리학은 17세기에 유명했던 새로운 '기계론적' 자연 철학의 변형이다. 어떤 의미에서 그것은 '기계론적'이라고 불릴 수 있는가?

인간 인식 (1) — 상상지

a. 감각—지각과 기억 (제2부 정리14—제2부 정리18)

인식(그리고 오류)에 대한 스피노자의 설명을 살펴보기에 앞서, 약간의 재검토가 적절할 것이다. 제2부 앞부분에서 연장 속성 아래에 있는 유한 양태의 무한한 질서—우리가 '자연'이라 부르고 우리의 신체가 그것의 일부인 무한하고 질서정연한 물질적 사물들의 계열—가 있다는 것이 확증되었다. 게다가 사유 속성 아래에 있는 관념들의 무한한 질서—우리가 총괄해서 '신의 정신'(the mind of God)이라 부르고 우리 정신이 그것의 일부인 유한한 사유 활동들의 질서정연하고 끝없는 계열—가 있다. 약간의 오해의 여지가 있지만, 우리는 두 속성 아래에 있는 두 개의 양태들의 질서는 서로서로 정확하게 일치한다고 말할 수 있다. 왜냐하면 스피노자는 '관념의 질서 및 연결은 사물의 질서 및 연결과 동일하다'(제2부 정리7)고 말하고 있기 때문이다. 평행론에 대해 말하는 것은 오해의 여지가 있다. 왜냐하면 사실상 어떤 경우에는 연장의 속성을 통해 인식되고 어떤 경우에는 사유의 속성을 통해 인식되는 오직 단 하나의 양태들의 질서만이 존재하기 때문이다.

인간 정신은 인간 신체의 복잡한 관념이다. 이것이 정신은 무엇인가에 대한 스피노자의 설명이다. 그리고 복잡한 복합 물체에 대한 그의 설명과 더불어, 그것은 내 정신과 다른 사람의 정신을 구분하는 것이 무엇인지를 설명한다. 또한 정신에 대한 이러한 설명은 스피노자의 인간 인식론의—그리고 인간의 무지와 오류의—기초가 된다.

평행론/동일성론의 결과로서, 인간 정신은 인간 신체에서 일어나는 모든 것의 관념을 포함한다—이를테면, 정신은 신체에서 일어나는 것을 지각한다(제2부 정리12). 신체는 주위 사물들과 끊임없이 상호작용하며 따라서 이 사물들에 의해 변용되기 때문에, 정신은 이러한 상호작용의 결과인 인간 신체상의 변화를 지속적으로 지각한다. 매우 복잡하고 많은 부분들로 구성되어 있는 인간 신체는 정신에 의해 지각되는 수많은 다양한 방식으로 변용될 수 있다(제2부 정리14).

이러한 학설과 더불어, 스피노자는 독창적으로 감각 지각에 대한 자신의 설명의 토대를 마련하고 있다. 세상에 있는 사물들은 우리의 신체를 변화시키고 그 결과 우리 정신(우리 신체의 복잡한 관념)은 이러한 변화의 관념을 포함한다(이를테면, 이러한 변화를 지각한다). 더 현대적인 전문용어로 우리는 그것을 약간 다르게 기술할 수 있다. 이를테면, 환경으로부터의 자극은 우리 감각 기관에 영향을 미치고 감각 기관과 뇌를 변화(즉, 뇌 시각령에 있는 신경세포-발화의 다양한 패턴이 뒤따르는 망막 간상체와 추상체에 대한 자극)시킨다—그 결과, 변화를 의식하게 된다. 스피노자는 물론 간상체, 추상체 혹은 신경세포에 대해 전혀 알지 못했지만, 대강의 생각 — 우리는 감각 자극에 의해 우리 신체에 야기된 변화를 우리의 정신에 기록함으로써 사물을 지각한다는 — 은 정확히 옳다.

감각 지각이 어떻게 발생하는가를 이렇게 간략하게 서술하고 나서 곧바로, 스피노자는 그러한 지각을 상당히 문제가 있고 인식의 원천으로서 신뢰하기 힘들게 하는 근본적 한계를 지적하기 시작한다. 제2부 정리16에서 그가 주장하는 것은 나의 신체가 다른 어떤 것에 의해 변용되는 방식에 대한 관념 속에는 나의 신체의 본성과 나를 변용시키는 대상의 본성 모두가 포함되어 있다는 것이다. 따라서 내가 나를 둘러싼 세계 속에서 어떤 것을 지각할 때, 내 정신 안에 있는 관념은 곧바로 내가 지각하고 있는 대상의 관념이 아니다. 오히려 그것은 나의 신체가 저 대상에 의해 변용되는 방식에 대한 관념이다. 그리고 그 관념은 나의 신체의 본성**과 함께** 세계 속에 있는 대상의 본성을 반영한다(제2부 정리16 보충1). 심지어 스피노자는 제2부 정리16 보충2에서 우리가 갖는 지각 관념은 외부 물체의 본성보다는 오히려 우리 자신의 신체 상태를 반영한다고 말한다. 이 마지막 주장은 실제로 지나친 면이 있다. 왜냐하면 그것이 암시하는 것은 나의 신체가 외부 물체에 의해 변용되는 방식에 대한 관념이 지각된 대상의 본성보다 결과적으로 나의 신체의 본성을 **더 많이** 나타낸다는 것이기 때문이다. 이러한 주장은 스피노자가 말할 수 있는 것을 넘어선다. 요지는 바로 외부 대상의 본성과 나자신의 신체의 본성 모두 — 함께 — 나의 신체가 대상에 의해 변용되는 방식에 대한 지각적 관념 속에 반영되어 있다는 것이다. 나중에 알게 되겠지만, 나는 나 자신의 신체가 기여한 부분과 외부 물체가 기여한 부분을 구분할 수 없기 때문에, 이러한 종류의 지각은 종종 혼란의 근원이 된다. 스피노자는 제2부 정리16 보충2에서 이미 제1부 부록에서 이것에 대한 수많은 예를 제시했다고 말한다(p. 80-83에서 논의되었음).

잠시 더 현대적인 용어로 되돌아갈 경우, 우리는 세계에 대한 우리의 지각 경험이 (1) 세계 속에 있는 것과 (2) 우리 자신의 지각 기관의 본성의 결합의 산물이라고 말할 수 있다. 예를 들어, 시각 경험에서 우리의 눈은 전자기적 스펙트럼의 일정한 부분(우리가 '가시광선'이라고 부르는 부분)만을 기록할 수 있으며 일정한 크기의 대상만을 볼 수 있다. 세계에 대한 우리의 시각 경험은 대부분 우리의 감각 기관의 이러한 특성들의 결과다 — 그리고 이러한 경험은 우리가 그것을 사물들이 참답게 존재하는 방식을 반영하는 것으로 간주한다면 아주 잘못된 것일 수 있다. 스피노자는 물론 전자기적 주파수에 대해 아무것도 알지 못했다. 그러나 그는 우리 감관과 우리의 신경계의 구조가 세계에 대한 우리의 감각 경험에 커다란 영향을 미친다는 것을 이해하고 있었다.

스피노자는 이 점을 다음 몇 개의 정리들에서 좀 더 탐구한다. 예를 들어, 만약 어떤 대상이 나의 신체에 모종의 변화를 일으킨다면, 나의 정신은 그 변화를 기록할 것이고 나는 그 대상을 나에게 현존하는 것으로 간주할 것이다. 나의 신체는, 어떤 그 이상의 영향에 의해 변화되기까지, 이러한 새로운 조건에 머물 것이다. 따라서 나의 정신은 나의 신체가 변용되는 방식에 대한 관념을 계속해서 가질 것이며, 이런 이유로 나는 다른 어떤 것이 첫 번째 대상의 부재를 보여주는 나의 신체에서의 다른 변화를 산출할 때까지 그 대상을 나에게 현존하는 것으로 계속해서 간주할 것이라고 스피노자는 주장한다(제2부 정리17). 스피노자는 또한 이러한 종류의 예를 어떻게 우리는 경험된 대상을 그것이 사라지거나 심지어 존재하기를 중단한 후에도 현존하는 것으로 계속해서 간주할 수 있는가를 설명하는 데 사용한다(제2부 정리17 보충).

바로 위에서 언급한 주장에 대한 증명은 흥미롭다. 왜냐하면 그것은 스피노자가 전도유망한 궤도에 올라 있었지만, 또한 그가 가지고 작업해야 했던 자원들이 얼마나 원시적으로 기계론적이었는가를 여실히 보여주고 있기 때문이다. 그는 그나 그녀가 어떤 것을 지각하는 결과로서 지각자의 신체에서 발생하는 변화에 관하여 어떤 것을 말하기를 원한다. 그러나 물론 그는 인간 신경계의 현실적인 생리학적이고 기능적인 세부적 내용에 대해 어떤 것도 알지 못했다. 그래서 그는 '유동적 부분'에 대해 말하는데, 그 유동적 부분은 외적으로 지각된 대상에 의해 '부드러운 부분에 부딪치게 되고' 그럼으로써 저 부드러운 부분의 '표면을 변화시키며' 다른 방식으로 유동적 부분의 방향을 바꾸게 된다(제2부 정리17 보충 증명). 그때 변화된 표면은 또한 이른바 기억 흔적의 역할을 할 수 있으며, 따라서 다음에 유동적 부분이 운동할 때, 유동적 부분은 새롭게 변경된 방식으로 방향을 바꾸게 될 것이고 정신은 다시금 외부 사물이 현존하는 것으로 생각할 것이다. 물론 이러한 생리학적 설명은 절망스러울 정도로 고풍스럽다. 그러나 스피노자의 주장은 일반적으로 상당히 정확하다. 감각-지각은 신체가 세상 속 대상에 의해 변용되는 방식에 대한 정신의 의식이다. 그리고 그것은 지각된 대상의 본성만큼이나 우리의 감각 기관의 본성을 반영하고 있다.

스피노자는 신체나 뇌의 변용을 통해 어떤 것의 현존을 지각적으로 기록하는 과정 전체를 '상상지'(*imaginatio*)라고 부른다. 그의 용어 사용법에 따르면, 그 용어는 우리가 상상이라고 부르는 것만이 아니라 모든 감각-지각을 포괄한다는 것에 주목하라(비록 그것이 전자 역시 포괄하지만 말이다). '…그것의 관념이 외부 물체를 우리에게 현존하는 것처럼 재현하는 인간 신체의 변용을, 비록 그것이 사물의 형태를

재현하지는 않지만, 우리는 사물의 '상'이라고 부를 것이다. 그리고 정
신이 이런 식으로 사물들을 고찰할 때, 우리는 정신이 상상한다고 말
할 것이다'(제2부 정리17 주석). 스피노자는 이러한 상이 '사물의 형
태를 재현하지' 않는다는 것을 강조한다. 왜냐하면 그는 독자들이 머
릿속에 있는 작은 그림이라고 생각하기를 원하지 않기 때문이다. 실제
로 상은 지각 과정 속에서 뇌에 기록된 흔적이지만 그것은 그림이 아
니다.

　제2부 정리17 주석은 두 가지 부가적인 점에서 중요하다. 스피노자
는 우리가 '베드로의 관념'이라는 어구를 사용할 때 나타나는 두 가지
의미 사이의 차이를 분명히 한다. 한편으로, 베드로의 신체인 연장의
양태에 평행하는 상관자인 사유 속성 아래에 있는 양태가 있다(현실적
으로 그것은 베드로의 신체와 같은 실체의 양태이지만, 연장이 아니라
사유 속성 아래에 있는 양태다). 이 관념 ― 베드로 신체의 관념 ― 이
베드로의 정신(혹은 더 신중한 스피노자의 표현에 따르면, 그것은 '베
드로 정신의 본질을 구성한다')이다. 이것은 본래적 의미에서 '베드로
의 관념'이다(우리는 그렇게 말할 수 있다). 그러나 또한 다른 어떤 사
람(말하자면, 바울)이 갖는 상상적인 '베드로에 대한 관념'이 있다. 이
관념은 그것이 어떤 의미에서는 바울의 신체를 **포함하는** 한, 실제로 베
드로의 관념이 아니라 바울의 신체가 베드로에 의해 변용되는 방식에
대한 관념이다. 사실상, 스피노자는 그것이 베드로의 신체보다는 바울
의 신체의 구성을 더 많이 반영한다고 말한다.

　사물에 대한 우리의 상상적 관념이 우리가 지각하고 있는 물체의 본
성 못지않게 적어도 우리 자신의 신체의 본성을 반영한다는 사실은 오
류에 대한 스피노자의 설명에 있어서 대단히 중요하다. 그러나 여기서
그는 정신은 그것이 상상한다는 단순한 사실에서 오류를 저지르는 것

은 아니라는 것을 강조함으로써 우리가 오류에 대한 설명을 할 수 있도록 준비시키기 시작한다. 정신이 더 이상 현존하지 않는 어떤 것을 현존하는 것으로 상상하는 경우에 있어서조차도(제2부 정리17 보충에서처럼), 상상하는 것 자체가 '오류를 포함'하고 있는 것은 아니다. 반대로 상상적 관념은 신체가 어떤 것에 의해 변용되는 방식에 대한 정확한 반영이다. 만약 상상적 관념을 가지고 있으면서, 우리가 또한 추정적으로 지각되는 대상이 더 이상 현존하지 않는다는 것을 지시하는 부가적 관념을 갖는다면, 이러한 관념들은 정신 안에서 아무런 모순 없이 공존할 수 있다. 따라서 상상적 관념은 그 자체로는(per se) 거짓이 아니다. 우리는 오류에 대한 스피노자의 설명에 관해서는 아래에서 더 많이 듣게 될 것이다.

제2부 정리18에서 스피노자는 기억에 대해, 그리고 더 나아가서 연상의 원리에 의해 설명될 수 있는 인간의 심리작용에 대해 설명한다. 만약 우리가 과거에 두 가지 것을 동시에 경험했다면, 그것들 중의 하나가 상상될 때마다, 우리는 곧바로 다른 하나를 기억할 것이다. 따라서 만약 내가 수잔(Susan)을 만났을 때, 그녀가 배나무 아래 서있었다면, 내가 수잔을 보거나 생각할 때, 나는 배나무를 기억할 것이다. 증명은 제2부 정리17 보충에서 제시된 상상에 대한 동일한 기계론적 설명에 의존한다.

스피노자는 주석을 독자들에게 내가 수잔에 대해 갖는 상상적/지각적 관념은 수잔의 참된 본성이 아니라, 단지 나의 신체가 그녀에 의해 변용되는 방식만을 반영한다는 것을 생각나게 할 기회로 이용한다. 그는 또한 한층 더 중요한 점을 지적한다. 수잔에 대한 나의 사유와 배나무에 대한 나의 사유 사이의 결합은 내가 과거에 두 개를 동시에 경험한 적이 있다는 사실에 전적으로 근거를 두고 있다. 수잔과 배나무 사이에는 어떠한 본질적인 논리적 연관도, 어떠한 유사성도 없다. 또한 낱말의 경우에도 사정은 다르지 않다. 로마인은 사과를 보았을 때, 곧바로 **포뭄**(*pomum*)이라는 낱말을, 그 낱말과 그 과일 사이에는 어떠한 본질적 연관이나 유사성이 존재하지 않음에도, 생각할 것이라고 스피노자는 지적한다. 로마인은 종종 그 과일을 보면서 그 낱말을 들어 왔고, 따라서 그것들이 정신 안에서 결합되는 것은 당연하다. 그래서 과거에 우리가 어떤 종류의 경험을 했는가에 따라, 우리들 각자는 하나의 사고에서 다른 사고로 이행할 것이다. 모래 위에서 말의 발자국을 보았을 때 군인은 기병과 전쟁을 생각하겠지만, 농부는 쟁기와 밭을 생각할 것이다. 우리들 각자는 과거의 경험으로부터 유래하는 상상 속에 있는 연상의 질서를 가질 것이다. 우리는 곧이어 다른 질서 — 그 질서 속에서 우리들 각자가 경험 속 사물들과 마주치게 되는 우발적인 질서가 아니라 우리들 모두에게서 유사한 지성의 질서 — 로부터 따라 나오는 관념들 사이에 또 다른 종류의 결합이 있다는 것을 스피노자에게서 배울 것이다.

연구를 위한 물음들

1. 왜 스피노자는 사물들에 대한 상상적 (지각적) 관념이 지각 대상의 본성을 지시하는 것 못지않게 우리 자신의 신체의 본성을 지시한다고 말하는가?

2. 베드로의 정신을 구성하는 베드로 신체의 관념과 바울의 정신 안에 있는 베드로의 신체에 대한 관념 사이의 차이는 무엇인가?

3. 스피노자에 따르면, 어떻게 하나의 낱말('사과'와 같은)이 특정한 유형의 사물(즉, 특정한 종류의 붉은색 과일)과 결합하게 되는가?

b. 관념의 관념 (제2부 정리20 – 제2부 정리22)

제2부 정리19는 잠시 제쳐 두고, 다음 세 개의 정리(제2부 정리20
—제2부 정리22)를 살펴보도록 하자. 다소 뜻밖에 스피노자는 여기서
연장된 양태의 관념만이 아니라 그 관념의 관념(idea ideae)도 있다고
주장한다. 일차적 수준의 관념이 연장된 양태(이것의 관념이 일차적
수준의 관념이다)와 관련이 있는 것처럼 관념의 관념은 일차적 수준의
관념과 관련이 있다. 중요한 차이는 일차적 수준의 관념과 그것의 **대상**
(ideatum)은 서로 다른 속성의 양태인 반면에 관념과 **관념의 관념**(idea
ideae)은 모두 사유의 양태들이라는 사실에 있다. 이를테면, '정신의
관념과 정신 자체는 동일한 속성, 즉 사유하에서 파악되는 동일한 것이
다.… 관념의 관념은, 대상과 관계없이 사유 양태로서 파악되는 한, 관
념의 형상 이외에 다른 것이 아니다'.

이것은 낯선 학설이었으며 많은 질문들이 제기되었다. 이러한 질문
들과 이차 문헌에서의 방대한 논의에 대해 우리가 여기서 관심을 가질
필요는 없다. 그러나 이 학설의 두 가지 특징은 언급할만한 가치가 있
다. 첫째로, **관념의 관념**의 존재는 스피노자가 우리는 관념 자체의 어떤
본질적 특성을 알고 있다고 말하는 것을 가능하게 한다. 이것은 지성
개선 프로그램에 있어서 중요하다는 것이 입증된다. 왜냐하면 그것은
우리가 어떤 관념의 본질적 적합성 내지 부적합성을 인지하는 것을 가
능하게 하기 때문이다. 둘째로, **관념의 관념**의 학설 덕분에 스피노자는
반성적 자기-의식의 경험을 자신의 체계 내부로 수용할 수 있다. 결국,
나는 나의 신체가 다른 사물들에 의해 변용되는 방식만을 의식하는 것
이 아니라, 그것에 대한 나의 바로 그 의식을 의식한다. 여기서 수많은
문제들이 발생할 수 있지만, **관념의 관념**이라는 스피노자 학설의 한 가
지 긍정적인 측면은 그것이 실체적 자아를 정립시키지 않고도 자기-의

식을 가능하게 한다는 것이다. 말하자면, 관념은 자기 자신에게 투명하다. 그러나 이것이 관념을 투명하게 보는 자아의 존재를 필요로 하는 것은 아니다.

c. 부적합한 인식과 상상지의 한계 (제2부 정리11 보충, 제2부 정리19 및 제2부 정리23 – 제2부 정리31)

1. 서론: 오류 문제의 핵심과 난점

제2부 정리14 — 제2부 정리18에서 약술된 **상상지**(*imaginatio*)론은 인간 인식에 대한 스피노자의 설명에 있어서 첫 번째 단계일 뿐만 아니라 허위, 인간의 무지와 오류에 대한 설명의 기초이기도 하다. 비록 우리가 지금까지 이 점을 강조하지 않았지만, 어떻게 우리 인간 존재가 오류를 범하며, 잘못된 믿음을 가질 수 있는가 하는 물음은 스피노자 철학에 있어서 중대한 문제다. 우리는 제2부 정리7 보충으로부터 어떤 것에 대한 신의 관념(이를테면, 사유 속성하의 무한한 양태적 질서 속에 있는 그 사물의 관념)은, 연장된 형태로가 아니라 관념적으로 표현된, 바로 그 사물 자체라는 것을 알고 있다. 신의 지성 속에 있는 관념은 그것의 **대상**(*ideatum*)과 완전히 일치한다. 그것은 참된 관념이며, 그것의 원인들인 관념들 — 연장된 양태의 질서 속에 있는 원인들의 연쇄를 반영하는 관념들 — 의 연쇄 속에 자리 잡고 있다. 그러나 모든 관념 — 인간 정신과 같은 복잡한 관념을 포함해서 — 은 신의 지성 속에 있는 관념들이다. 만약 인간 정신이 무한 지성의 일부라면, 그리고 무한 지성 속에 있는 모든 관념이 참이라면, 어떻게 우리 인간 존재가 사유 속에서 오류를 범할 수 있는가? 더 직설적으로 말하자면 — 만약 나의 관념이 신의 관념이라면 그리고 신의 관념이 모두 참된 관념이라면,

왜 나의 관념은 항상 참된 관념이 아닌가?

이 문제는 특히 스피노자에게 심각한 문제다. 몇 십 년 앞서, 데카르트는 어떻게 우리 인간 존재가 오류를 범하는가 하는 유사한 형태의 문제에 직면했었다. 그는 인간의 자유의지와 관련하여 그럴 듯하게 들리는 해결책을 제시했다. 데카르트의 견해에 따르면, 우리가 오류에 빠지는 것은 근거가 충분치 못한 것에 대해 동의하기 위해 자유의지를 사용하기 때문이다. 이렇게 볼 때, 지성은 단지 사물들을 이해할 뿐이며, 그러한 이해는 거짓일 수(혹은 그 점에 있어서 참일 수도) 없다. 왜냐하면 그것은, 그 자체로 판단이 아니기 ─ 이를테면, 그것은 아무것도 긍정하지 않는다 ─ 때문이다. 그러나 우리는 우리의 무제약적 자유의지의 역량에 의해 사물을 긍정하거나 부정하며, 따라서 오류를 범할 위험을 무릅쓴다(그리고 종종 오류에 빠진다). 이것은 어떻게 오류가 발생하는가를 설명하는 그럴듯하게 들리는 방식이다. 그러나 그것은 스피노자에게 해당되지 않으며, 거기에는 두 가지 이유가 있다. 첫째(그리고 가장 중요하다), 스피노자는 그 어떤 형태로든 자유의지가 존재한다는 것을 부정한다. 둘째, 스피노자의 견해에 따르면, 관념 자체가 긍정 혹은 부정의 특성을 지닌다 ─ 말하자면, 관념은 이미 판단이다.

이러한 난제에 대한 스피노자의 해결책을 살펴보기에 앞서 우리는 잠시 이 문제 자체의 특이성에 주목할 필요가 있다. 대부분의 철학자들은 어떻게 우리 인간 존재는 인식과 진리를 확보할 수 있는가를 설명하는 것이 매력적이라는 것을 안다. 스피노자에게 있어서, 더 큰 도전은 어떻게 우리가 도대체 오류에 빠질 수 있는가를 설명하는 것이다. 스피노자가 이렇게 특이한 문제를 다루었던 것은 그의 신이 절대적으로 궁극적 존재이고 모든 것을 포괄하는 존재지만, 그럼에도 그의 신 안에 불완전이 있을 수 없다는 것은 분명하기 때문이다.[7] 인간 오류의 문제가 스피노자 철학에서 이러한 종류의 문제가 제기되는 유일한 장소는 아니다. 반대로, 『에티카』 대부분은 다음과 같은 물음에 답하려는 시도에 할애되고 있다.

사실상 신만이 존재하고 신이 완전히 능동적이라면 어떻게 수동성이 존재할 수 있는가?

사실상 신만이 존재하고 신이 영원하다면 어떻게 시간이 존재할 수 있는가?

사실상 신만이 존재하고 신이 완전히 자유롭다면 어떻게 예속이 있을 수 있는가?

스피노자는 사실상 이러한 물음들 (더 플라톤적인 유형의 다른 철학자들도 가지고 있는) 속에서 언급되고 있는 모든 불완전한 것들(이를테면, 수동성, 시간, 예속)은 궁극적으로 존재한다는 것을 부정함으로써 이러한 문제들을 풀고자 한다. 그 경우, 이러한 불완전한 것들의 명백한 존재는 우리의 무지와 오류에 의해 설명된다. 그러나 스피노자의 정신에 대한 견해를 고려하면, 이러한 무지와 오류는 그 자체로 설명하기 어렵다. 따라서 오류 문제의 핵심과 중요성이 부각되며, 이런 이유로 상상지론의 핵심과 중요성이 부각된다.

---

7   우리는 여기서 악이 아니라 오류를 다루고 있다. 그러나 어떤 점에서 문제는 유대-기독교적 용어로 전통적인 '악의 문제'와 유사하다. 만약 신이 전적으로 선하고 존재하는 모든 것의 창조주라면, 악은 어떻게 생성되었는가? 인간의 '자유의지'(아니면 아담과 이브의 자유로운 선택)에 호소하여 이러한 난제에 답하는 것은 데카르트의 전략과 유사하다. 그러나 우리가 주목했듯이, 그 길은 스피노자의 길이 아니다.

2. 우리 인식의 부적합성 (제2부 정리11 보충 및 제2부 정리19)

신의 관념은 모두 참된 것이다. 우리의 관념은 모두 신의 관념이다. 그렇지만 우리 관념들 중 몇몇은 참되지 않다. 어떻게 그럴 수 있는가? 이러한 난제에 대한 해결책의 일부를 우리는 이미 신체가 사물에 의해 변용되는 방식인 상상지에 대한 논의에서 엿볼 수 있었다. 난제의 다른 본질적인 부분을 위해 우리는 언급은 되었지만 그때 물리학적 간주의 논의에 앞서 제쳐두었던 이전의 중요한 구절로 돌아갈 필요가 있다(p. 95). 해당 구절의 출처는 제2부 정리11 보충이며, 그것은 스피노자가 인간 정신은 신의 무한 지성의 일부라는 것을 지적한 직후에 등장한다. 하나의 긴 문장이지만 상세히 검토할 가치가 있다.

> 그러므로 우리가 인간 정신이 이러저러한 것을 지각한다고 말할 때, 우리는 신은 그가 무한인 한에 있어서가 아니라, 그가 인간 정신의 본성을 통해서 설명되는 한에 있어서 혹은 그가 인간 정신의 본질을 구성하는 한에 있어서, 이러저러한 관념을 갖는다는 것만을 말하고 있다. 그리고 우리가 신은, 그가 인간 정신의 본성을 구성하는 한에 있어서만이 아니라 그가 인간 정신과 아울러 다른 것의 관념을 가지는 한에 있어서, 이러저러한 관념을 갖는다고 말할 때, 그때 우리는 인간 정신이 사물을 단지 부분적으로, 혹은 부적합하게만 지각한다고 말한다(제2부 정리11 보충).

이 난해한 문장은 다음과 같이 이해하는 것이 최선이다. 즉, 인간 정신은 여러 가지 사물들의 관념을 포함하기 때문에, 신은 단지 인간 정신이라는 복잡한 관념을 가짐으로써만 어떤 사물에 대한 관념을 갖는다. 그러나 이런 식으로 어떤 것에 대한 관념을 '가지는 것' 만으로는 사물에 대한 적합한 인식을 갖기에 충분하지 않다. 신은 물론 적합한 인식을 갖는다. 하지만 그는 인간 정신이라는 관념을 갖는 것만으로는 저 적합한 인식을 갖지 못한다. 신은 인간 정신이라는 관념을 **그리고 또한** 또다른 사물의 관념을 가짐으로써, 사물에 대한 적합한 인식을 갖는다. 인간 정신은 종종 인간 정신에 대한 신의 (적합한) 관념을 위해 요구되는 '다른 것'의 관념을 포함하지 않기 때문에, 인간 정신은 단지 부적합하게만 사물을 지각한다. 그러나 이 '다른 것'은 무엇인가?

제1부 공리4('결과에 대한 인식은 그것의 원인에 대한 인식에 의존하고 그것을 포함한다')를 상기해볼 때, 우리는 제2부 정리11 보충에서 언급되고 있는 '다른 것'을 주어진 사물의 원인(혹은 더 정확히 말해서, 원인들)으로서 가장 잘 해석할 수 있다. 이러한 해석에 따르면, 어떤 인간 지각을 특징짓는 부적합성은 인간 정신이 지각된 사물의 원인들에 대한 관념들을 포함하지 못한다는 사실의 결과일 것이다. 그러나 신이 그 사물에 대해 갖는 관념은 그 사물의 적합한 인식이다. 왜냐하면 그것은 인간 정신 안에 포함되어 있는 관념만이 아니라, 그것의 관념이 인간 정신 안에 있는 사물의 원인들에 대한 관념들 또한 포함하기 때문이다.

스피노자에게 있어서 인과관계는 논리적 함축과 유사하다는 것, 그리고 결과는 결론이 전제로부터 따라 나오듯이 원인으로부터 따라 나온다는 것을 기억하는 것이 도움이 될 것이다. 제1부 공리4는 만약 우리가 그것을 지금의 상태로 존재하도록 조건 짓는 원인들을 알지 못한다면, 우리는 사물이나 사실을 참답게 (즉, 적합하게) 알지 못한다는 것을 알려준다. 원인을 알지 못한 상태에서 한 사물의 관념을 갖는다는 것은 결론이 그로부터 따라 나오는 전제 없이 결론을 내리는 것과 같다고 스피노자는 말한다. 스피노자의 견해에 따르면 이것은 사물들 사이의 연관관계를 반영하지 못하고 모든 사물의 기저에 놓여있는 무시간적인 구조적 질서를 파악하는 데 실패한 일종의 불완전 이해다. 그러한 인식은 사물을 그 자체로 파악할 수 없으며, 따라서 전혀 참되지 않다. 스피노자는 그러한 인식을 '부적합하다'(inadequate)고 부른다.

제2부 정리19에서 스피노자는 이러한 분석을 직접적으로 정신의 신체에 대한 인식과 연관시킨다. 인간 신체는 우리가 알고 있듯이, 수많은 인과적 결정요인들에 의해 존재하고 활동하도록 조건 지워져 있다 (수직적으로 뿐만 아니라 수평적으로). 스피노자는 이러한 결정요인들을 말하자면, 그것들에 의해 [인간 신체]가 지속적으로 재생되는 엄청나게 많은 물체들이라고 부른다. 신체에 대한 신의 적합한 관념은 인간 정신 (어떤 의미에서는 '신체의 관념') 뿐만 아니라 인간 신체의 원인들에 대한 관념들도 포함한다. 인간 신체에 대한 신의 관념에 비하면, 인간 정신은 인간 신체에 대한 부적합한 인식으로 간주될 수 있다. 왜냐하면 그것은 신체의 원인들에 관한 관념을 포함하고 있지 않기 때문이다. 이것이 대략 (명시적으로 제2부 정리11 보충에 의거하여) 스피노자가 제2부 정리19 증명에서 행하고 있는 논증이다.

내 생각에는 이것이 검토하고 있는 구절들을 독해하는 가장 좋은 방식이다. 그러나 이러한 해석이 난점이 없는 것은 아니다. 수평적인 양태적 질서 속에 있는 모든 사물들은 미약하다 해도 인과적으로 연결되어 있다(제1부 정리28과 제2부 보조정리3)는 것을 고려하여, 몇몇 주석가들(예를 들면, 요아킴(Joachim)은 오직 실재 전체에 대한 무한 관념 — **신의 무한 관념**(infinita idea Dei) — 만이 적합한 것으로 간주될 수 있다고 주장하고 있다. 왜냐하면 그것만이 모든 요소들의 인과적 질서를 포괄하고 있기 때문이다. 이러한 견해가 인간 인식의 가능성에 관하여 우리를 절망으로 이끌어서는 안 되겠지만, 참된 측면이 없는 것은 아니다. 반대로, 우리는 적합성이 정도의 문제—스피노자가 이러한 맥락에서 **콰테누스**(*quatenus*)('~하는 한에 있어서' 혹은 '~인 범위에 서'라는 의미의 낱말)라는 라틴어를 반복해서 사용하면서 강조하는 요 지—라는 것을 잊어서는 안 된다.

　따라서 우리가 어떻게 오류에 빠지는가에 대한 스피노자의 설명은 우리의 이해가 불완전하고 부분적이라는 사실에 기초를 두고 있다. 실제로 인간 정신은 신의 정신의 일부이지만, 강조되어야 할 것은 부분이라는 낱말이다. 우리의 정신 자체는 맥락 없는 관념, 배경 없는 전경 영상 내지는 (스피노자가 즐겨 사용했던 비유) 전제 없는 결론이다. 우리 정신 안에 있는 관념의 부적합은 그 관념이 고립되어 있고 부분적이라는데 있다. 인과적 자연의 질서를 반영하는 관념들의 연쇄 속에 자리 잡고 있는 관념들은—이를테면, 신의 정신 안에 있는 것과 같은 관념들—전적으로 적합하며 참이다.

연구를 위한 물음들

1. 데카르트에게 있어서 그리고 스피노자에게 있어서, 오류를 설명하는 것이 왜 어려운가? 데카르트는 그 문제를 어떻게 해결하는가?
2. 스피노자 철학에서 신체에 대한 인간 정신의 인식은 왜 '부적합'한가?
3. 어떻게 나는 나의 신체에 대한 정신의 인식을 더 적합하게 만들 수 있는가?

　3. 상상지의 한계 (제2부 정리23 – 제2부 정리31)
　다음 9개의 정리는 (1) 사물에 대한 우리의 인식이 상상지—우리의 신체가 다른 사물에 의해 변용되는 방식에 대한 관념—를 구성하는 범위와 (2) 그러한 인식이 부적합한 정도를 강조한다.

무엇보다도 우리는 단지 우리 자신의 신체를 그것이 다른 사물에 의해 변용되는 방식에 대한 관념에 의해서만 인식한다. 앞서 살펴보았듯이(제2부 정리19 증명에 대해 논의하는 과정에서), 우리의 정신은 우리 신체에 대해 적합한 인식을 구성하지 못한다. 왜냐하면 우리는 우리 정신 안에 우리 신체의 실존과 생존의 원인에 대한 관념을 갖지 못하기 때문이다. 우리의 신체가 다른 사물에 의해 변용되는 방식에 대한 관념(스피노자의 용어로는 '신체 변용의 관념')을 통해서가 아니라면, 우리는 우리 신체의 실존에 대해서조차 알지 못한다고 스피노자는 말한다(제2부 정리19). 더욱이 신체에 대한 우리 인식이 부적합하다는 것을 확증하는 동일한 논증은 우리 정신이 우리 신체를 구성하는 부분들에 대해 적합한 인식을 갖지 못하는 이유를 설명한다(제2부 정리24). 그리고 정신은 오로지 신체 변용의 관념에 대한 관념을 통해서만 자기 자신을 인식하기 때문에(제2부 정리23), 정신의 자기 자신에 대한 인식은 신체에 대한 정신의 인식만큼이나 부적합하다(제2부 정리29).

상상지(*imaginatio*)에 대한 앞선 논의에서 우리가 알아낸 것은 나의 신체가 세계 속의 어떤 대상에 의해 변용되는 방식에 대한 관념은 나의 신체의 본성뿐만 아니라 외부 대상의 본성 모두를 포함하고 있다는 것이다. 그러나 (그것을 바로 앞 절에서 사용한 전문 용어로 표현하자면) 대상에 대한 적합한 관념은 신이 나의 정신을 구성하거나 신이 나의 신체가 대상에 의해 변용되는 방식에 대한 관념을 구성하는 한에 있어서 신 안에 존재하지 않는다. 반대로, 대상에 대한 적합한 관념은 신이 대상에 대한 관념과 더불어 그 대상을 존재하게 했던 모든 다른 사물들에 대한 관념을 갖는 한에 있어서 신 안에 존재한다. 따라서 나의 신체가 어떤 대상에 의해 변용되는 방식에 대한 나의 상상적 관념은 그 대상에 대한 적합한 인식이 아니다(제2부 정리25).

제2부 정리26이 확증하고 있는 것은 우리는 대상이 우리 신체를 변용시킬 경우(이를테면, 우리가 **상상지**를 통해 대상을 지각하는 경우)에만 그 대상이 현실적으로 존재한다는 것을 인식할 뿐이라는 것이다. 그러나 사물이 더 이상 현재하지 않거나 심지어 더 이상 존재하지 않는 경우에도 우리는 상상적으로 그 사물을 지각할 수 있기 때문에(제2부 정리17 보충), 우리는 사물의 지속에 대해 적합한 지식을 가질 수 없다(제2부 정리31). 그리고 우리 자신의 신체의 지속적 실존은 우리가 적합한 인식을 가질 수 없는 수많은 원인과 요인에 의존하기 때문에, 우리는 단지 우리 신체의 지속에 대해 부적합한 인식만을 가질 수 있을 뿐이다(제2부 정리30). 현실적으로 존재하는 사물들과 이러한 사물들 사이의 인과관계에 대한 우리의 상상적 인식은 우리에게 마치 그것들이 원인이 없고 규정되지 않은 것처럼 보일 정도로 부적합하다. 우리는 그것들을 훼손되기 쉽고 우연적이라고 부를 것이다. 비록 이것이 실제로 의미할 수 있는 모든 것은 그것들이 얼마나 오래 지속될 수 있는지 혹은 그것들이 특정 시간에 실존할 수 있는지를 우리가 말할 수 없다는 것이지만 말이다. 스피노자는 이 기회에 절대적으로 모든 것은 인과적으로 완벽하게 결정되어 있으며 자연 속에 진정 우연이란 존재하지 않는다는 것이 제1부에서 입증되었다는 것을 독자들에게 상기시킨다(제2부 정리31 보충).

　상상지의 관념들은 그 혹은 그녀가 세계 속에서 활동하는 한, 개인의 신체가 어떠한 대상에 의해 변용되는가에 따라 무작위로 연이어 따라 나온다. 이러한 관념들은 혼란스럽게 그리고 구별 없이 공존하는 외부 물체의 본성과 지각자 신체의 본성을 모두 포함한다. 스피노자는 이것을 '자연의 일상적 질서로부터 사물을 지각하는 것'이라 부른다. 주요 문장에서 그는 **상상**(*imagination*)의 혼란과 한계에 대한 탐구에서 도출한 결론을 이렇게 요약하고 있다. '이로부터 다음과 같은 결론이 도출된다. 즉 인간 정신이 자연의 일상적 질서로부터 사물을 지각하는 한 자기 자신에 대해서도, 자신의 신체에 대해서도 그리고 외부 물체에 대해서도 적합한 인식이 아니라 혼란스럽고 손상된 인식만을 가진다'(제2부 정리29 보충).

　이것은 강조될 필요가 있다. **상상지**의 관념은 우리를 둘러싼 세계에 대해서 뿐만 아니라 우리 자신의 신체와 정신에 대한 우리의 최초의 인지적 접근을 가능하게 한다. 대개 감각 지각과 연상 기억으로부터 파생되기 때문에, 이러한 종류의 인식은 또한 소문뿐만 아니라 우리가 오늘날 '상상'이라고 부르는 것을 포함한다. 그것은 세계에 대한 소중한 접근 방식이다. 왜냐하면 오로지 사물과의 물리적 상호작용에 의해서만 그리고 사물이 우리 신체를 변용시키는 방식에 대한 관념을 가짐으로써만, 우리는 사물의 현실적 존재를 인식하기 때문이다(2부 정리26). 스피노자가 제3부에서 설명하듯이, 우리의 감정적 삶 또한 **상상지**의 관념과 연합에 의해 제약되고 상당한 영향을 받는다. 이러한 유형의 인식은 중요하고 광범위하게 퍼져 있기는 하지만, 철저하게 신뢰하기는 힘들고 정신에게 '단지 자기 자신에 대해서도, 자신의 신체와 외부 물체에 대해서도 혼란스럽고 훼손된 인식만'을 제공한다. 다른 곳에서 스피노자는 이런 종류의 인식을 '백일몽'을 꾸고 있는 것과 같다고 말한다.

　독자들은 이 지점에서 낙담하게 된다. 우리가 배운 유일한 종류의 인식(상상지)이 전적으로 부적합하다는 것이 밝혀졌다. 만약 이것이 우리 인간 존재가 할 수 있는 전부라면, 우리가 사물과의 우연한 마주침을 토대로 부적합한 관념을 형성하는 한, 우리는 무지하고, 혼란스럽고 수동적일 수밖에 없다. 그러나 물론 이것이 우리에게 가능한 유일한 종류의 인식은 아니다. 스피노자는 제2부 정리29 주석에서 대안이 될 만한 것을 다음과 같이 암시하고 있다.

나는 분명하게 다음과 같이 말한다. 즉 정신이 자연의 일상적 질서에서 사물을 지각하는 한, 이를테면 사물들과의 우연한 마주침으로부터 정신이 외적으로 결정되는 한에 있어서 정신은 자기 자신, 자신의 신체 및 외부 물체에 대해 적합한 인식이 아니라 혼란스러운 인식만을 갖는다.… 그러나 정신이 내부로부터 결정되는 한에 있어서, 즉 많은 사물들을 동시에 고찰함으로써 그것들의 일치, 차이 및 반대를 이해하는 한에 있어서는 그렇지 않다. 왜냐하면 정신이 이러저러한 방식으로 내적으로 결정되는 한, 정신은 내가 다음에 제시하게 될 것과 마찬가지로 사물을 명석판명하게 고찰하기 때문이다.

정신이 '내적으로 결정되는', 이러한 다른 인식의 근원이 정확히 무엇인가를 독자는 지금 여기서 듣지 못할 것이다. 제2부 정리37에서 우리는 인간 존재가 적합한 인식을 획득할 수 있는 방식에 대해 배우기 시작할 것이다. 그러나 먼저 스피노자는 허위와 오류라는 주제에 대하여 한 두 가지 미진한 부분을 마무리할 필요가 있다.

연구를 위한 물음들

1. 왜 감각 지각(상상)은 우리에게 자기 자신, 자신의 신체에 대해 그리고 외부 물체에 대해 혼란스럽고 훼손된 인식만을 제공하는가?

4. 허위와 오류 (제2부 정리32 − 제2부 정리36)

상상지의 관념이 부적합하다는 것을 폭넓게 논의하는 과정에서 스피노자는 허위와 오류의 수수께끼를 푸는 데 필요한 조각들을 확보한다. 물론 모든 관념은 신과 관련되어 있는 한, 참이라는 것을 우리는 기억한다(제2부 정리32). '신과 관련되어 있는 한에 있어서' 관념들에 대해 말하는 것은 그것들이 신의 정신 안에 완전하게 자리 잡고 있는 한에 있어서 — 즉, 그것들이 사유 속성 아래에 있는 무한한 양태적 질서 속 인과적 연쇄 안에 있는 한에 있어서 — 관념들에 대해 말하는 것이다. 이러한 맥락에서 모든 관념은 참이며, 관념이 허위라고 칭해지는 것을 정당화할 수 있는 어떤 것도 존재하지 않는다(제2부 정리33). 그리고 관념이 신의 정신 안에 있는 것과 같은 방식으로 개별적 인간의 정신 안에 있는 한, 그 관념은 개인의 정신 안에서도 역시 참일 것이다(스피노자는 이 점을 명확히 하면서 다시금 제2부 정리11 보충을 분명히 언급하고 있다). 따라서 있을 수 있는 허위의 유일한 근원은 관념이 신의 정신 안에 있는 방식과는 다른 방식으로 종종 우리 정신 안에 자리한다는 사실이다. 그리고 그 차이는 인간 정신이 신의 정신의 극히 작은 부분 — 신의 정신 안에 있는 관념에 완벽함, 인과 관계, 맥락, 따라서 적합성과 진리를 부여하는 수많은 원인들을 포괄하지 못하는 부분 — 에 불과하다는 사실에 기인한다. 스피노자는 자신의 주장을 제2부 정리35에서 다음과 같이 요약하고 있다. 즉, '허위는 부적합하거나 손상되고 혼란한 관념이 수반하는 인식의 결핍에 있다.'

독자의 마음에 의문이 생길 수 있다는 것을 인지하고서, 스피노자는 사물의 원인에 대한 인식의 결여가 허위와 오류를 발생시키는 방식의 두 가지 예를 제시한다. 이 예들 모두 전적으로 만족스러운 것은 아니지만, 저자가 어떻게 자신이 옹호하는 학설을 이해하고 있는지를 파악하는 데 도움을 준다. (1) 첫 번째 예는 스피노자가 즐겨 사용하는 것으로 다음과 같다. 인간은 자신들의 행동은 의식하지만 그 행동의 원인은 의식하지 못하기 때문에 자신들이 자유롭다고 — 이를테면, 자신들이 특정한 조건에서 행동하거나 행동하지 않을 수 있다고 — 생각한다. 내가 결단을 내렸다는 것은 알지만 나로 하여금 그러한 결단을 내리게 결정한 원인을 모르기 때문에, 나는 그러한 원인이 없다고 생각하고 결단을 나의 '자유의지'에 의한 것으로 간주한다. 그러나 이러한 '자유의지'는 나의 인과적 이해의 빈틈을 미봉책으로 가리는 공허한 어구에 지나지 않는다고 스피노자는 말한다. 그는 허위가 참으로 실재하는 것이 아니라 단지 결핍 — 인식의 결여 — 일 뿐이라고 주장한다. (2) 두 번째 예는 스피노자의 저서에서 여러 번 등장하며, 2차 문헌에서 폭넓게 논의되고 있다. 태양을 바라볼 때, 우리는 태양이 200피트 거리에 있다고 상상한다. 스피노자에 따르면, 상상하는 것 자체가 오류는 아니다. 사실 상상 관념이 현실적으로 허위인 것은 아니다 — 오히려 그것은 한 사람의 신체가 태양에 의해 변용되는 방식을 정확하게 반영하고 있다. 설사 그러한 변용의 원인에 관해 — 즉, 태양, 우리의 시각 능력, 광학 등등에 관해 — 충분히 알았다 할지라도, 여전히 우리는 동일한 상상의 관념을 갖기는 하겠지만, 태양이 200피트 거리에 있다는 것을 더 이상 그릇되게 믿지는 않을 것이다. 반대로 우리는, 천문학, 광학, 지각의 생리학 등등에 관한 참된 관념들의 연쇄 속에 자리 잡고 있는, 신체가 태양에 의해 변용되는 방식에 대한 참된 관념을 갖게 된다. 어떠한 오류도 제거될 수 없다. 왜냐하면 오류란 적극적인 어떤 것이 아니기 때문이다. 또한, 오류는 인과적으로 완전하게 이해하지 못한 상태에서만 존재한다고 스피노자는 주장한다.

이러한 예들은 탁월한 것들이며, 특히 태양 지각의 경우, 오류를 더 규모가 큰 인과적 맥락에 대한 불완전한 인식의 문제라고 생각하는 것은 그럴 듯한 것 같다. 그러나 많은 비평가들이 올바르게 지적하고 있듯이, 태양이 200피트 거리에 있다는 믿음은 태양이 9,300만 마일 거리에 있다는 믿음의 부재만을 의미하는 것은 아니다. 오류는 사실상 허위인 어떤 것에 대한 적극적인 믿음이다. 그리고 신체의 변용에 의한 상상이 우리가 천문학 등에 대해 광범위한 지식을 획득한 후에도 여전히 동일할 것이라고 말하고 있다는 점에서는 스피노자가 옳지만, 태양이 200피트 거리에 있다는 거짓 믿음 — 즉, 오류 — 은 동일한 것으로 남지 않을 것이다. 실제로, 그것은 제거되어야 할 것이다. 그리고 이것은 오류를 '그 어떤 적극적인 것도 없는 것'으로 간주하는 스피노자의 설명은 여러 가지 난점을 가지고 있다고 말하는 것으로 충분할 것이다. 첫 번째 예 역시 다르지 않다. 나의 행동이 원인을 가지고 있다는 것을 알지 못하는 것과 나의 행동이 나의 자유의지에 의해 야기되었다고 생각하는 것은 별개다. 전자는 실제로 '그 어떤 적극적인 것도 없는 것'으로 기술될 수 있지만, 후자는 그럴 수 없다.

오류를 '부적합한, 혹은 훼손되고 혼란스러운 관념들이 포함하고 있는 인식의 결여'라는 관점에서 철저하게 설명하려는 스피노자의 시도는 전적으로 만족스럽지 못하다. 그러나 그것 덕분에 그는 지각에 있어서 신체의 핵심적 역할에 관해 그리고 특이한 우리 감각 기관의 중요성에 관해 흥미로운 통찰을 할 수 있었다. 그리고 그것은 전적으로 그것의 모든 것이 절대적으로 참인 신의 관념들로 구성되어 있는 사유-세계 속에 실수와 오류를 포함시키는 방식을 발견하려는 인상적인 시도였다.

연구를 위한 물음들

1. 내가 광학과 천문학 및 나 자신의 지각 기관에 관해 배운 후에도 — 그리고 내가 태양이 9,300만 마일 떨어져 있다는 것을 배운 후에도

— 태양에 대한 나의 상상적 (시각적) 경험은 변화되지 않을 것이라고 스피노자는 주장한다. 그는 그것에 관해 옳은가?

2. 자신의 이론 덕분에 스피노자는 오류는 무지라고 — 이를테면, 오류는 그 어떤 적극적인 것이 아니라, 오히려 인식의 결여에 지나지 않는다고 — 주장할 수 있었다. 그러한 견해에는 무슨 문제가 있는가?

인간 인식 (2) - 이성지(*Ratio*)와 직관지

a. 공통관념

상상지에 대해 길게 논의한 후, 더 신뢰할 수 있고 적합한 인식 방식에 대한 설명은 놀라울 정도로 간략하다. 사실상 세 번째 종류의 최상의 인식은 거의 지나가는 말로만 언급되고 있을 뿐이다. 하지만 이러한 종류의 인식들은 중요하다. 왜냐하면 이러한 인식들은 **상상지**를 괴롭히는 혼란으로부터 벗어날 수 있는 길을 제시하고 있기 때문이다.

'모든 것에 공통적이며… 전체에도 그리고 모든 것의 부분에도 똑같이 존재하는' 어떤 것들(비록 여기서 '것들'이 독특한 낱말이지만)이 있다고 스피노자는 말한다. 이러한 것들은, 모든 것에 공통적이기에, 어떤 개별적인 특수한 사물의 본질을 구성하지 않으며(제2부 정리37), 가장 중요한 것은, 그것들이 적합하게 인식될 수밖에 없다는 것이다(제2부 정리38). 그러한 것들이 적합하게 파악되기 때문에, 그것들로부터 논리적으로 따라 나오는 모든 부가적 관념들 역시 적합하게 이해될 것이다(제2부 정리40).

이 몇 안 되는 정리에서 스피노자는 '두 번째 종류의 인식'에 대한 설명의 기초를 제시한다. 스피노자의 학설은 '모든 것에 공통적이며… 전체에도 모든 것의 부분에도 똑같이 존재하는' 것에 대한 생각에 달려 있다. 그러나 그는 무엇에 관해 말하고 있는가, 그리고 무엇보다도 왜 그는 이러한 것들을 우리가 적합하게 이해할 것이라고 생각하는가?

이 물음에 답하기 위해서는, **상상지**의 특성인 혼란이 부분적으로는 외부 물체의 본성의 관념과 나의 신체의 본성의 관념이 나의 신체가 외부 물체에 의해 변용되는 방식의 관념 속에 혼란스럽게 공존하는 사실의 결과라는 것을 다시금 상기할 필요가 있다. 나 자신의 신체에 대해서도, 외부 물체에 대해서도 적합한 관념을 갖지 못하기 때문에, 내가 나의 신체의 변용의 관념만을 가지고 있는 한(이를테면, 내가 **상상지**를 통해서만 사물들을 인식하는 한), 나는 외부 물체가 기여하는 부분과 나 자신의 신체가 기여하는 부분을 구별할 수 없다. 그러나 그러한 혼란이 모든 것에 공통적이며 전체에도 사물의 부분에도 존재하는 것에 관해서는 있을 수 없다고 스피노자는 주장한다. 예를 들면 연장은 모든 사물에 공통적이며, 모든 연장된 사물들 전체에서도 부분에서도 똑같이 나타난다. 따라서 비록 외부 사물의 본성의 관념이 그 사물에 의한 내 신체의 변용의 관념 속에 혼란스럽게 현존할 뿐이라 할지라도, 연장의 관념 자체는 어떠한 혼란도 겪지 않을 것이다. 나의 신체의 변용의 관념을 가질 때, 나는 필연적으로 혼란스럽지 않은 연장 관념을 가질 것이다. 그러면 어떤 관념들은 모든 사람의 정신 안에서 적합할 것이다 — 예를 들면, 연장 관념과 운동 관념. 왜냐하면 모든 연장된 사물들은 연장과 운동의 특성을 갖고 있으며, 우리 신체가 사물에 의해 변용되는 방식의 관념들이 혼란스러워질 방도가 없기 때문이다.

스피노자는 이러한 공통의 것에 대한 관념을 '공통관념'이라고 부른다. 그리고 이러한 관념에서 이성지(혹은 '두 번째 종류의 인식')는 시작된다. 정확히 어떤 관념을 스피노자는 공통관념에 포함시키는가에 관해 상당한 논란이 있다. 분명한 것은 그가 연장과 운동을 포함시키고 있다는 것이다. 왜냐하면 '…모든 물체는 어떤 점에서 일치한다'는 사실에 대해 말할 때, 그가 보조정리2를 인용하고 있기 때문이다(제2부 정리38 보충). 아마도 그는 '연장'을 기하학의 원리로 그리고 '운동'을 그가 물리학을 다루는 부분에서 진술했던 운동과 정지의 기본 법칙으로 이해했을 것이다(제2부 정리13 이후). 제1부에 등장했던 용어를 사용하자면, 공통관념은 연장 속성의 관념과 속성으로부터 따라 나오는 직접적으로 그리고 간접적으로 무한하고 영원한 양태들을 포함한다고 말할 수 있다.

이러한 생각의 두 가지 놀라운 결론은 앞으로 나아가기에 앞서 고찰될 필요가 있다. 앞서 무한하고 영원한 양태들을 논의하는 과정에서, 우리가 제안했던 것은 그것들은 자연법칙에 의해 가장 잘 이해될 수 있으리라는—이를테면, 그것들은 물리적 자연이 항상 그리고 모든 곳에서 활동하는 법칙과 유사한 방식들로서 간주될 수 있으리라는—것이다. 그러나 이러한 독해에 따르면, 스피노자가 제2부에서 제안하고 있는 것은 우리 모두가, 바로 신체가 환경 속의 다른 사물들에 의해 변용된다는 사실에 의해, 자연의 기본 법칙에 대한 적합한 이해를 가지고 있다는 것이다. 이 놀라운 주장이 인간에 대한 정교한 과학적 설명으로서 오늘날 공개적으로 제시되었다면, 그것을 이해하는 사람은 아무도 없을 것이다. 그러나 그것은, 연장된 실재는 궁극적으로 수학적/기하학적으로 구조화되어 있다고 믿었던 데카르트의 영향을 받은 17세기 합리론자가 스피노자라는 것을 우리가 기억한다면, 그렇게까지 받아들이기 힘든 것은 아니다. 유클리드의 공리는, 제2부 정리13 이하에서 다루었던 운동의 원리들이 그랬던 것처럼, 신/자연이 연장적으로 활동하는 근본적인 방식을 기술한다. 플라톤의 상기론에서부터 데카르트의 본유관념에 이르기까지, 수학은 오랜 기간 동안 선험적 학문으로 간주되어 왔으며, 모든 사람의 정신 안에 수학적/기하학적 관념들이 존재한다는 것은 훌륭한 전통적인 철학적 학설이다. 스피노자의 — 기본적인 기하학적 자연법칙에 대한 적합한 관념이 인간 신체의 모든 변용의 관념 속에 포함되어 있다는 — 학설은 특이하지만, 기본 학설이 특이한 것은 아니다.

우리는 공통관념에 연장 속성의 관념이 속한다는 것을 알았다. 속성이 바로 신의 본질('지성이 실체에 대하여 본질을 구성하는 것으로 지각하는 것' 제1부 정의4)을 나타낸다는 것을 영민한 독자는 기억할 것이다. 이렇게 볼 때, 스피노자는 모든 사람이 신의 본질에 대하여 적합한 관념을 갖고있다고 믿는 것 같다. 이것은 터무니없는 주장처럼 보이지만, 사실 정확히 스피노자가 말하고자 했던 것이다 — 그리고 그가 제2부 정리45-47에서 명확하게 말하고 있는 것이다. 제2부 정리47의 결론은 '인간 정신은 영원하고 무한한 본질에 대한 적합한 인식을 갖고있다'는 것이다. 이러한 주목할만한 주장을 평가할 때, 스피노자의 신은 전통 신학에서 말하는 멀리 떨어져 있고 불가해한 유사-인격적인 **신비로운 존재**(*mysterium*)가 아니라는 것을 우리는 기억해야 한다. 신의 영원하고 무한한 본질은 언제나 그리고 모든 곳에서 수학적으로 기술 가능하고 합리적으로 인식 가능한 법칙과 유사한 방식으로 표현되는, 자연의 역량이다. 좀 과하게 단순화해서 말하면, 만약 기하학을 이해할 수 있고 따라서 연장(이것에 관한 학문이 기하학이다)을 파악할 수 있다면, 우리는 **그 사실 자체에 의해**(*eo ipso*) 신의 무한하고 영원한 본질에 대한 적합한 관념을 갖는다고 말할 수 있다.

공통관념은 보편자로 일컬어질 수 있다. 왜냐하면 공통관념은 모든 것에 공통적이기에, 보편적으로 현존하는 것에 대한 관념이기 때문이다. 그러나 스피노자는 독자들이 이 공통관념을 전통적으로 이해된 보편자와 혼동하지 않도록 엄청 주의를 기울인다. 그의 말에 따르면, 후자는 인간의 지각 체계가 사물에 대해 형성할 수 있는 명확한 상의 수에 있어서 제한되어 있다는 사실에 기인한다. 따라서 예를 들어 만약 내가 많은 인간 존재와 마주쳐서 나의 신체가 그들 모두에 의해 변용된다면(지각 속에서), 나는 많은 다른 사람들의 많은 다른 상들을 형성할 것이다. 그러나 그러한 상들을 형성하는 나의 능력은 결국에는 한계에 다다를 것이고, 상들은 불명확해질 것이며, 나는 그것들 모두가 일치하는 특징들만을 상상하기 시작할 것이다(왜냐하면 이 특징들은 모든 지각된 개인에 의해 나에게 각인된 특징들이기 때문이다). 그렇게 해서 나는 '인간'이라는 혼란스러운 보편 개념을 형성하고 어떤 공통의 특성들을 그 보편 개념과 결합시킨다. 스피노자는 이러한 보편자를 기초로 하는 인식은 매우 혼란스럽고 신뢰할 수 없다는 것을 강조한다. 더욱이 그러한 인식은 우리 각자가 그 혹은 그녀의 개별적인 경험의 관점에서 보편자를 형성하기 때문에 개인에 따라 상당히 달라진다.

예를 들어, 매우 빈번하게 인간의 자태를 경이로움을 가지고 고찰한 사람들은 인간이라는 낱말을 직립 자세의 동물로 이해한다. 그러나 다르게 고찰하는 데 익숙한 사람들은 인간에 대한 또 다른 공통의 상을—이를테면, 인간은 웃을 수 있는 동물, 날개 없는 두 발 동물 내지 이성적 동물이다—형성할 것이다(제2부 정리40 주석1).

이러한 전통적 정의들은 혼란스러우며, 그로 인해 불일치가 초래된다고 해도 하나도 이상할 것이 없다. 이를테면, '자연 사물을 단순한 사물의 상으로 설명하고자 했던 철학자들 사이에 그렇게도 많은 논란이 일어난 것은 놀랄 일이 아니다'(제2부 정리40 주석1).

연구를 위한 물음들

1. 왜 '공통관념'은 **상상지**(감각 지각)를 괴롭히는 혼란을 겪지 않는 가?

2. 모든 사람이 자연의 기본적인 법칙에 대해 적합한 인식을 가지고 있 다고 생각하는 것은 제정신이 아니라고 사람들은 답할 것이다. 스피 노자(17세기의 과학자로서)는 어떻게 답할까?

3. 만일 어떤 사람이 오늘날 모든 사람은 신의 본질에 대해 적합한 관 념을 갖고 있다고 말한다면, 매우 이상하게 들릴 것이다. 스피노자 의 견해와 관련하여, 이러한 주장을 그렇게 이상하게 보이지 않게 하는 것은 무엇인가?

4. 공통관념(그것에 대해 우리는 필연적으로 적합한 인식을 갖는다)은 신뢰하기 힘든 보편자(혼란스럽고 오해의 여지가 있다)와는 어떻게 다른가?

b. 세 가지 종류의 인식

제2부 정리40 두 번째 주석에서 스피노자는 지금까지 고찰한 두 가 지 유형의 인식을 간략히 요약하고 세 번째 유형의 인식에 대해 아주 짧게 언급한다. 그가 여기서 제시하는 세 부분으로 분류하는 체계는, 약간의 차이가 없는 것은 아니지만, 그의 다른 저서(『단논문』(*Short Treatise*)과 『지성개선론』(*TdIE*))에서 제시된 것과 매우 유사하다. 우 리가 집중적으로 다루고 있는 『에티카』에서, 가장 낮은 인식의 등급은 '첫 번째 종류의 인식, 의견 혹은 **상상지**'라고 일컬어진다. 그것은 위에 서 논의했듯이, 감각-지각뿐만 아니라 언어와 기호로부터 획득된 인식 을 포함한다. 이러한 종류의 상상지는 …훼손되고 혼란스럽고 지성에 게는 무질서하게 보이며 매우 신뢰하기 힘들다(그 이유에 대해서는 위

에서 길게 열거했다).

두 번째 종류의 인식(이성지)은, 바로 앞 절에서 설명했듯이, 공통관념과 '사물들의 성질들에 대한 적합한 관념'에 기초를 두고 있다(제2부 정리40 주석2). 스피노자는 그가 정확히 어떤 성질들을 마음에 두고 있는지 자세히 말하지 않지만, 아마도 (우리가 그러한 성질들에 대해 적합한 관념들을 가질 수 있기 때문에) 수학적으로 그리고 기하학적으로 기술되고 이해될 수 있는 성질들일 것이다(제1부 부록에서 논의된, 지각되는 대상보다는 지각자의 본성에서 더 많이 유래하는 성질들이 아니다).

이러한 두 종류의 인식에 더하여 '직관지'(intuitive knowledge)라 불리는 또 다른 세 번째 종류의 인식이 있다. 이것에 대한 기술은 화가 날 정도로 난해하고 추상적이다. 이를테면 '…이러한 종류의 인식은 신의 어떤 속성들의 형상적 본질에 대한 적합한 관념으로부터 사물의 본질에 대한 적합한 인식으로 나아간다.'

스피노자는 모두 세 종류의 인식을 단 하나의 예로―세 개의 수가 주어질 때 네 번째 비례수를 구하는 것―제시하고 설명하고자 한다. 예를 들어, 16과 어떤 수의 관계가 4와 3의 관계와 같은가? 분수 기호로는, 이를테면 $4/3 = 16/?$ 어떤 상인은 16에 3을 곱하고 그 결과(48)를 4로 나누어 12를 얻음으로써 이것을 어렵지 않게 계산해낼 것이다. 그 상인은 비례관계에 대해 그 어떤 실질적 이해가 없음에도 이렇게 할 수 있다. 왜냐하면 그는 어린 시절에 그 규칙에 대해 들었고 지금 그것을 적용해야 한다는 것을 잊지 않고 있기 때문이다. 이것은 첫 번째 종류의 인식이다. 그렇지 않다면 사람들이 비례에 관한 기본적인 수학의 원리들(유클리드의 근본 원리들로부터 도출된)을 이해하고 있을 수도 있다. 이것은 보편적인 수학적 원리에 대한 완벽한 이해에 기초를 둔 연역적 추론의 예일 것이다 — 이성지 혹은 두 번째 종류의 인식에 해당된다. 혹은 마지막으로 주어진 수가 매우 간단한 경우, 사람들은 두 수(말하자면 1과 2) 사이의 비례관계를 직접 직관적으로 파악한다. 이렇게 파악하고서 숫자 3을 마주한다면, 사람들은 6이, 3과 쌍을 이룰 경우, 1과 2 사이의 관계와 동일한 비례관계에 있는 수라는 것을 곧바로 알 수 있다. 이것이 직관지 혹은 세 번째 종류의 인식의 예로 제시되고 있다.

비례수의 예는 수학 문제의 답을 구하는 상이한 방식들을 설명하는 데 도움이 된다. 그러나 그것은 — 특히 세 번째 종류의 인식에 관한 한 — 독자들이 원하는 일반적인 설명과는 거리가 멀다. 스피노자는 여기서 세 번째 종류의 인식에 관해 더 이상의 말을 하지 않는다. 그러나 그것은 『에티카』 끝부분에서 중요한 역할을 한다. 우리는 제5부 끝부분에서 중요한 역할을 하는 이러한 종류의 인식을 다시금 마주하게 될 때 그것을 매우 특별하게 만드는 것이 정확히 무엇인가 하는 물음으로 되돌아올 기회를 갖게 될 것이다.

여기서 세 번째 종류의 인식과 관련하여 가장 중요한 것은 두 번째 종류의 인식과 공유하는 특성이다. 우리가 어느 것이든 이것들 중 하나에 의해 — 이성이든 직관이든 — 인식하는 것은 참이며 우리는 그것을 참답게 인식한다. 둘 중 어느 한 가지 방식으로 어떤 것을 인식하는 것은 신/자연이 활동하는 가장 근본적인 방식으로부터 따라 나오는 대로 그것을 인식하는 것이다. 그것은 어떤 것을 신의 활동적 역량의 표현으로서(**생산하는 자연**(*natura naturans*)) 그리고 자연 질서의 일부로서(**생산된 자연**(*natura naturata*)) 인식하는 것이다. 어떤 것을 이런 식으로 — 인과적 연쇄 속에 있는 그대로 자리 잡고 있는 — 인식하는 것은 그것을 신 안에 있는 그대로 인식하는 것이다. 그리고 어떤 것을 이런 식으로 인식하는 것은 그것을 신이 인식하는 대로 인식하는 것이다. 왜냐하면 나의 정신 안에 있는 관념이 적합하다고 말하는 것은 바로 관념이 신이 나의 정신을 구성하는 한에 있어서 신 안에 있다고 말하는 것에 다름 아니기 때문이다(제2부 정리11 보충). 이러한 종류의 인식은 참된 인식이란 무엇인가를 우리에게 보여주며, 그러한 인식의 적합성은 인식으로 간주되는 것의 기준이 된다(제2부 정리42). 제2부 정리43 주석, 유명한 구절에서 스피노자는 다음과 같이 말하고 있다. '빛이 빛 자신과 어둠 모두를 분명하게 하듯이, 진리는 진리 자체와 허위 모두의 기준이다.'

　여기서 주목할만한 가치가 있는 것은 스피노자는 『성찰』(Meditations) 앞부분에서 지속적으로 데카르트를 괴롭히고 있는 의심과 회의론(방법론적이든 아니든 간에)으로 인해 전혀 마음이 흔들리지 않았던 것처럼 보인다는 것이다. 스피노자는 대부분의 데카르트의 난점을 그가 본질적으로 가장 알기 쉬운 것 — 이를테면, 신 — 에서 시작하기보다는 자기 자신과 자기 정신의 내용에서 시작한다는 사실 탓으로 돌리곤 했다. 앞서 살펴보았듯이 스피노자는 우리의 신체, 정신 및 외부 사물에 대한 우리의 최초의 관념이 애석하게도 혼란스럽고 부적합하다고 생각한다. 자신의 정신의 내용에서 출발한 데카르트가 인식론적 문제를 해결하는 데 어려움을 겪었으며 아마도 잘못된 데카르트의 순환논증에 갇히게 된 것은 당연한 것이다. 데카르트처럼 누군가가 매우 간단한 수학적 진리를 불확실하다고 주장하는 것은 빛을 어둠으로부터 구분할 수 없다고 주장하는 것이며 처음부터 자신의 계획을 망치는 것이라고 스피노자는 말하곤 했다.

　두 번째 종류의 인식(이성지)은 사물들을 참으로 있는 그대로 인식한다. 스피노자는 참으로 있는 그대로의 사물들의 몇 가지 특성을 상기

시킴으로써 이러한 인식 방식에 대한 논의를 마무리한다. 우리는 제1
부에서 모든 것은 신의 역량으로부터 절대적 필연성을 가지고 따라 나
온다고 배웠다. 그러므로 이성지는 사물들을 우연적인 것이 아니라 필
연적인 것으로 고찰할 것이다(제2부 정리44). 이러한 맥락에서 스피노
자는 사물을 우연적인 것으로 고찰하는 우리의 성향은 **상상**의 변화와
동요에 기인한다고 설명한다(제2부 정리44 보충1과 제2부 정리44 보
충1 주석).

끝으로 제2부 정리44 보충2에서 이야기되고 있는 것은 '사물을 어
떤 영원의 상 아래에서 지각하는 것은 이성지의 본성에 속한다'는 것
이다. 이 구절은—어떤 영원의 상 아래에서(*sub quadam specie aeter-
nitatis*)—아마도 스피노자 철학 전체에서 가장 잘 알려진 구절일 것이
다. 스피노자에 대해 거의 알지 못하는 사람도 그가 우리로 하여금 사
물을 **영원의 상 아래**(때때로 '영원의 관점 아래에서' 혹은 '영원의 형
상 아래에서'로 번역되는)에서 보게 했다는 이야기를 들었을 것이다.
제2부 정리44 보충2 증명에서 영원한 상은 필연성으로부터 도출된다.
이를테면, '… 이러한 필연성은 신의 영원한 본성의 바로 그 필연성이
다.' 모든 것은 영원한 신의 본성으로부터 논리학과 수학의 특성인 무
시간적 필연성을 가지고 따라 나오는 것으로서 이해될 수 있다. 따라서
사물을 신 안에 있는 그대로 인식하는 한, 우리는 시간과는 무관한 방
식으로 사물을 인식한다. 이성지는 사물이 영원의 빛 속에서 나타날 수
있는 무–시간적 관점을 제공한다.

이성지가 사물을 신 안에 있는 그대로 드러낼 수 있는 것은 오직 신
이 무시간적으로 그리고 모든 곳에서 활동하는 방식을 반영하는 공통
관념에 근거를 두고 있기 때문이다. 위에서 살펴보았듯이, 공통관념은
연장 속성의 관념을 포함하며 실제로, 무엇이든 어떤 것의 관념은 필연

적으로 그 양태의 속성의 관념을 포함한다. 다음으로 속성은 지성이 신의 본질을 구성하는 것으로 지각하는 것이다. 따라서 우리 인간이 두 번째 종류의 인식 혹은 이성지를 가질 수 있다는 사실은 인간 정신이 신의 영원하고 무한한 본질을 인식한다는 것을 증명한다(제2부 정리 45-47). 우리는 위에서 이러한 주목할만한 주장을 논의했지만(p. 133), 스피노자는 그것을 여기서는 이성과 사물을 신 안에 있는 그대로 참답게 인식하는 이성의 역량에 대한 논의의 정점에 놓고 있다.

연구를 위한 물음들

1. 스피노자에 따르면, 사물을 이성(그리고 또한 직관)에 의해 인식하는 것은 사물을 필연적인 것으로서 인식하는 것이고 영원의 형상 아래에서 인식하는 것이다. 필연과 영원 사이의 관계는 무엇인가?

자유의지의 거부(제2부 정리48 및 제2부 정리49)

제2부 인간 정신에 대한 긴 논의에서는 정신의 인식 능력이 폭넓게 설명되었다. 논의 말미에서, 즉 긴 주석이 달린 두 개의 정리에서 스피노자는 정신의 의지력 — 즉, 일반적으로 의지라고 일컬어지는 것 — 에 관한 물음을 다룬다. 그는 두 단계를 거친다. 먼저, 제2부 정리48에서, 우리가 정신의 의지 활동이라고 부르는 것은 사유 양태들로 구성되며, 양태인 한 그것들은 물론 (수평적이고 수직적인) 인과 질서 속에서 다른 양태들에 의해 결정된다고 그는 주장한다. 다음으로, 제2부 정리49와 그 주석에서 그가 겨냥하고 있는 것은 어떤 관념의 진리를 긍정하거나 부정하는 것 — 이를테면, 어떤 것을 참으로 받아들이거나 그것을 거짓으로 거부하는 것 — 과 관련된 것에 대한 데카르트의 설명이다. 이러한 물음에 대한 스피노자의 견해는 그의 철학에서 가장 논란의 여지

가 있는 측면들 중의 하나이며(그리고 하나였으며), 그는 그의 견해에 반하여 제기될 수 있는 가능한 수많은 반론에 대해 논의할 시간을 갖는다.

제2부 정리48은 다음과 같이 시작한다. 즉, '정신 안에 절대적 내지 자유로운 의지란 없다…'. 그 존재를 스피노자가 부정하고 있는 이 '절대적 내지 자유로운 의지'란 정확히 무엇인가? 그것은 매우 친숙한 관념이지만, 한 문장으로 요약하기 쉽지 않다. 아마도 그것은 예를 통해 가장 잘 설명될 수 있을 것이다. 사무실에서 집까지 가는 자전거 길에 내가 좌회전이든 직진이든 해야 하는 교차로가 있다. 비록 한쪽은 약간 더 그늘이 많고 다른 한쪽은 교통량이 적어서 약간 더 안전하지만, 어느 길이든 집에 가는 데 걸리는 시간은 거의 같다. 매일 나는 어느 한쪽 길을 선택해야 하지만, 항상 같은 길을 선택하지는 않는다. 직진을 선택할 때면 언제나, 나는 좌회전할 수도 있다는 믿음을 가지고 그렇게 한다. 나에게는, 내가 직진을 선택하는 순간에, 내가 좌회전을 선택하는 것이 전적으로 가능했던 것처럼 생각된다. 나는 단순한 의지 활동에 의해 내가 두 길 중 어느 쪽으로 갈지 결정할 수 있다고 생각한다—특정한 어느 날, 고려해야 할 어떤 상황이나 영향 때문에 내가 직진했다는 것을 내가 안다고 할지라도, 심지어 그런 날들조차도, 나의 의지 활동에 의해, 나는 다른 길로 가기로 결정할 수 있었다고 생각한다. 내가 둘 중 어느 방향으로 갈지를 선택할 수 있다는 나의 믿음 속에 내포되어 있는 것은 선택의 순간, 필연적으로 직진할 수밖에 없게 하는 원인이 나나 주변 환경 속에 존재하지 않는다는 믿음이다. 나의 의지—나의 선택력—는 여러 요인들에 의해 영향을 받겠지만, 궁극적으로 선행하는 원인에 의해 결정되지 않는다고 나는 생각한다. 이런 의미에서 내가 자유의지를 갖고 있다고 생각한다.

스피노자는 많은 사람들이 이런 종류의 의지의 자유의 소유를 믿고 있다는 것을 알고 있었지만, 그러한 믿음에 잘못이 있다고 생각했다. 사실상, 위에서 살펴보았듯이(p. 75), 이것은 사물의 원인에 대한 충분한 인식을 갖지 못하기 때문에 어떻게 우리가 잘못을 저지르는지를 보여주는, 그가 즐겨 사용하는 예들 중의 하나이다(제2부 정리35 주석). 우리의 행동을 의식하면서도 행동을 하도록 결정하는 원인에 대해 모르기 때문에 우리는 자유의지를 가지고 있다고 생각한다. 스피노자에게 있어서, 결정이나 긍정과 같은, 모든 정신적 활동은 사유의 양태—이를테면, 사유 속성 아래에 있는 실체의 양태—다. 그리고 제1부에서 배웠듯이(제1부 정리28과 제1부 정리29), 모든 유한 양태는 다른 양태에 의해 지금의 상태로 존재하도록 결정되며 그것은 또 다른 양태에 의해 결정되어, **무한히**(*ad infinitum*) 계속된다. 어떠한 양태도 결정되지 않은 상태로 존재할 수 없다(제1부 정리27).

정신과 신체의 관계에 대한 스피노자의 설명에 관해 더 많이 배웠기 때문에, 우리는 훨씬 더 명확하게 핵심을 파악할 수 있다. 우리는 오늘날 신체 구조에 대해 그리고 운동 법칙에 따르는 신체와 다른 사물들의 상호작용에 대해 어느 정도 상세하게 알고 있다. 그러한 것이 완전히 결정론적 과정이라는 것을 우리는 의심할 이유가 없다. 그러나 정신은 신체의 관념(제2부 정리13 주석)이고 관념의 질서 및 연결은 사물의 질서 및 연결과 동일하기(제2부 정리7) 때문에, 다른 사물과 상호작용하는 신체의 인과적으로 결정된 특성은 정신 안에도 반영되어 있다는 것을 알 수 있다.

잘 알려진 서신(슐러(Schuller)에게 보낸 서신 58)에서 스피노자는 자유에 관한 우리의 믿음에 대한 자신의 생각을 설명하기 위해 공중으로 던져진 돌을 예로 들고 있다. 돌은 어떤 원인(말하자면, 돌을 던지는 사람)으로부터 운동을 하게 하는 충격을 받았다. 돌은 관성적 성향 (스피노자는 운동을 계속하려는 그것의 노력이라고 부른다)의 결과로 서 계속해서 공중을 가로 질러 운동할 것이다. 이 모든 것은 물론 자연 의 법칙과 전적으로 일치한다. 이제 돌이 생각할 수 있다고, 그리고 운 동을 계속하려는 자신의 노력(관성적 성향)을 의식한다고 상상해보자. 돌은 자신이 완전히 자유롭다고 '… 그리고 자신이 바라는 것 외에는 그 어떤 다른 이유도 없이 운동을 계속한다'고 생각할 것이다. '이것이 바로 모든 인간이 소유하고 있다고 자랑스러워하는 인간의 자유'라고 스피노자는 결론 내린다.

제2부 정리48 주석에서 스피노자는 어쨌든 그 어떤 의지 능력이 있 다는 것을 명시적으로 부정한다. 물론 개개의 의지 작용은 있지만, 그 것으로 인해 우리가 의지 능력이 있다고 생각해서는 안 된다. 마찬가지 로 그는 관념은 있지만, 관념을 산출하는 지성 능력은 없다는 데 주목 한다. 정신 안에 능력들이 있다는 믿음은 추상적 보편 개념을 형성하려 는 우리의 그릇된 성향의 결과라고 스피노자는 주장한다. 따라서 '… 지성과 의지가 이러저러한 관념 내지 이러저러한 의지작용에 대해 갖 는 관계는 '돌'이 이러저러한 돌에 대해 혹은 '인간'이 베드로나 바울 에 대해 갖는 관계와 같다'고 스피노자는 말한다.

지금까지 스피노자는 어떠한 자유의지도, 어떠한 의지 능력도 존재 하지 않는다고 주장했다. 그것으로 문제는 충분히 해결될 수 있을 것이 다. 그러나 제2부 마지막 정리에서 그에게 영향을 준 철학자, 데카르트 에 의해 제시된 특정한 견해를 집중적으로 길게 비판하고 있다. 데카르 트는 우리가 어떻게 행동하고 무엇을 할 것인가를 결정하는 절대적으 로 자유로운 의지 능력을 가지고 있다고 믿었다. 그러나 그는 또한 잘 알고 있듯이 이러한 자유의지는 우리가 믿는 것과의 관계 속에서 핵심적 역할을 한다고 주장하기도 했다.[8] 이러한 견해에 따르면, 우리는 우리의 지성으로 관념을 받아들인다. 그러나 우리가 관념을 긍정하거나 부정하기로 결단을 내리기(의지 행위에 의해)까지 관념의 진리에 대한 긍정이나 거짓인 관념에 대한 거부는 없다. 따라서 예를 들어, 나의 감각은 200피트 거리에 있는 불타는 공이라는 태양에 대한 시각적 인상을 나에게 전달할 수 있다. 나는 200피트 거리에 있는 불타는 공이라는 관념을 받아들이고 있지만, 내가 이 관념을 참된 것으로 긍정하는 결단을 내리지 않는다면 그리고 결단을 내릴(자유의지 행위에 의해) 때까지, 200피트 거리에 있는 불타는 공이 있다는 어떠한 믿음이나 긍정도 없다.

　　제2부 정리49에서 스피노자는 데카르트의 견해를 두 가지 이유로 명확하게 거부한다. 첫 번째로, 그는 이러한 데카르트의 이야기가 필요로 하는 종류의 그 어떤 자유의지 능력이 존재한다는 것을 부정한다. 두 번째로, 그는 모든 관념이 자신의 긍정을 포함하며, 따라서 긍정하는 독립된 의지 행위가 관념을 참된 것으로 긍정할 필요가 없다고 주장한다. 태양에 대한 나의 시각적 관념을 예로 들면서, 스피노자는 이 관념이 본질적으로 긍정적이며, 어떤 다른 관념들이 없을 때 나는 실제로 200피트 거리에 있는 불타는 공이 있다고 믿을 것이라고 주장한다. 물론 내가 200피트 거리에 있는 불타는 공이 있다는 것을 믿지 못하는 것도 가능하지만, 자유의지를 통한 나의 선택의 결과로서 그런 것이 아니라, 시각적 관념을 참된 것으로 긍정하지 않아서 그런 것이다. 반대로, 만약 내가 그것이 참이라는 것을 믿지 못한다면, 그것은 내가 이것들 덕분에 내가 시각적 환영에 의해 속임을 당하지 않게 되는 다른 관념들

8　우리는 앞에서, 우리가 어떻게 오류를 범하는가를 설명하려는 데카르트의 노력과 관련하여, 이러한 견해에 대해 언급한 적이 있다(p. 68).

(광학, 천문학, 심리학 및 지각 생리학에 대한)을 가지고 있기 때문일 것이다. 사실상, 이러한 부가적 관념을 참고로 나는 시각적 관념의 진리를 나의 신체가 9,300만 킬로미터 거리에 있는 중간 크기의 항성에 의해 변용되는 방식에 대한 관념으로서 긍정할 수 있다.

제2부 정리49 긴 주석에서 스피노자는 자신의 입장에 대한 있을 수 있는 많은 반론들을 고찰하고 그가 제2부에서 상세하게 다루어온 관점에서 반론들에 답한다. 그는 자신의 입장이 복잡하고 난해하다는 것, 그리고 그 함의가 처음 접하는 독자에게 곧바로 분명하게 파악될 수 없다는 것을 알고 있다. 그러나 그는 자신의 견해가 옳다고 확신했다. 왜냐하면 그것은 더 큰 자연적 질서의 맥락에서— '왕국 속의 왕국'의 지위를 사칭하는 자로서가 아니라 자연의 일부로서— 인간 존재를 파악하기 때문이다. 인간 정신과 그것의 인식력을 이렇게 상세하게 검토한 후, 스피노자는 우리의 감정적 삶—『에티카』제3부의 주제—으로 주의를 돌리기로 한다.

연구를 위한 물음들

1. 우리의 의지작용은 자연 속의 모든 다른 사물들과 사건들처럼 선행하는 원인들에 의해 결정된다고 스피노자는 주장한다. 그리고 그는 우리의 의지작용이 이런 식으로 결정되기 때문에 자유의지와 같은 그러한 것은 없다고 주장한다. 이런 그의 주장은 옳은가?

2. 데카르트는 우리가 어떤 것이 참이라고 믿기 위해서(예를 들어, 내 앞에 책상이 있다), 우리는 그것을 참된 것으로 긍정하는 결단을 (의지 행위에 의해) 내리지 않으면 안 된다고 주장했다. 스피노자는 우리가 그런 일을 한다는 것을 부정한다. 누가 옳은가?

제3부 – 정서의 기원과 본성에 대하여

제2부 끝부분에서는 스피노자 체계의 기본적인 형이상학적 개념들과 범주들이 나름의 역할을 하고 있다. 독자는 어떻게 모든 것이 무한하고 영원한 실체로부터 필연적으로 따라 나오는지 배웠다. 자연학의 제1원리들은 확증되었고, 인간 정신의 기원은 설명되었으며 우리는 어떻게 인간이 인식을 획득할 수 있는지 뿐만 아니라 왜 우리가 그렇게 자주 무지와 오류에 빠지는지 알게 되었다. 자유의지는 환상(이해 부족의 결과로서 우리가 만들어낸 그릇된 통념)에 지나지 않는다는 것이 밝혀졌다.

제3부에서 스피노자는 자신의 저서 제목에 부응하기 시작한다. 왜냐하면 그는 윤리학의 근본적인 문제들을 다루기 시작하기 때문이다. 스피노자가 윤리학에 접근하는 방식은 오늘날 많은 이론가들의 방식과 사뭇 다른데, 그것은 어떤 행동이 옳은 것인지 그릇된 것인지, 정당한 것인지 부당한 것인지를 확정짓는 것이 그의 주된 관심사가 아니었기 때문이다. 물론 그가 이러한 물음들에 대해 무관심했던 것은 아니다. 그에게 그것들은 부차적인 관심의 대상이었을 뿐이다 ― 그것들은 일단 우리가 더 근본적인 윤리적 주제를 다루면 그 답이 분명해지는 질문들이다.

스피노자의 윤리 개념은 고대인들의 그것에 더 가깝다. 그가 자신의 윤리적 탐구를 통해서 규명하기 원한 것은 인간에게 있어서 최상의 삶은 무엇인가, 그리고 그러한 삶을 사는 데 장애가 되는 요소들을 우리가 어떻게 극복할 수 있는가라는 물음이었다. 이러한 물음에 답하는 과정에서 그는 또한 오늘날 윤리학자들이 관심을 갖는 다른 주제들에 관해 말할 기회를 가지게 될 것이다. 예를 들면, 그는 우리가 어떤 것에 대해 그것이 '좋다' 거나 '나쁘다' 라고 말할 때 우리의 의도는 무엇인지에 관한 '메타-윤리적' 물음 ─ 윤리적 담론의 의미에 관한 물음 ─ 이라 불리는 것에 대해 입장을 표명할 것이다. 그는 규범적 사고방식과 신념을 형성하고 유지하는 데 있어서 국가와 종교의 역할을 간략하게 논의할 것이다. 그는 일상인의 동기와 실천을 관찰하고 기술할 것이다. 그러나 스피노자에게 있어서 이 모든 것은 이제 다루게 될 핵심 과업 ─ 인간에게는 어떤 종류의 삶이 최선의 삶이며 어떻게 우리는 그러한 삶에 다다를 수 있는가를 밝히는 것 (그리고 논증하는 것) ─ 에 비하면 부차적이다.

앞으로 나아갈수록 윤리학적 문제에 주목한다고 해서 스피노자가 제1부와 제2부에서 상당히 길게 논의되었던 형이상학적이고 인식론적인 문제로부터 등을 돌리고 있다고 생각해서는 안 된다. 그와 반대로, 신에 대한 그리고 신과 자연 속 개체들 사이의 관계에 대한 추상적인 형이상학적 설명은 윤리적 기획과 직접적으로 관련되어 있다. 사실상 신 (그리고 신의 일부로서의 우리 자신)을 올바르게 이해하는 것이 좋은 삶의 달성을 위한 필수 요건이라는 것이 밝혀질 것이다. 그리고 앞으로 알게 되겠지만, 스피노자는 인간 본성론 ─ 그 기초가 제2부의 정교한 논의에 뿌리를 두고 있는 이론 ─ 으로부터 직접적으로 자신의 윤리학을 도출한다.

윤리적 문제를 다루기 위해 스피노자는 정서 ─ 혹은 요즘 사용하는 용어로는 감정 ─ 로 주의를 돌린다. 그가 그렇게 하는 이유는 간단하다. 그는 어떤 종류의 삶이 인간에게 가장 좋은지 알고자 한다. 그는 기쁜 삶이 슬픈 삶보다 더 낫다고 주장한다. 그러나 기쁨과 슬픔은 감정적 상태이며, 따라서 윤리학적 탐구는 우리의 정서적 삶을 고려하지 않으면 안 될 것이다. 좋은 삶은 긍정적 감정에 의해 부분적으로 정의된

다는 것이 밝혀질 것이다. 게다가 어떤 다른 오도되고 과도한 감정들
—비합리적 정념들— 은 우리가 좋은 삶에 도달하고 즐기는 데 심각한
장애가 될 수 있다. 만약 우리가 우리 자신을 파괴적이고 부정적인 정
념들로부터 해방시키고 긍정적인 기쁨의 정서로 우리 자신을 자유롭게
하려는 전략을 수립하려 한다면, 우리는 정서란 무엇이고 어떻게 발생
하며 작동하는지를 이해할 필요가 있다. 『에티카』 제3부 — '정서의 기
원과 본성에 대하여' —는 오로지 이러한 작업을 위해서만 쓰였다.

　앞서 다수의 사상가들도 정서에 대해 그리고 좋은 삶에 있어서 어떤
감정들의 적절한 지위에 대해 논의했다. 플라톤, 아리스토텔레스와 스
토아 철학자들은 (예를 들면) 모두가 이러한 주제에 대해 중요한 것을
언급했다. 그러나 스피노자가 감정을 다루는 방식은 다르며, 그는 제3
부를 자신의 접근법을 독특하게 만드는 것에 대한 논의에서 시작한다.
우리의 감정이 종종 비합리적인 것처럼 보이기 때문에 몇몇 저술가들
이 감정을 전혀 이해할 수 없는 것으로 생각했던 것처럼 보인다는 데
그는 주목했다. 이 저술가들은 종종 인간의 정서적 어리석음을 비웃거
나 사람들의 정념이 초래하는 과도함을 한탄했다. 그들은 '… 웅변적
으로 그리고 교활하게 우리가 쉽게 빠져드는 약점들을 비난했다'. 그
러나 스피노자는 이런 식으로 경멸적으로 비난하는 일에 관심을 갖지
않았다. 반대로 그는 이러한 문제에 대한 자신의 견해를 『정치론』의 잘
알려진 구절에서 다음과 같이 요약하고 있다.

　나는 인간 행동을 조롱하거나 한탄하거나 증오하는 것이 아니라 이해하려
고 조심스럽게 노력해왔다. 그리고 이러한 목적을 위해서 나는 사랑, 증
오, 분노, 시기, 야망, 동정 및 정신의 다른 동요들과 같은 정념을 인간의
악한 본성이 아니라 인간 본성 자체에 속하는 것으로 간주했다. 이것은 마

치 열, 냉, 폭풍, 천둥 등등이 대기의 본성에 속하는 것과 같다. 이러한 현상들은 불편하기는 하지만 필연적인 것들이며, 고정된 원인들을 가지고 있다. 그리고 이 원인들에 의해 우리는 그것들의 본성을 이해하려고 노력한다.

인간 존재는 자연의 일부이며, 인간 정서는 자연적 사건들이다. 모든 자연적 사건들과 마찬가지로, 그것들은 자연법칙에 따라 일어나며, 그 법칙에 의해 이해될 수 있다. 따라서 스피노자는 앞서 그가 선택했던 설명과 논증방식에서 벗어나지 않는다. 그는 제1부와 제2부에서 사용했던 것과 동일한 기하학적 방법을 사용한다. '… 나는 인간의 행동과 욕구를 마치 그것이 점, 선 및 물체의 문제인 것처럼 고찰할 것이다.'

적합한 그리고 부적합한 원인들과 관념들: 능동과 수동(제3부 정의1 과 2; 제3부 정리1과 3)

감정에 대한 설명을 시작하면서, 스피노자는 이후의 이론 전개에서 유용하게 사용될 몇 가지 기본적인 구분을 할 필요가 있었다. 제3부 첫 번째 정의에서(제3부 정의1) 그는 '적합한 원인'이라는 관념을 제시하고 그것을 '부분적인 혹은 부적합한 원인'과 구별한다. 적합한 원인은 '그것의 결과가 그것을 통해서 명석판명하게 지각될 수 있는 것'이다. 스피노자가 주장하는 바는, 그가 인과관계와 논리적 함축이 밀접하게 연관되어 있다고 생각하는 경향이 있다는 것을 우리가 기억한다면, 더 쉽게 이해될 수 있다. 타당한 연역적 추론에서, 전제는 결론의 진리를 보증하기에 충분하다. 전제는 (말하자면) 결론을 참이게 하기에 충분하다. 전제를 숙고할 경우, 우리는 결론이 전제로부터 따라 나올 수밖에 없다는 것을 알 수 있다. 그것은 또한 인과관계의 경우에도 그렇다.

만약 원인이 그 자체로 결과가 따라 나오는 것을 보증하기에 충분하다면, 그 원인은 결과의 적합한 원인이라고 스피노자는 말하고 있다.

이러한 적합한 인과 관념은 능동과 수동에 대한 스피노자의 이해를 정초하는 데 도움이 된다. 왜냐하면 제3부 두 번째 정의에서 알 수 있듯이, 우리는 우리 본성으로부터 따라 나오는 어떤 것 — 이를테면, 우리가 그것의 적합한 원인인 어떤 것 — 이 (우리 내부에서 혹은 우리 외부에서) 생길 때 우리가 능동적으로 행동한다고 이야기할 수 있기 때문이다. 이 학설은 이 시점에서 매우 추상적이지만, 제2부에서의 **상상지**에 대한 설명을 기억하는 것이 도움이 될 것이다. **상상지**의 관념은 어떤 사람의 신체가 주위에 있는 다른 사물에 의해 자극받는 방식에 대한 관념이다. 논의의 대상이 되고 있는 개인은 분명 이러한 변용의 적합한 원인이 아니다. 왜냐하면 이 변용은 부분적으로 개인 외부에 있는 사물들에 의해 야기되고 있기 때문이다. 따라서 제3부 정의2에 따라, 개체는 이러한 상황에서 대체로 (능동적이라기보다는) 수동적이라고 이야기할 수 있다. 이러한 상상의 관념과 대조를 이루는 것은 공통관념 — 모든 것에 현존하는 것들과 전체 속에도 사물들의 부분 속에도 똑같이 있는 것들에 대한 적합한 관념 — 이다. 이 관념들은 나의 내부에 온전히 존재하는 것들에 대한 관념이며, 따라서 나는 이러한 관념들로부터 따라 나오는 모든 것의 적합한 원인이라고 이야기할 수 있다. 어떤 것이 나의 정신 안에 있는 적합한 관념들로부터 따라 나올 때는 언제나 나는 능동적(수동적이 아니라)이다 — 나는 능동적으로(수동적으로가 아니라) 행동한다. 이것이 스피노자가 제3부 첫 번째 정리(제3부 정리 1)에서 지적하고 있으며 두 개의 정리 후에 (제3부 정리3) 반복해서 말하고 있는 요지이다. 인간 정신이 더 능동적이면 능동적일수록 인간 정신은 적합한 관념들을 더 많이 가지며, 덜 능동적일수록 인간 정신의 관념은 외부 사물들의 관념에 더 많이 의존한다.

　우리의 정신은 우리의 적합한 관념의 결과로서 능동적이며 우리의 부적합한 관념에 의해 수동적이라는 것을 확립하고 나서, 스피노자는 잠시 이러한 기대되는 사유 노선을 벗어나 다른 방향으로 나아간다. 그는 나중에, 제4부 중간에서 이 실마리를 다시 잡을 것이며, 그곳에서는 그 실마리가 매우 중요해질 것이다.

연구를 위한 물음들

1. 능동적이라는 것과 수동적이라는 것은 적합한 인과관계와 부적합한 인과관계에 의해 정의된다 — 이 관계는 다음으로 결과가 원인을 통해 명석판명하게 지각될 수 있는가에 따라 결정된다. 스피노자는 왜 어떤 것이 능동적이라는 것과 그것의 결과가 그것을 통해 명석판명하게 지각될 수 있다는 것 사이에 연관이 있다고 생각하는가?
2. 왜 스피노자는 우리의 관념들의 적합성과 우리의 능동성의 정도 사이에 연관이 있다고 생각하는가?

상기해야 할 것 - 정신과 신체 사이에는 어떠한 인과적 상호작용도 없다(제3부 정리2 및 그 주석)

정신에 대해 그리고 정신이 어떻게 능동적일 수 있는가에 대해 생각할 때, 대부분의 사람들이 우리의 의사-결정에 대해 그리고 우리가 어떤 것을 하기로 하고 그것을 하는 방식에 대해 생각한다는 것을 스피노자는 알았다. 대부분의 사람들은 정신적 사건(말하자면, 전화를 걸려는 나의 의식적 결정)이 신체적인 사건들이 일어나게 (말하자면, 전화기를 집어 들고 전화번호를 누르는 나의 행동)하는 원인일 수 있다는 견해를 데카르트와 공유한다. 이것은 스피노자가 독자들에게 자신이 이러한 견해가 거짓이라는 것을 보여주었다는 것을 상기시키기 위해 자신의 설명을 중단했을 정도로 일반적으로 받아들여졌던 견해다. 그는 앞서 제2부에서, 연장 속성 아래에 있는 양태들은 다른 속성 (사유와 같은) 아래에 있는 양태들에 의해서가 아니라 연장의 다른 양태들에 의해 설명되고 이해되지 않으면 안 된다고 주장했다. 정신적인 사건들은 신체적인 사건들이 일어나게 하는 원인이 아니며, 신체적인 사건들은 정신적인 사건들이 일어나게 하는 원인이 아니다. 오히려 두 개의 원인과 결과의 계열이 서로 서로 정확히 평행하게 달려가고 있는 것으로 생각할 수 있다. 그러나 그러한 특징 서술 역시도 오해의 소지가 있다. 왜냐하면 사실상 사유 속성 아래에서 (관념들의 계열로서) 혹은 연장 속성 아래에서 (신체적인 것들과 사건들의 계열로서) 이해될 수 있는 오직 하나의 양태들의 계열만이 존재하기 때문이다. 따라서 전화를 걸려는 결정은 나의 신체 속에서 (아마도 뇌 속에서) 일어나고 있는 신체적 과정의 정신적 표현이며 그것은 내가 전화를 집어 들고 손가락으로 다이얼을 돌리는 행위로 이어질 것이다.

이 정리의 긴 주석에서, 스피노자는 그 당시만큼이나 오늘날에도 적절하고 시기적으로 알맞은 매우 중요한 지적을 하고 있다. 우리는 매우 복잡한 인간 활동(빌딩을 짓거나 교향곡을 작곡하는 것과 같은)은 아마도 정신적 결정, 욕망 내지 숙고에 대한 어떤 언급 없이, 오로지 신체적 원인과 과정만으로는 설명될 수 없을 것이라고 생각하는 경향이 있다. 그러나 스피노자는 우리에게 어느 누구도 아직은 신체가 무엇을 할 수 있고 무엇을 할 수 없는지를 알 정도로 충분히 신체의 구조, 기능 및 작동방식을 알지 못한다는 것을 상기시킨다. 그는 또한 고도의 인지 과정을 가지고 있지 않은 하등 동물들도 신체적 조정능력과 기량에 의해 놀라운 재주를 부릴 수 있다고 말한다. 그리고 정신이 거의 잠들어서 활동하지 않는 몽유병 환자들도 복잡한 일을 할 수 있다. 이 모든 예들은 신체가 그 자체로, '… 단지 자신의 본성의 법칙에 따라' 놀라운 일들을 할 수 있다는 것을 보여준다.

오늘날의 신경과학자들은 신경계가 어떻게 작동하는지 그리고 신체의 운동, 명확한 언어표현 및 문제-풀기와 같은 복잡한 활동이 어떻게 뇌 신경세포-활성화 패턴의 결과인지 아주 조금씩 알아가고 있다. 이 과학자들이 공유하고 있는 가정은 우리가 행하는 것을 이러한 신체적 원인들에 의해 이해하는 것이 가능하리라는 것이다. 스피노자는 과학혁명의 여명기에 저술활동을 했으며, 물론 신경, 신경전달물질 내지 뇌의 진화에 대해 아무것도 알지 못했다. 그럼에도 그는 우리의 신체적 운동과 심지어 우리의 가장 복잡한 행동들조차도 물리 법칙과 원인에 의해 이해하려고 시도할 것을 제안할 정도로 자연-과학적 이해의 궤도에 관해 강한 확신을 가지고 있었다.[9]

연구를 위한 물음들

1. 스피노자는 인간 존재의 신체의 모든 움직임(한 사람에 의해 수행되는 모든 의도적 행위를 포함해서)을 신체적 원인으로만 설명하는 것이 가능할 것이라고 생각한다. 여러분은 이것에 관하여 그가 옳다고 생각하는가?

---

9   유명한 현대 신경-과학자, 안토니오 다마시오는 최근 스피노자의 정서론에 관한 자신의 발견에 관해 글을 썼다. 다마시오는 많은 중요한 점에 있어서 스피노자가 정서와 우리의 인지적 내지 규범적 삶에서의 정서의 역할에 관해 올바르게 파악하고 있었다고 주장한다. Antonio Damasio의 *Looking for Spinoza* (Orlando: Harcourt, 2003) 참조.

코나투스(제3부 정리4 - 제3부 정리10)

어떤 의미에서는, 제3부 처음 세 개의 정리는 일종의 준비운동—나중에 그 가치가 드러나게 될 것들을 언급하고 구분하는 것—에 지나지 않는다. 제3부의 실질적 주장은 제3부 정리4에서부터 정리10에 이르는 일련의 정리들과 더불어 시작된다. 이 중에서도 중심이 되는 정리는 제3부 정리6으로, 거기서 스피노자는 **코나투스**(conatus)의 원리를 소개하고 그 원리가 모든 사물들의 보편적 특성이라고 주장한다. 코나투스의 원리는 『에티카』 나머지 부분—정서적 심리학, 윤리 이론 및 심지어 정치론에 대한 논의에 이르기까지—에서 절대적으로 중요한 역할을 한다. 중심축 역할을 하는 이 원리는 세심하게 살펴볼 가치가 있다.

제3부 정리6 - 코나투스가 말하는 것 그리고 그것이 의미하는 것

이 핵심 정리(제3부 정리6)는 다음과 같이 쓰여 있다—'각각의 것은, 힘이 닿는 한, 자신의 존재를 보존하기 위해 노력한다(conatur).' 어떤 면에서, 이것은 거의 모든 동물의 왕국에서 분명한 자기-보존 본능에 관한 단순한 주장처럼 들린다. 대부분의 동물들(인간을 포함해서)이 일반적으로 오래 살기 위해서 그리고 죽음과 파멸을 피하기 위해서 행동한다는 것을 이해하는 것은 어려운 일이 아니다. 많은 이전의 철학자들도 이러한 사실에 주목했고 몇몇은 (예를 들면, 스토아학파의 철학자들) 그것이 인간과 동물의 삶에 있어서 보편적인 특성이라고 주장하기도 했다.

물론 스피노자는 자신의 원리가 이러한 종류의 동물의 생존 본능을 포괄하기를 원했다. 그러나 제3부 정리6은 훨씬 더 보편적인 주장이다. 이 주장은 **각각의 것**(unaquaeque res)이 자신의 존재 보존을 위해 노력한다는 것이다. 그는 이 원리가 고양이와 사람들뿐만 아니라 바위와 구름에도 적용될 수 있다고 생각하는 것 같다. 스피노자가 여기서 의도하는 것을 이해하기 위해서, 우리는 낱말들을 주의 깊게 살펴보고 그가 어떻게 이러한 주장에 이르게 되었는가를 생각해 볼 필요가 있다.

여기서 '노력한다' 로 번역된 '코나투르(conatur)' 는 보통 어떤 사람이 어떤 것을 하려고 '시도한다' 거나 '노력한다' 는 함의를 가지고 있다. 다음으로, 이것은 그 혹은 그녀가 완성하려고 하는 것에 대한 개념을 개인이 가지고 있다는 것을 암시한다. 만약 제3부 정리6을 이런 식으로 해석한다면, 우리는 스피노자가 모든 것은 자기 존재 보존 개념을 가지고 있으며 자기 존재를 보존하려고 노력하고 있다는 견해를 가지고 있다고 해야 할 것이다. 제2부 정리13 주석을 논의할 때 주목했듯이, 스피노자는 '모든 것은 **영혼을 가지고 있다**(*animata*)' 고 주장한다. 그러나 그는 모든 것이 자신의 미래에 대한 개념을 가지고 자신의 존재 지속을 확실히 하는 데 필요한 이 같은 정교한 개념을 가질 수 있다고 생각하지 않는다.

다행히도 억지로 복잡한 사고를 바위에게 귀속시키지 않으면서도 스피노자에게 그의 이론이 필요로 하는 것의 대부분을 제공하는 '코나투르' 라는 낱말에 대한 또 다른 독해가 있다. 초기 저작에서 스피노자는 '코나투스' 내지 '코나투르' 라는 용어를 단지 일정한 방식으로 움직이려는 물체의 자연적 성향만을 지시하는 데 사용한다. 따라서 그는 예를 들면 '원 안에서 움직이는 모든 물체는 그것이 그리는 원의 중심으로부터 벗어나려고 노력한다' [10]고 말한다. 이러한 원심력의 원리는 아마

---

10   폴록과 로카 모두 스피노자에게 있어서 '코나투르' 의 의미를 논하면서 PPC에서 이 구절에 호소하고 있다. 다음을 참조할 것. Pollock, Frederick, *Spinoza: His Life and Philosophy*. London: Duck-worth, 1899, p.109 및 Michael Della Rocca, 'Spinoza's metaphysical psychology' in Don Garrett (ed.), *Cambridge Companion to Spinoza*. Cambridge: Cambridge University Press, 1996, p. 196.

도 물체가 가려고 노력하는 방향에 대한 개념을 가질 것을 요구하지도 그것이 어떤 종류의 '노력을 할 것'을 요구하지도 않을 것이다. 오히려 물체가 일정한 방향으로 움직이려고 노력한다고 말하는 것은 단지 물체는 자연스럽게 그렇게 하려는 성향을 가지고 있다는 것—즉, 물체는 어떤 식으로든 제약을 받지 않는다면 그렇게 하리라는 것—을 의미할 뿐이다.

17세기 운동학은 또 다른 도움이 되는 예를 제공한다. 갈릴레이와 데카르트 모두 관성의 원리—이 원리에 따르면 운동 중인 물체는 외부 충격이 없는 한 계속해서 운동할 것이다 (혹은 정지해 있는 물체는 외부 충격이 없는 한 계속해서 정지해 있으려고 한다)—를 정식화했다. 여기에도 비록 아마도 관련된 어떠한 의도나 의식적 노력이 없다고 할지라도, 운동하는 (혹은 정지해 있는) 동안 스스로를 변화시키지 않고 유지하려는 경향이 있다. 스피노자는 운동이 본성상 스스로를 유지하려는 경향이 있는 것처럼, 또한 우주에 존재하는 각각의 사물, 외부로부터 악영향을 받지 않는 한, 계속해서 존재하려는 경향이 있다고 주장한다. 우리 자신들과 같은 고도로 복잡하고 의식적으로 반성적인 존재들의 경우에, 존재를 보존하려는 이러한 경향성이 숙고, 의도적 계획 및 의식적 노력을 수반하는 것은 아주 자연스러운 것이다. 그러나 하등 동물들과 무생물의 경우에, 코나투스는 바로 어떤 다른 것에 의해 파괴되지 않는 한 계속해서 존재하려는 자연적 경향성이다.

제3부 정리6 – 왜 스피노자는 그것을 믿는가 그리고 어떻게 그는 그것을 증명하는가

스피노자는 선행하는 두 개의 정리들(제3부 정리4와 정리5)과 제1부로부터 가져온 매우 일반적인 추상적 원리들을 기초로 제3부 정리6을 증명한다. 이 증명이 얼마나 강한 논증인지에 대해 2차 문헌에서 폭넓은 논의가 있었다. 그러나 우리는 다소 다른 루트를 추적함으로써 무엇이 그로 하여금 이 중요한 원리에 이르게 했는가를 더 잘 이해할 수 있다. 우리는 위에서 언급된 관성의 원리와 코나투스 원리 사이의 평행관계를 추적함으로써 그의 입장을 더 명확하게 알 수 있다.[11]

제2부 정리13 뒤에 있는 물리학의 원리들에 대한 논의에서 (pp. 100-106) 주목했듯이, 스피노자는 먼저 운동중인 단순 물체에 관해 관성의 원리를 확립한다(보조정리3 보충). 그리고 나서 스피노자는 '복합 물체'를 그 부분들이 자기 자신들 사이에서 일정한 항상적 '운동과 정지의 비율'을 유지하는 것으로서 정의한다. 복합 물체는 여전히 동일한 복합 물체이면서도 — 부분들 사이의 운동과 정지의 비율이 동일한 한에 있어서 — 커지거나 작아질 수 있고, 한 장소에서 다른 장소로 이동할 수 있으며, 어떤 부분을 다른 부분으로 대체할 수 있다.

복합 물체는 그 부분들 사이에 운동과 정지 비율의 항상성을 유지하기 때문에 — 그리고 유지하는 한에서 — 존재한다는 것에 주목하라. 우리는 복합 물체는 자연스럽게 그 비율을 유지하려는 경향이 있다고 말할 수 있다. 왜냐하면 그 비율의 항상성이 복합 물체를 지금의 개체로서 규정하는 것이기 때문이다. 약간 다르게 표현하자면, 이 복합 물체가 비율을 유지하지 않는 것은 불가능하다. 왜냐하면 만약 이 비율을 유지하는 데 실패한다면, 그것은 이 복합 물체가 아닐 것이기 때문이다. 따라서 — 부분들이 자신들 사이에 운동과 정지의 비율을 유지하는

---

11   다음의 논의는 J. Thomas Cook의 'Der Conatus: Dreh- und Angelpunkt der Ethik' (in M. Hampe and R. Schnepf (eds.), *Baruch de Spinoza: Ethik* (Volume 31 in the Klassiker Auslegen series), Berlin: Akdemie Verlag, 2006, pp. 151-70)에서 발견되는 생각들을 요약한 것이다.

한, 복합 물체는 존재한다. 바로 그것의 실존은 비율의 유지에 있고, 따라서 우리는 그것이 자연적으로 그리고 필연적으로 비율을 유지하려는 경향이 있다고, 그러므로 그것은 자연적으로 그리고 필연적으로 존재를 보존하려는 경향이 있다고 자신 있게 말할 수 있다. 그리고 이것이 바로 제3부 정리6이 주장하고 있는 것이다.

그것에 관한 이런 식의 사고는 스피노자 코나투스 학설의 몇 가지 다른 부분들을 설명하는 데 도움을 준다. 예를 들면, 제3부 정리4는 어떤 것도 외부 원인에 의하지 않고는 파괴될 수 없다고 주장한다. 스피노자는 복합 물체 속에 있는 어떤 것도 그 자체로는 복합 물체를 파괴하지 못할 것이라고 확신한다. 왜냐하면 물체는 부분들 사이의 일정한 관계(위에서 언급된 '운동과 정지의 비율')의 유지에 의해 정의되기 때문이다. 규정 비율을 파괴하는 그 어떤 부분도, 그것이 겉으로는 내부적으로 중요해 보이는 부분이라 할지라도, 파괴적이라는 **그 사실에 의해** 다른 부분들과 필수적인 관계에 있지 않으며 따라서 그 물체의 일부가 아니다. 물체를 파괴할 수 있는 것은 그 물체의 일부가 아닌 어떤 것 — 이를테면, 그 물체의 외부에 있는 어떤 것 — 이어야 할 것이다.

잠시 더 현대적인 과학적 관점에서 이것을 살펴보도록 하자. 오늘날 우리는 개별 식물이나 동물의 유기적 통일성과 연속성을 구성하고 지속적으로 존재하게 하는 생화학적 과정들에 관해 꽤 많은 것을 알고 있다. 이러한 과정들은 물론 모두 자연의 일반 법칙에 따라 일어난다. 그리고 이 과정들이 유기체의 생존과 시간을 가로지르는 그것의 연속성을 구성한다. 때때로 우리는 동물은 자양분을 섭취하고, 산소를 흡수하고, 폐기물을 배출하고, 조직 손상을 치유하며 체온을 조절하는 등등의 자연적 경향을 가지고 있다고 말한다. 그러나 동물이 이러한 것들을 할 경향성을 '가지고 있다'는 말에는 약간 오해의 소지가 있다. 그것을 서술하는 더 정확한 방식은 서로 조정하면서 그 자체로 일어나는 이 과정들이 동물**이라**는 유기적 통일체를 항상적으로 유지한다고 말하는 것이다. 이 과정들이 동물**이다**. 이 과정들이 그 자체로 일어나는 자연적 경향성은 동물의 편에서 생존하려는 — 존재를 보존하려는 — 자연적 경향성과 다르지 않다. 이러한 자연적 경향성은, 움직이는 대상의 자연적인 관성적 경향성이 그 대상을 계속해서 운동하게 하는 것처럼, 동물이라는 유기적 통일체를 존속시킬 것이다. 일단 스피노자가 복합 물체의 동일성을 그 물체의 부분들 사이의 운동과 정지의 비율의 항상성에 의해 정의하자마자 — 그리고 그 비율을 유지하는 것과 같은 방식으로 부분들이 자연스럽게 서로 상호작용한다는 것이 분명해지자마자 — 스피노자는 계속해서 운동하려는 운동하는 물체의 관성적 경향성과 존재를 보존하려는 복합 물체의 경향성 사이의 평행관계를 포용하는 것이 용이했다. 식물과 동물과 같은 유기체는 코나투스 원리의 가장 강력한 예가 된다. 그러나 스피노자는 그 원리가 모든 물체에 적용될 것이라고 생각한다.

이것이 내가 보기에는 제3부 정리6을 이해하는 가장 좋은 방식인 것 같다. 그리고 나는 스피노자가 대략 이런 식의 추론에 의해 그 원리의 완전한 보편성을 주장하게 되었다는 것은 있음직한 이야기라고 생각한다. 그러나 위에서 언급했듯이, 그가 제시하고 있는 실제 증명(즉, 제3부 정리6 증명)은 고도의 추상적인 차원 — 운동, 관성, 유기체 내지 연장적 사물이 그 자체로는 전혀 명시적으로 언급되지 않는 일반적인 형이상학적 원리들의 차원 — 에서 진행된다. 우리는 증명과 관련된 많은 세부적인 논의들을 다루지는 않겠지만, 기본 개요만은 살펴볼 것이다.

제3부 정리4에서 스피노자는 어떤 것도 외부 원인에 의해서가 아니고는 파괴될 수 없다고 주장한다. 처음에 그는 이 정리가 '그 자체로

자명하다'고 말한다. 그러나 그런 다음 그는, 마치 독자들이 동의하지 않을 수 있다는 우려를 하는 것처럼, 그 정리를 지지하는 일종의 논증을 한다. 제3부 정리4는 상반된 본성의 사물들(즉, 서로 파괴할 수 있는 사물들)은 동일한 주체 안에 있을 수 없다고 주장하는 정리5를 승인한다. 이것은 선행하는 정리로부터 따라 나오는 것처럼 보인다. 그러나 스피노자는 그런 다음 제3부 정리6 — 중요한 코나투스 원리 — 은 정리5(뿐만 아니라 제1부로부터 유래하는 두 개의 매우 일반적인 형이상학적 원리)로부터 따라 나온다고 주장한다. 이 단계는 설득력이 약하다. 어떤 것도 자기 내부에 자신을 파괴시킬 수 있는 어떤 것을 포함하지 않기 때문에, '각각의 사물은 자신의 존재를 제거할 수 있는 모든 것에 대립한다'는 것이 그의 생각인 것 같다. 그리고 각각의 사물은 무엇이든 자신을 파괴할 수 있는 것에 '대립한다'는 사실로부터 스피노자는 각각의 사물은 자신의 존재 보존을 위해 노력한다는 결론을 도출한다.

　이런 식의 추론에 대해 수많은 반론이 제기될 수 있다. 그러나 이 원리에 대한 증명은 그 원리가 의미하는 것 그리고 스피노자가 그 원리를 가지고 하는 것에 비하면 중요성이 낮다. 스피노자는 존재를 보존하려는 한 사물의 노력을 능동적인 힘 내지 역량으로 간주한다 — 실제로 그것은 하나의 사물이 환경 속에서 다른 사물들과 상호작용할 때 자신의 존재를 유지하려는 개체의 역량이다. 스피노자가 신의 역량을 신의 본질과 동일시했듯이(제1부 정리34), 그는 또한 우리에게 '[하나의 사물이] 존재를 보존하려는 역량 내지 노력(*conatus*)은 그 사물 자체의 현실적 본질 이외의 다른 것이 아니다'(제3부 정리7 증명)라고 말하고 있다. 이러한 노력은 내적으로 부과된 어떠한 시간적 한계도 갖지 않는다. 그것은 무한정한 시간 동안 존재를 보존하려는 노력이다(제2부 정리8).

연구를 위한 물음들

1. 스피노자가 묘사하고 있는 물리학적 관성의 원리와 생물학적 근거를 가지고 있는 자기-보존 본능 사이의 절대적 평행은 얼마나 설득력이 있는가?

2. 생물학적 유기체(우리 자신을 포함해서)의 신체적 실존은 바로 항상적 지속과 어떤 복잡한 신체적 과정들의 조화라는 스피노자의 주장은 옳은가?

제3부 정리4 및 정리6 - 반론과 답변

영리한 독자는 스피노자의 코나투스 학설에 대해 제기될 수 있는 몇 가지 반론이 있다는 생각을 하고 있을지도 모른다. 주의를 코나투스 학설이 감정론에서 하는 역할로 전환하기 전에, 우리는 적어도 이러한 반론들 중의 하나—중요한 반론—를 고찰할 필요가 있다. 스피노자는 모든 것은 언제나 존재를 보존하려고 노력한다(혹은 보존하려는 경향이 있다)고, 그리고 어떤 것도 외부 원인에 의하지 않고는 파괴될 수 없다고 주장한다. 그러나 명백한 반례는 어떻게 할 것인가? 예를 들면, 자살은 자기-파괴의 명백한 예다. 시한-폭탄 그리고 심지어 태양 자체(스스로를 태워 없앨 운명을 지니고 있는)도 스피노자 주장에 대한 분명한 반례로 제시되었다.

스피노자는 물론 시한폭탄에 관해 어떤 것도 알지 못했으며, 이러한 맥락에서 태양에 관해 어떤 것도 말하지 않았다. 그러나 그는 자살이 자신의 주장과 관련하여 문제라는 것을 알고 있었다—잘 알고 있었기 때문에 그는 『에티카』에서 세 가지 다른 경우에 대해 질문을 던진다. 첫 구절에서(제2부 정리49 주석) 그는 자살자를 '어린 아이, 바보 및 미치광이'와 동일한 범주에 넣는다. 그리고 그는 자신이 그러한 낯선 존재들에 대해 어떻게 생각해야 할지를 알지 못한다는 것을 인정한다. 제4부 정리18 주석에서, 이성이 우리에게 요구하는 것에 대해 논의하면서, 그는 '자살하는 사람들은 마음이 약하고 자신들의 본성에 상반되는 외부 원인들에 의해 전적으로 정복당한다'고 주장한다. 이것이 스피노자의 답변 방식이라는 것은 틀림이 없다. 왜냐하면 오로지 개체 내부로부터 파괴의 원인을 제거함으로써만 그는 개체가 자기 자신에 의해 (혹은 자기 내부의 어떤 것에 의해) 파괴되었다는 달갑지 않은 결론을 피할 수 있기 때문이다. 그러나 우리가 정확히 어떻게 개체 내부에 있는 것과 개체 외부에 있는 것 사이에 선을 그을 수 있는지는 분명하지 않다. 스피노자는 제4부 정리20 주석에 있는 다음의 예를 가지고 이러한 물음에 약간 더 명확하게 답하고 있다.

> 어떤 사람은 그의 오른손(공교롭게 칼을 들고 있는)을 비트는 다른 사람에 의해 강제되어…혹은 폭군(세네카처럼)의 명령에 의해 자신의 정맥을 절개하지 않을 수 없어서…혹은 마지막으로 은폐되어 있던 외적 원인이 그로 하여금 상상하게 하고 그의 신체를 변용시켜서 그의 신체가 이전의 것과는 상반되는, 다른 본성을 갖게 되어서…자살할 수 있다.

스피노자에 의해 인용된 이 세 가지 예들 중 마지막 것은 흥미로우면서도 다루기 까다로운 것이다. 그러나 그것에 대한 전체적인 논의는 우리의 의도를 너무 많이 벗어나는 일이 될 것이다. 요점은 모든 경우에 있어서 스피노자는 개체(혹은 개체 속에 있는 어떤 것)가 자기 파괴의 원인이라는 것을 그가 부정할 수 있는 상황을 재서술한다는 것이다. 이러한 재서술이 설득력이 있건 없건 간에, 이것은 만약 **코나투스** 원리를 일관성 있게 주장하려 한다면, 스피노자가 말하지 않으면 안 되는 것이다.

세 가지 기본 정서 - 욕망, 기쁨 및 슬픔(제3부 정리9 주석과 제3부 정리11 주석)

위에서 언급했듯이, 각각의 개체가 자신의 존재를 보존하려는 노력은 그 개체의 현실적 본질이다. 그것은 개체가 다른 것들과 상호작용하면서 자신의 실존을 유지하는 힘 혹은 역량이다. 그러한 힘 혹은 역량으로부터 따라 나오는 것으로서 설명될 수 있는 일들이 발생할 때, 우리는 그 개체가 능동적으로 행동한다고 말한다(제3부 정의2를 적용하여). 존재를 보존하려는 나의 신체적 노력으로부터 따라 나오는 것은 내 체온이 대체로 정상을 유지한다는 것, 내가 숨 쉰다는 것, 내가 먹는다는 것, 자기 보존에 도움이 되는 것들을 내가 추구한다는 것이다. 마찬가지로 내 정신도 신체의 지속적 실존의 관념을 긍정하려고 노력함으로써 자신의 존재를 보존하고자 한다(왜냐하면 정신은 신체의 관념이기 때문이다). 스피노자는 제3부 정리9 주석에서 다음과 같이 말하고 있다. '이 노력이 정신에만 관계될 때, 그것은 의지라 불리지만, 정신과 신체 모두에 관계될 때, 그것은 욕구라 불린다. 그러므로 욕구는 바로 인간의 본질 이외에 다른 것이 아니다. 인간의 본성으로부터 자기 보존에 도움이 되는 것들이 필연적으로 따라 나오며, 따라서 인간은 그러한 것들을 하도록 결정된다.' 그다음 문장에서 알게 되는 것은 우리가 그 욕구를 의식할 때 그것은 욕망이라 불린다는 것이다.

따라서 우리가 '욕망'이라고 부르는 것은 정신-물리적 유기체로서 자신의 존재를 보존하려는 우리의 근본적인 코나투스적 노력의 표현이다. 이러한 본질적 노력이 우리의 모든 욕망과 행동의 뿌리를 이룬다.

제3부 정리11이 독자들에게 상기시키는 것은 신체의 활동 역량이

어떤 것에 의해 긍정적으로나 부정적으로 영향을 받을 때, 정신의 사고력도 마찬가지로 영향을 받게 된다는 것이다. 물론 이것은 놀라운 것이 아니다. 왜냐하면 평행론/동일성은 복잡한 연장의 양태 속에서 발생한 일이 그 양태의 복잡한 관념 속에 반영된다는 것을 보증하기 때문이다. 그러나 이 정리가 중요한 것은 그것이 개인의 — 신체적이고 정신적인 — 활동 역량이 증가되거나 감소될 수 있다는 핵심 관념을 소개하고 있기 때문이다. 또한 스피노자는 개인의 이행, 즉 더 큰 혹은 더 적은 완전성에로의 이행에 대해 말하고 있다. 정확히 그는 여기서 무엇을 염두에 두고 있는 것일까?

잠시 신체적 측면에 초점을 맞출 경우, 개인 신체를 결정짓는 특유의 '운동과 정지 비율'이 변한다는 뜻으로 스피노자가 말하지 않았다는 것은 분명하다. 변할 수 있는 것은, 환경 속에 있는 다른 것들과 잠재적으로 파괴적인 방식으로 상호작용하면서, 특유의 비율을 간직한 채 스스로를 유지하는 신체의 능력이다. '활동 역량'은, 신체적 측면에서, 고도의 에너지 수준을 포함하는 일종의 유기적 활력, 완전한 면역체계와 원기 왕성한 건강 체질로서 간주될 수 있다. 그러한 활동 역량 덕분에 우리는 신체적 통일성을 상실하지 않으면서 환경과 활기차게 상호작용할 수 있다 — 외부 사물과 영향을 주고받을 수 있다. 그리고 스피노자가 우리에게 상기시키는 것은 다른 것들과 다양한 방식으로 상호작용하는 신체의 능력이 정신의 더 이해가 빠르고 적합한 사고 능력 속에 반영되어 있다는 것이다.

신체와 정신의 활동 역량은 감소될 수 있다 — 질병, 상해, 쇠약 내지 유사한 요인들에 의해. 마찬가지로 이러한 역량들은 운동, 영양 공급, 교육 내지 수많은 긍정적 영향에 의해 증가될 수 있다. 어떤 종류의 파괴적 요인들과 마주친 결과로, 정신의 활동 역량이 감소될 때, 더 낮은 상태의 완전성으로의 이러한 이행이 슬픔(*tristitia*)이다. 정신이 더 높은 수준의 역량으로 이행할 때, 그것은 기쁨(*laetitia*)이라 불린다(제3부 정리11 주석).[12] 존재 보존을 원하기 때문에, 우리는 본성상 활동 역량을 높이려고 하며 본성상 그 역량이 감퇴되는 것을 피하려고 한다. 따라서 스피노자가 지적하듯이, 우리는 본성상 기쁨을 주는 것을 추구하고 본성상 슬픔을 주는 것을 피한다.

나의 신체가 환경 속에 있는 어떤 것에 의해 영향을 받을 때, 나는 그 사물을 지각한다—이를테면, 나의 정신은 그 사물이 나의 신체에 영향을 미치는 방식에 대한 관념을 갖는다. 제2부 전문용어로 말하면, 나의 정신은 그 사물을 상상한다. 본성상 나의 신체의 활동 역량을 증가시키려 하기 때문에, 나는 본성상 활동 역량 향상에 도움이 되는 것(즉, 기쁨을 주는 것)에 의해 나의 신체가 영향을 받도록 노력한다. 정신적 면에서 나는 내 신체의 활동 역량을 증가시키는 (즉, 기쁨을 주는) 것들을 상상하려고 노력한다고 말할 수 있다(제2부 정리12). 그리고 내가 나의 활동 역량을 감소시키는 (즉, 슬픔을 주는) 것들을 마주치고 상상할 때, 나의 신체는 본성적으로 그러한 것들을 피하거나 파괴하고자 하며 나의 정신은 본성적으로 그러한 것들을 제거하는 것들을 상상하려고 노력한다(제3부 정리13). 이 모든 것들은 본성상 존재를 보존하려는 우리의 코나투스적 노력으로부터 따라 나온다.

---

12 나는 'tristitia'를 '슬픔'으로, 'laetitia'를 '기쁨'으로 옮기고 있는 E. M. 커리의 번역을 따르고 있다. 독자들은 몇몇 번역자들은 이 용어들을 (각각) '고통'과 '쾌락'으로 옮기는 것이 더 적절하다고 생각하고 있다는 것을 잊어서는 안 된다. 이러한 선택지들 모두 지지하는 타당한 논증들이 있다. 독자들은 'tristitia'가 부정적인 정서적 상태—더 낮은 수준의 활동 역량으로의 개인의 이행—라는 것만은 반드시 염두에 두어야 한다. 다른 한편, 'laetitia'는 긍정적 정서—더 높은 수준의 역량에로의 이행—다.

감정 설명과 목록(제3부 정리13 — 제3부 정리59 및 부록)

욕망, 기쁨 및 슬픔은 스피노자 이론에서 세 가지 기본 정서다. 그것들은 어떤 관념들 및 각기 다른 정서와 결합하여 그 밖의 감정들의 목록을 거의 끝없이 산출할 수 있다. 예를 들어, 만약 내가 기쁨을 경험하고 어떤 사람이나 사물이 그 기쁨의 원인이라는 관념을 갖는다면, 나는 그 사람이나 사물을 사랑할 것이다. 스피노자에 따르면, 사랑은 '외부 원인에 대한 관념을 수반하는 기쁨'(제3부 정리13주석) 이외의 다른 것이 아니다. 나는 본성적으로 나의 활동 역량 증가를 위해 노력하고 나의 사랑의 대상은 그러한 증가의 원인(이를테면, 기쁨의 원인)이기 때문에, 나는 사랑받는 사물이나 사람이 가능한 한 현전하기를 욕망할 것이다. 만약 그 욕망이 어떤 다른 사물이나 사람에 의해 좌절된다면, 나는 외부 원인에 대한 관념을 수반하는 슬픔, 즉 스피노자가 증오라고 정의하는 감정적 상태를 체험하게 된다(제3부 정리13 주석). 만약 그 원인이 내가 사랑하는 대상에 위해를 가한다면, 나의 증오는 분노라고 불린다(제3부 정리22 주석). 만약 내가 사랑하는 대상이 나보다 그 원인을 더 사랑하게 됨으로써 그 원인으로 인해 내가 사랑하는 대상이 나로부터 멀어진다면, 나의 증오는 질투라 불릴 것이다(제3부 정리35 주석). 세 가지 기본 정서로부터 그 이상의 감정들이 생길 수 있는 가능성은 끝이 없으며, 스피노자는 이러한 가능성을 『에티카』 제3부 전반에 걸쳐서 통찰력 있고 독창적인 방식으로 고찰하고 있다.

 이러한 예는 정서들이 서로를 기반으로 형성되고 서로 상호작용하며 변화하는 환경에 의해 변용되는 방식에 대한 스피노자의 관점을 정확하게 보여준다. 그러나 이러한 예는 다소 오해의 소지가 있다. 왜냐하면 그것은 우리의 감정(사랑, 증오 등)의 대상이 실제로 그 속에 포함되어 있는 기쁨과 슬픔의 원인이라는 것을 암시하기 때문이다. 그러나 사실상, 우리가 여기서 신체의 변용과 이 변용에 대한 정신의 관념을 다루고 있기 때문에, 이러한 관념들은 부적합하고 오류를 범하기 쉽다. 연합, 겉으로 보이는 유사성 및 그 밖의 혼란의 근원들을 통해, 우리는 종종 그 자체로는 직접적으로 기쁨과 슬픔을 일으키지 않는 것들에 대해 사랑이나 증오 같은 정서적 반응을 한다. 예를 들어, 하나(X)가 나를 슬프게 하지만, 그것이 내 정신 안에서 다른 것(Y)과 연결될 때(내가 우연히 그것들을 종종 과거에 함께 경험했기 때문에), Y에 대한 경험은 그 자체로 나를 슬프게 할 것이며, 나는 Y를, 그것이 내 슬픔의 직접적 원인이 아니라 할지라도, 증오할 것이다(제3부 정리15 증명). 혹은 만약 정신이 A와 B 사이의 어떤 (아마도 겉으로 보이는) 유사성을 지각한다면, 그리고 만약 A가 우리를 슬프게 한다면, 우리는 B에 대해서도 증오를 느낄 것이다. 이러한 방식으로, '모든 것은 우연히 기쁨, 슬픔 혹은 욕망의 원인이 될 수 있다'(제3부 정리15). 정서들 사이의 복잡한 상호작용으로 인해 동일한 것에 대해 반대되는 감정을 동시에 갖는 일이 종종 발생한다― 우리는 동일한 것을 사랑하면서 증오할 수 있으며 그때 심적 동요를 체험하게 된다(제3부 정리17주석). 스피노자가 인간을 '…부딪치는 바람에 일렁이는 바다 위의 파도처럼…외부 원인에 의해 여러 가지 방식으로 흔들리는 존재(우리는 결말과 운명을 알지 못하기에 동요한다)'로 간주하는 것은 그다지 놀라운 일이 아니다(제3부 정리59주석). 물론 윤리학적 과제의 일부는 이러한 감정적으로 격정적인 혼란 속에서 모종의 질서와 방향을 확립하는 것이다.

　스피노자가 제3부에서 제시하는 광범위한 감정의 목록을 읽는 것은 매력적이며, 실제로 어렵지 않다. 그가 겉으로 보기에는 서로 다른 감정적 상태들 사이에서 포착하는 연관관계와 상호관계는 놀랄만한 것이라고 할 수 있다. 그가 경우에 따라서 어떻게 우리의 감정적 반응이 타인의 반응에 대한 우리의 지각에 의해 변용되는가를 지적할 때, 그는 사회적 관계 일반의 정서적 기초를 에둘러 말하고 있는 것이다. 그는 **타인의 불행에 대해 갖는 쾌감**(*schadenfreude*)(제3부 정리26과 정리47)을 수반하는 혼합 감정에 대해 흥미로운 설명을 한다. 버림받은 연인의 슬픈 환상에 대한 매우 생생한 설명은 스피노자가 소위 사랑의 질투라는 강한 질투심을 직접 경험했음을 암시한다(제3부 정리35 주석). 그는 어떤 것 혹은 어떤 사람에 대한 우리의 사랑이나 증오는 만약 우리가 그 사물이나 사람이 자유롭다고 상상하면, 우리가 그것을 필연적이라고 생각할 때보다 더 강해질 것이라는 흥미로운 (그리고 중요한) 주장을 한다.

제3부 끝부분에서 스피노자는 일종의 부록 속에서 각각의 정서를 형식적으로 정의하면서, 일련의 정서들의 목록을 제시한다. 이 절의 내용은 제3부의 여러 가지 정리들과 주석에서 전개된 서로 다른 정서들에 대한 원인론적 설명과 그다지 다르지 않다. 그러나 그것들은 다른 방식으로 정리되고 있으며, 약간의 부가적 설명이 덧붙여지고 있다. 예를 들면, 우리는 도덕 교육에서 부모의 지시로부터 중요한 어떤 것을 배우며 (정의27 해명) 왜 겸손이 인간 존재에 있어 흔치 않은 특성인지에 관해 배운다(정의29 해명).

연구를 위한 물음들

1. 모든 감정의 학을 발전시키는 데 있어서, 스피노자가 하듯이, '건축 블록'으로서 다루어질 수 있을 어떤 기본 감정들(이를테면, 욕망, 기쁨 및 슬픔)이 있다고 주장하는 것은 타당한가?
2. '어떤 것은 기쁨, 슬픔 내지 욕망의 우연적 원인일 수 있다'고 말할 때, 스피노자가 '우연적'이라는 것은 무엇을 의미하는가?

3. 스피노자는 우리의 정서적 삶을, '마치 그것이 선, 면 및 물체의 문제인 것처럼', 탐구하는 인간 감정의 학을 전개하려는 자신이 공언한 목적을 성공적으로 달성했는가?

선과 악에 대한 예비적 설명(제3부 정리39 주석)

제3부를 떠나기 전에, 다루어야 할 것이 두 가지 남아 있다. 왜냐하면 그것들은 본질적으로 중요하며, 제4부로의 이행을 용이하게 할 것이기 때문이다. 제3부 정리39로 돌아가서, 스피노자는 한 사람이 다른 사람에게 악을 행하고 싶어하는 상황뿐만 아니라 한 사람이 다른 사람이 자신에게 악을 행하고 있다고 믿는 경우에, 있을 수 있는 감정적 반응을 논의하기 시작했다. 이것이 사실상 '악을 행하는 것'과 '선을 행하는 것'이라는 어구의 첫 번째 사용이기 때문에, 스피노자는 잠시 멈춰서 이 용어들을 정의한다. '선이란, 내가 이해하기로는, 모든 종류의 기쁨, 그리고 기쁨을 가져다주는 모든 것이다.… 그리고 악이란 모든 종류의 슬픔이다.' 선한 것은 따라서 사물에 대한 우리의 감정적 반응의 함수다. 만약 어떤 것이 우리의 활동 역량 — 우리의 신체적 그리고 정신적인 활력 — 증진에 도움이 되면, 그것은 선이다. '따라서 각자는, 자신의 정서를 근거로, 무엇이 선하거나 나쁜지를 판단하거나 평가한다…' 제4부 서문에서 우리는 이러한 규범적 용어들에 대해 더 많이 듣게 될 것이며, 스피노자는 의외로 전적으로 주관적이지만은 않은 견해를 전개시킬 것이다. 그러나 선과 악의 기준은 성서나 실제로 다른 어떤 곳에서가 아니라 우리 인간의 활력에서 발견될 수 있다는 그의 견해는 흔들리지 않을 것이다.

능동적 그리고 수동적 감정(제3부 정리58과 59)

제3부의 마지막 두 개의 정리는 능동적 감정과 수동적 감정 사이의 중
요한 구분을 소개한다. 위에서 논의되었던 대부분의 감정은 어떤 외부
요인들이 한 사람의 활동 역량에 있어서 증가(기쁨)나 감소(슬픔)의
원인이 되는 경우들이다. 이것들은 정확히 정념들이라 불린다. 왜냐하
면 우리는 이러한 인과적 영향을 수동적으로 받는 사람이기 때문이다.
감정은 우리 안에서 야기된다— 우리는 감정을 우리 스스로 야기시키
지 않는다. 그러나 또한 우리 스스로가 우리 자신의 활동 역량 증가의
원인일 수 있는 다른 경우들도 있다. 우리가 우리 자신의 강함을 생각
할 때, 예를 들면, 기쁨이 생긴다. 이러한 것들은 능동적 감정이라 불릴
수 있다. 왜냐하면 그것들은 우리 자신과 우리 자신의 본성의 결과들이
기 때문이다. 우리의 본성 내지 본질은 우리의 역량을 유지하거나 증가
시키려는 능동적 노력이기 때문에, 역량이 감소되는 상태로의 이행을
나타내는 어떠한 감정(즉, 어떠한 슬픔)도 우리의 본성만의 결과일 수
없다는 결론이 도출된다. 그러므로 어떠한 능동적 감정도 슬픈 내지 고
통스러운 감정일 수 없다. 따라서 기쁨을 극대화하고 슬픔을 극소화하
고자 하기 때문에, 우리는 우리의 감정이 수동적이 아니라 능동적인 범
위를 극대화하는 것이 현명할 것이다. 물론 스피노자의 체계에서 이런
종류의 내적 자기-결정이 신뢰할 수 있는 기쁨으로의 길인 것만은 아
니다. 정의상 그것은 또한 자유이기도 하다.

연구를 위한 물음들

1. 스피노자에 따르면, 오직 수동적 감정만이 슬프거나 고통스러울 수
   있다. 그 이유는 무엇인가?

제4부 – 인간 예속 혹은 감정의 힘에 대하여

『에티카』는 어떤 삶이 인간 존재에게 최선의 삶인가 그리고 어떻게 개인은 그런 삶을 방해하는 장애를 극복할 수 있는가를 설명할 것을 약속하고 있다. 이제까지 스피노자는 감정의 본성과 기원에 대해 정교한 인과적 설명을 했지만, 감정이나 행동 및 그와 관련된 태도에 관한 규범적 판단―긍정적이든 부정적이든―을 거의 하지 않았다. 제3부 말미에서 그는 기쁨과 밀접하게 연결되어 있는 '선'에 대해 예비적 정의를 내리고 있다(제3부 정리39 주석). 능동적 감정(정념과 대립되는 것으로서)에 대한 간략한 논의는 분명 어느 정도 규범적 의미 역시 갖고 있다(제3부 정리58). 정념에 시달리는 인간을 '바다의 파도에 의해 동요하고 부딪치는 바람에 의해 휘둘리는' 존재로서 묘사하는 것은 분명 부정적인 판단을 시사한다. 그러나 아직까지 스피노자는 규범 윤리에 대한 체계적인 설명―어떻게 살아야 하고 어떠한 종류의 삶이 최선의 삶인가에 대한 설명―과 그 이유를 제시하지 않았다. 『에티카』 제4부에서 이러한 질문들이 직접적으로 다루어질 것이다.

제목은 제4부가 인간 예속과 감정의 힘에 관해 다룰 것임을 이야기하고 있다. 그러나 사실, 그 제목은 오해의 소지가 있다. 제4부에서 감정의 힘을 직접적으로 다루는 것은 일부분인 반면에(제4부 정리18 정도까지), 더 큰 부분은 '선'과 '악'이라는 낱말의 적절한 의미에 대한 설명, 어떤 감정이 선인가(그리고 어떤 감정이 악인가)에 대한 평가 및 스피노자가 '자유인'이라고 부르는 이상형의 개인의 행동과 정서에 대한 설명으로 이루어져 있다. 그 과정에서 스피노자는 덕의 기초, 사회생활과 협동의 가치 및 국가의 기원에 대해 설명하고 있다. 이것은 서로 관계가 없는 주제들을 끌어모아 놓은 것이 아니다. 왜냐하면 그것들 사이에 논리적 연관이 있기 때문이다. 그러나 제4부의 내용은 제목에서 공표되고 있는 것을 훨씬 넘어서 확장된다. 두 번에 걸쳐 — 제4부 정리18 주석에서 한 번 그리고 상당히 긴 부록에서 한 번 — 스피노자가 독자들에게 연관관계를 더 투명하게 보여주는 논증의 개요를 개괄적으로 제시하고 있다는 것은 주목할만한 가치가 있다.

이 절에서 논증의 실마리를 따라 가는 데 있어서 요약이 도움이 될 수 있다고 생각하고 있다는 점에서 스피노자는 옳다. 이어지는 제4부에 대한 개괄적 설명이 스피노자를 처음 접하는 독자가 원문을 읽으면서 자신의 위치를 정확히 아는 데 도움이 되기를 바란다. 자유와 예속을 주제로 간략하게 이야기하고 나서, 우리는 이러한 개괄적 설명의 순서에 따라 분석해 나갈 것이다.

'완전', '불완전', '좋음'과 '나쁨'이라는 낱말의 기원을 흥미롭게 설명하고 나서(서문), 스피노자는 이러한 규범적 용어들을 개인의 역량 및 존재 보존 노력의 성공과 결합시킨 정의를 제시한다. 다음으로 그는 몇몇 정리를 인간 존재의 약함과 한계라는 주제를 다루는 데(제4부 정리2-6), 그리고 여러 가지 수동적 감정이 다른 감정의 힘에 의해 극복될 수 있는 방법에(제4부 정리1과 제4부 정리7-18) 할애하고 있다. 그다음 정리들은 개인의 코나투스적 노력이 좋음과 나쁨을 판단하는 시금석이며 덕의 기초라는 것을 확증하고 있다(제4부 정리19-25). 중요하고 흥미로우며 논란의 여지가 있는 단계에 이르러, 다음으로 스피노자는 존재 보존에 도움이 되는 것을 이성과 이해에 도움이 되는 것과 동일시한다(제4부 정리26-28). 이러한 다소 변화된 관점에서 스피노자는 어느 것도 인간 존재에게 다른 이성적인 인간 존재보다 더 가치 있는 것은 없다고 주장하고 이러한 통찰에 기초를 둔 국가의 계약론적 기원을 개괄적으로 제시한다(제4부 정리29-40). 자신의 고유한 기준을 적용함으로써, 스피노자는 많은 감정들이 좋은 것인지 나쁜 것인지 확인하기 위해 검토하고, 어떤 성격적 특성들과 관련하여 그것들이 덕으로서 간주될 수 있는지 묻는다(제4부 정리41-66). 이상적으로 유덕한 사람의 행동과 감정에 대한 설명은 '자유인'에 대한 기술로 마무리된다(제4부 정리67-73). 끝으로 상당히 긴 부록에서, 스피노자는 제4부 내용을 더 명쾌한 순서로 재정리하여 요약해주고 있다.

자유와 예속, 능동과 수동에 대한 예비적 언급

제4부와 제5부 제목은 '예속'과 '자유'를 언급하고 있다. 이것은 약간 놀라운 것이다. 왜냐하면 독자들은 지금까지 자유나 그것의 결여에 대해 거의 듣지 못했기 때문이다. '자유의지'와 같은 그러한 것은—우리 안에도 신 안에도—없다고 스피노자는 터놓고 주장하고 있다. 여기까지는 완전히 명백하다. 그러나 독자들은 제1부 정의7에서 스피노자가 자유를 다르게 정의했다는 것을 잊어버렸을지도 모른다. 그 정의에 따르면, 자유롭다는 것은 자기-결정적이라는 것—'오로지 [자신의] 본성의 필연성으로부터만 존재하는 것, 그리고 [자기 자신에] 의해서만 행동이 결정되는 것'—이다. 제1부 정리17 보충2의 논의에서 주목했듯이, 오직 신만이 이러한 의미에서 진정 자유로울 수 있다. 왜냐하면 오직 신만이 이러한 기준을 만족시키기 때문이다. 그러나 이 정의는 인간 존재가 어느 정도까지 자유로울 수 있는 문을 열어놓고 있다. 왜냐하면 우리가 행하는 것은 때때로 어느 정도까지는 우리 자신에 의해 결정되기 때문이다.

　인간 자유에 대한 관심은 '능동적인 것'(active)과 '수동적인 것'(passive) 사이의 구분이 스피노자에게 있어서 왜 그렇게 중요한 지를 설명하는데 도움을 준다. 우리가 적합한 원인인 어떤 것이 (내적으

로든 외적으로든) 일어날 때마다 (제3부 정의2) 우리는 능동적으로 **행
동한다** — 즉, 우리는 능동적이다. 어떤 것이 우리의 본성 혹은 본질로
부터 — 즉, 존재를 보존하려는 코나투스적 노력으로부터 — 따라 나오
는 것으로 이해될 때, 우리는 그것의 적합한 원인이다. 그러나 우리가
어떤 것의 적합한 원인일 때, 우리는 그것이 우리에 의해 결정되며, 따
라서 자유롭게 행동하고 있다고 말할 수 있다. 그렇게 해서, 스피노자
의 생각으로는 우리가 능동적인 한(그가 그 용어를 이해하는 대로), 우
리는 자유롭지만(그가 그 용어를 이해하는 대로), 반면에 수동적인 (영
향을 받는) 한 우리는 자유롭지 못하다('예속적 상태'에 있다)는 것이
밝혀진다. 이것이 스피노자 논증의 핵심이라는 것이 드러난다.

　우리는 대부분의 경우에 수동적이라고 스피노자가 말할 때 그가 의
도하는 것이 무엇인지 우리는 이미 살펴보았다. 제3부에서 논의된 대
부분의 정서는, 우리가 주위 사물들에 의해 자극받을 때 우리 안에 생
긴 수동적 정서(정념)다. 정서가 이런 식으로 산출되는 한, 우리는 어
떤 의미에서는, 운명에 사로잡힌 인질이다. 때때로 우리는 운이 좋을
수도 있다 — 우리 주위의 사물들이 우리를 강하게 하고 행복하게 할 것
이다. 대개의 경우 그것들은 그렇지 않을 것이다. 그러나 어느 경우에
도 우리는 감정적 삶을 제어하지 못하며, 우리의 행동이 우리의 감정에
의해 영향을 받는다는 것을 고려하면, 우리는 따라서 우리의 행동을 제
어하지 못한다. 제어하기는커녕, 우리는 수동적이다. 사물들은 오로지
우리에 의해서만 결정되지 않는다 — 그런 한에서, 우리는 자유롭지 않
다. 우리는 어느 정도 제어하고 이렇게 외적으로 야기된 정서의 공세에
맞서 자신을 내세울 모종의 역량을 가지고 있음에 틀림없다. 이것이 전
에 언급한 '활동 역량' — 우리 각자가 존재를 보존하려고 노력하는 역
량 — 이다. 그러나 매우 빈번하게 (실제로는, 대부분의 시간) 정서를

생기게 하는 외부의 영향은 활동하는 우리의 역량보다 더 강하며, 우리는 느낌, 정서 혹은 행동을 제어하지 못한다. 반대로, 우리의 정념이 우리를 지배하지만, 우리는 정념을 거의 이해하지 못하며, 심지어 그 영향을 의식하지조차 못한다. 이것이 스피노자가 우리를 '파도에 동요하고 부딪히는 바람에 휘둘리는' 존재라고 말할 때 그가 주목한 사태다. 그러한 상태에서, 우리는 느낌과 행동에 있어서 전혀 자기-결정적이지 못하다. 스피노자는 주저 없이 이러한 상태를 '예속'이라고 부른다.

연구를 위한 물음들

1. 스피노자에 따르면, 우리가 능동적인 한, 우리는 자유롭다. 어떻게 그가 그런 생각을 갖게 되었는지 설명하라.

제4부 서문 – 완전과 불완전, 선과 악에 대하여

규범 윤리의 근본 물음들을 다루기 시작하면서, 스피노자는 자신이 몇몇 기본적인 가치 평가적 용어에 대해 이해하는 바를 잠시 설명한다. 그의 주장에 따르면, 어떤 인공물에 대해 만약 그것이 그것을 생산한 장인의 계획이나 의도에 전적으로 부합한다고 생각한다면, 우리는 그것이 '완전하다'고 말한다. 우리는 그것을 의도된 것과 비교함으로써 그것이 '완전하다'고 단언한다. 만약 부합하지 않는다면, 그것은 불완전하다고 일컬어진다.

　스피노자가 주장하는 것은 원어 라틴어에서 훨씬 더 분명하다. 왜냐하면 낱말 **페르펙투스**(*perfectus*)의 근본적 의미는 '완성된'이다(그것은 동사 **페르피케레**(*perficere*) — '완성하다' — 의 과거분사다). 여기서 알 수 있는 것은 만약 어떤 것을 만드는 사람이 아직 그것을 완성하지 못했다면, 그것은 불완전하다는 — 그 낱말의 두 가지 의미에서 — 것이다.

물론 제작자의 의도가 무엇인지 혹은 인공물이 어떤 목적에 이바지하도록 디자인되었는지 파악할 수 없다면, 우리는 그것이 완전한지 혹은 어느 정도로 완전한지 말할 수 없다. 하지만 친숙한 것들을 대상으로 우리는 그것들이 같다고 생각되는 것에 대한 우리 자신의 관념—여러 가지 유형의 것에 대한 우리 자신의 이상적인 모델—을 형성한다. 그리고 우리는 기꺼이 사물들을 우리가 미리 생각한 이상에 부합하는지에 따라 완전하거나 불완전하다고 말한다. 그러고 나서 우리는 이런 종류의 평가를 전혀 인간의 작품이 아닌 자연 사물에로 확대한다. 만약 특정 유형의 사물에 대해 미리 생각한 이상에 부합하지 않는 어떤 자연 대상을 본다면, 우리는 '… 자연이 실패하거나 실수했고 그 사물을 불완전하게 내버려두고 있다'고 생각한다. '그렇게 해서 사람들은 자신들의 선입견에 따라 자연 현상을 완전하거나 불완전하다고 부르는 습관을 가지게 된다.…'

스피노자에 따르면 우리가 이런 식의 사고에 빠져드는 것은 매우 쉽게 이해될 수 있지만, 그럼에도 그것은 전적으로 잘못된 것이다. 왜냐하면 그것은 인간 장인처럼, 자연이 사물을 존재하게 함에 있어서 의도나 목적을 가지고 있다고 잘못 가정하기 때문이다. 제1부(특히 제1부 부록)에서 신/자연은 어떠한 목적을 가지고 활동하지 않으며 정신 안에 목적을 가지고 있지도 않다고 우리는 배웠다. 반대로, 모든 것은 삼각형 내각의 합이 180도라는 것이 삼각형의 본성으로부터 따라 나오는 것과 같은 무시간적, 무노고적 및 무목적적 필연성을 가지고 신으로부터 따라 나온다. 인간 존재는 욕망을 가지며, 우리는 의도를 갖고 그러한 욕망을 만족시키기 위해 행동한다. 그러나 자연이 의도나 목적을 가지고 활동한다는 우리의 잘못된 믿음은 단지 의인화하려는 우리의 혼란스러운 경향의 결과일 뿐이다. 일단 자연이 목적이나 계획 없이 활동한다는 것을 깨닫게 되면, 완전이나 불완전을 자연 대상에 귀속시키는 것은 우리 스스로가 만들어낸 이상형에 대한 선입견에 기초를 둔 혼란스러운 투사라는 것을 알 수 있다. 자연 속에 있는 어떤 것도 객관적으로는 그 자체로 완전하거나 불완전하지 않다. 왜냐하면 평가의 객관적인 기준(플라톤의 형상이나 신의 의도, 혹은 그 어떤 것이든)이 없기 때문이다. '그러므로 완전과 불완전은 사유의 양태, 즉 우리가 동일한 종이나 유의 개체들을 서로서로 비교하기 때문에 만들어내는 데 익숙한 관념에 지나지 않는다'고 스피노자는 결론 내린다.

　마찬가지로 '좋은'과 '나쁜'이라는 낱말들도, '… 사물들 속에 실재하는, 그 자체로 고찰되는 어떤 것을 지시하지 않으며, 그것들은 사유 양태 이외의 다른 어떤 것이 아니다.…' 완전과 불완전의 경우에 있어서처럼, 어떤 것이 좋거나 나쁘다고 말하는 것은 그것을 그 유형의 이상적인 모델에 대해 우리가 가지고 있는 어떤 관념과 비교하는 것이다. 따라서 우리의 좋음과 나쁨의 판단은 우리가 만들어낸 어떤 그러한 기준에 대하여 항상 상대적일 것이다. 이것은 그 자체로 문제가 있는 것은 아니다. 하지만 문제는 이러한 성질들이 '… 사물들 속에 실재하는, 그 자체로 고찰되는 어떤 것'이라고 우리가 잘못 생각하게 될 때 발생한다.

　역사적으로 서로 다른 문화, 종교 및 철학자들은 인간의 좋음이나 완전함을 위한 시금석으로서 다양한 이상들(ideals)을 제시한다는 것을 스피노자는 알고 있었다. 윤리적 이론가로서 스피노자는 결코 좋은 것과 나쁜 것을 판단하지 않을 수 없었으며, 그러한 개념을 완전히 제거하기를 원하지 않았다. 그러나 그는 방법론적으로 자기-의식적이었으며 어떻게 이러한 개념들을 사용할 것인가에 관해 그리고 평가적 판단을 하기 위해 그가 제시하는 기준에 관해 세심한 주의를 기울이기를 원했다. 그래서 그는 다음과 같이 명확하게 말하고 있다. 즉, '… 우리는 생각해 볼 수 있는 인간 본성의 모델로서 인간의 관념을 형성하기를 바란다'. 그러한 인간 본성의 모델 관념을 형성한 후에야, 우리는 감정, 행동 및 제도를 좋은 것 혹은 나쁜 것으로 판단할 수 있을 것이다. 실제로, 스피노자는 이러한 인간 본성의 이상적 모델을 언급함으로써 좋음, 나쁨, 완전 및 불완전 같은 낱말들을 어떻게 사용할 것인지 명확하게 정의한다.

> 따라서 이하에서 나는 '좋음'이란 우리가 제시한 인간 본성의 모델에 더 가까이 접근하는 데 수단이 된다고 확실하게 인식하는 것이라고 이해한다. 그리고 '나쁨'이란 앞서 언급한 모델을 재현하는 데 방해가 된다고 우리가 확실하게 인식하는 것이라고 이해한다. 또한 우리는 사람들이 이 모델에 더 가까워지거나 이 모델로부터 더 멀어지는 한에 있어서 더 완전하거나 덜 완전하다고 말할 것이다.(제4부 서문)

스피노자는 평가 판단의 기초로서 사용될 이러한 인간 본성의 모델을 자신이 만들어냈다는 사실을 전혀 숨기지 않는다. 그 모델은 단지 사유 양태 — 우리가 만들어낸 어떤 것 — 일 뿐이다. 그러나 스피노자가 이상적인 인간 본성의 모델이 자의적이거나 자연 속에 객관적인 기초라 할 만한 것이 존재하지 않는다고 생각하지 않았다는 것은 제4부를 읽어 나가면서 분명해질 것이다. 반대로, 자신이 생각한 인간 본성의 모델은 모든 개체의 본질을 구성하는 존재를 보존하려는 근본적인 노력을 반영한다고 그는 믿었다 — 그리고 증명했다. 이상적인 모델과 개체의 코나투스적 노력 사이의 밀접한 관계가 그의 윤리적 프로그램을 위한 일종의 객관적인 근거를 제공한다고 스피노자는 생각했다. 앞을 내다볼 경우, 우리는 다음과 같은 것을 예견할 수 있다. 즉, 스피노자의 견해로는 개인에게 있어서 좋은 것은 더 큰 역량, 활동성, 기쁨 및 자유에 도움이 되는 것이다. 세심한 독자들은 활동성, 기쁨 및 자유에 대한 스피노자의 정의를 고려할 때, 이것들 모두가 활동 역량 증가로부터 직접적으로 따라 나온다는 것을 알아챌 것이다. 그러나 더 큰 활동성과 자유를 성취하기 위해서, 우리는 호도하는 그리고 과도한 정념을 제어하고 완화시키는 방법을 발견하지 않으면 안 된다.

연구를 위한 물음들

1. '완전'과 '불완전'이라는 낱말 사용의 기원에 대한 스피노자의 설명은 정당한가?
2. 좋음과 나쁨, 완전과 불완전과 관련된 평가 판단을 하려거든, 우리는 인간 본성의 이상적 모델을 마음속에 간직해야 한다고 스피노자는 말한다. 이것은 좋음과 나쁨을 구별하는 모든 윤리 이론이나 윤리 학설은 그러한 모델을 (적어도 암묵적으로) 전제해야 한다는 것을 암시한다. 이것에 관해 스피노자는 옳은가?

자연의 (그리고 정념의) 힘; 인간 존재의 약함(제4부 정리2 - 6)

우리 인간 존재는 자기-원인적 존재가 아니다. 반대로, 우리는 다른 양태들에 의해 그리고 자연법칙에 의해 존재하고 행동하게 되는 하나 뿐인 실체의 양태들이다. 우리는 생존하기 위해 음식물, 물, 공기 및 다른 환경 조건에 의존한다. 우리는 질병, 재난, 무기 및 전쟁에 의해 약해지고 파괴될 수 있다. 우리는 우호적이고 파괴적인 영향을 끼치는 복잡한 환경 속에서 존재 보존을 위해 끊임없이 투쟁한다.

따라서 개인의 활동 역량은 모든 종류의 환경적 영향에 의해 유리하게 혹은 불리하게 변용될 수 있다. 이러한 변화가 외부의 영향으로 인해 생기는 한, 개인은 정의상 이 과정에 있어서 수동적이다. 제3부에서 배웠듯이, 감정은 개인의 활동 역량의 증가와 감소이며, 우리가 정념이라 부르는 이러한 감정은 외부 요인에 의해 발생된 것들이다.

자연 질서의 작은 부분으로서의 개인의 지위가 그 혹은 그녀의 힘이 자연의 나머지 부분과 비교할 때 극히 작다는 것을 강하게 뒷받침한다는 것을 스피노자는 강력하게 그리고 반복해서 상기시킨다. 따라서 우리는 항상 외부 사물들에 의해 긍정적이고 부정적인 방식으로 변용되고 항상 정념에 휩싸이게 될 것이다. 하나뿐인 제4부의 공리는 이러한 점들을 강조하고 있으며, 정리2, 3, 4, 4 보충 및 6은 약간 다른 방식으로 그것들을 되풀이하고 있다.

감정을 다른 감정으로 억제하기; 의지박약(제4부 정리1과 정리 7-18)

감정은, 신체와 관련되는 한, 신체의 활동 역량에 있어서의—상승이든 하강이든—변화다. 만약 내가 아픔이나 슬픔에 의해 영향을 받고 있다면, 나의 활동 역량은 감소되고 있는 것이다. 그 슬픔을 억제하거나 제거하기 위해서는 나의 역량의 크기가 커질 필요가 있다. 이를테면 반대 방향으로의 변화—나의 활동 역량의 증가—가 있어야 한다. 그러나 나의 역량의 증가는 정의상 기쁨의 감정이다. 따라서 감정을 억제하기 위해서는, 처음 것보다 더 강한 반대 감정이 필요하다(제4부 정리7). 그리고 동일한 논증이 정신적 측면에서 행해질 수 있다. 왜냐하면 이러한 감정의 정신적 측면은 신체의 활동 역량의 변화가 일어나고 있다는 정신의 긍정일 뿐이기 때문이다(제4부 정리7 보충).

스피노자는 제2부로 되돌아가 상상에 대한 논의의 주요 결과를 독자들에게 상기시키고 있는 제4부 바로 그 첫 번째 정리에서 이러한 주장의 논거를 제시하기 시작했다. 즐겨 사용하는 예를 사용하여, 태양이 얼마나 멀리 있는가에 관해 진리를 배웠을 때조차도 우리의 상상적 관념(우리의 시각적 지각)은 이러한 정보가 새롭게 획득되며 참되다는 사실만으로는 변하지 않으리라는 것을 그는 독자들에게 상기시키고 있다. 태양은 200피트 거리에 있는 것처럼 여전히 우리에게 나타날 것이다. 왜냐하면 이러한 현상은 결단코 진리에 의해 제거될 수 있는 허위가 아니기 때문이다. 오히려 그것은 어떻게 우리의 신체가 태양에 의해 변용되는가에 대한 참된 (비록 부분적이고 제한되어 있기는 하지만) 관념이다. 이러한 상상의 관념을 변화시키기 위해서는 글자 그대로 우리의 신체가 변용되는 방식을 변화시키는 것 — 그럼으로써 최초의 상상의 관념을 쫓아내는 것과 그것을 다른 것으로 억제하는 것—이 필요할 것이다.

정서는 다른 (더 강한) 정서에 의해서만 억제될 수 있다는 스피노자의 주장은 도덕 심리학에서 가장 오래되고 난해한 주제들 중의 하나—희랍인들이 **아크라시아**(*akrasia*)라고 말했던 문제—를 다루는 방식을 그에게 제공한다. 영어로 이 주제는 통상 '의지박약'(물론 스피노자는 의지 기능의 존재를 부정하기 때문에, 이 문구를 좋아하지 않겠지만)의 문제라고 불린다.

사용하는 용어가 무엇이든, 문제가 되는 심리학적 현상은 난해하다. 보통 우리 생각에는, 선택할 때 우리는 숙고하고 그런 다음 우리에게 최선의 것이라고 판단하는 선택지를 선택한다. 그러나 금연하지 못하는 흡연가나 다이어트에 성공하지 못하는 다이어트 하는 사람은 우리가 때때로 선택지들을 세심하게 비교하고 하나의 선택지가 분명 우리에게 더 나은 것임을 판단할 수 있지만, 그럼에도 반대되는 것을 행할 수 있다는 것을 안다. 따라서 나는 흡연을 삼가는 것이 최선의 행동 지침이라고 판단하지만, 그럼에도 담배를 피워 물고 있는 나 자신을 발견할 수 있다. 그렇지 않으면 나는 특정한 여자 친구와 관계를 유지함으로써 내가 받게 되는 손해가 그녀와 함께 하는 순간적인 쾌락보다 훨씬 더 크다고 양심적으로 판단하지만, 그럼에도 휴일에 만날 것을 그녀에게 요청할 수 있다. 인간 존재를 이성적 행위자라고 생각하는 사람에게는, 이런 종류의 사례들이 상당히 당혹스럽다.

  이러한 문제에 대한 반성은 아주 오래 되었다. 어떤 사람들(예를 들어, 소크라테스)은 우리가 알면서도 우리에게 나쁜 것을 선택한다는 것을 부정했다. 다른 사람들은 그런 경우 우리는 좋은 것에 대해 어떤 피상적인 믿음을 가지고 있을 수는 있지만, 완벽한 인식을 가지고 있는 것은 아니라고 주장했다. 스피노자는 이러한 접근 방식들 중의 어느 하나를 택하지 않는다. 그는 우리가 더 나쁜 선택지라고 아는 것을 우리는 때때로 신중하게 선택한다는 것을 인정한다 — 실제로 그는 오비디우스(Ovidius)를 인용하는데 그 이유는 저 시인이 의지박약에 의한 당혹스러움을, '나는 더 좋은 진로를 보고 그것을 승인하지만, 나는 더 나쁜 진로를 따른다' 라고 압축적으로 표현하고 있기 때문이다. 그리고 그는 우리가 의지박약에 의한 선택을 하는 순간에 우리는 좋음과 나쁨에 대한 참된 인식을 가지고 있을 수 있다는 것을 인정한다. 스피노자는 제4부 이 절의 핵심인 자신의 견해의 두 개의 특징적 측면—좋음과 나쁨에 대한 인식은 무엇인가에 대한 설명, 그리고 상충하는 정서에 관한 이론—과 관련하여 그 상황을 이해할 수 있다.

  처음에는 깜짝 놀랄만한 정리에서 스피노자는 '선과 악에 대한 인식은 우리가 의식하는 한에 있어서 기쁨이나 고통의 감정 이외의 다른 것이 아니다' (제4부 정리8)라고 단언한다. 그러나 생각해보면 이것은 그의 용어로는 이해하기 어렵지 않다. 왜냐하면 좋은 것은 나의 활동 역량을 향상시키는 것이고 기쁨은 바로 그 역량의 향상이기 때문이다. 따라서 만약 어떤 것이 우리의 활동 역량을 증가시키면, 우리는 기쁨을 경험하고 그것을 좋은 것이라고 하면서 그것에 의해 더욱 변용되기를 원한다. 그러한 과정을 의식하는 것은 선과 악을 인식하는 것이다(제4부 정리8 증명). 그러나 물론 우리 안에서 움직이고 있는 다른 정서적 과정들도 있을 수 있다. 예를 들면, 나는 나를 다른 방향으로 이끄는, 과거 경험, 유대 관계, 피상적 유사성 등에 의해 야기된 욕망을 가질 수 있다—그리고 나는 저 다른 정서적 과정의 유래 혹은 실제로는 그것의 존재를 전혀 의식하지 못할 수도 있다. 그러한 경우 내 내부에 상충하는 정서들이 있을 것이며, 더 강한 것—내가 취하는 행동 속에서 궁극적으로 드러나는 것—이 나의 의식적인 '선과 악에 대한 인식' 속에서 반성된 것이 아닐 가능성은 얼마든지 있다. 그런 경우에 나는 (스피노자의 용어로) 능동적으로 **행동한** 것이 아니라는 것에 유념하라. 왜냐하면 나의 존재 보존에 반하는 것들은 나의 코나투스적 노력으로부터 따라 나올 수 없기 때문이다. 오히려 나는 정념(수동적 감정)에 의해 수동적으로 행동하게 된 것이다.

상상의 역학에 대한 앞서의 논의(제2부에서)를 기초로, 스피노자는 어떤 종류의 정서가 더 강할 것 같고 어떤 종류의 것이 더 약할 것 같은가에 관해 몇몇 흥미롭고 그럴 듯한 일반화를 제시한다. 예를 들면, 앞서의 논의의 결과는 (다른 사정이 같다면) 미래의 것에 대한 상은 현재의 것에 대한 상보다 더 약하다는 것이다. 결과적으로, 현재의 것에 대한 감정은 미래의 것에 대한 감정보다 더 강할 것이다(제4부 정리9 보충). 이것은 흡연과 관련하여 선과 악에 대한 나의 인식(이 인식은 미래의 건강과 질병 방지의 상 속에 있는 나의 의식적 기쁨이다)과 연결된 욕망이 흡연으로부터 오는 직접적인 기쁨과 니코틴 저하로 인한 고통의 완화에 대한 굳은 믿음에서 생긴 욕망에 의해 어떻게 압도되곤 하는가를 설명하는 데 도움이 될 것이다(제4부 정리17). 예상할 수 있듯이 스피노자는 일어나는 것이 확실하다고 알고 있는 것들과 관련된 감정은 일어날 수도 있다고 생각하는 것들과 관련된 감정보다 강하다고 주장한다(제4부 정리11). 여러 가지 감정들의 상대적 역량에 관한 이러한 수많은 일반화를 압축적으로 설명하고 나서, 스피노자가 3개의 일련의 정리들(제4부 정리15, 16 및 17)을 통해 내리고 있는 결론은 선과 악에 대한 참된 인식으로부터 생기는 욕망은 다른 수동적 감정의 힘에 의해 빈번하게 억압되고 압도될 수 있다는 것이다. 이렇게 스피노자는 전통적인 **의지박약**(*akrasia*)의 문제에 대한 해법을 제시한다.

스피노자는 다양한 정서의 상대적 강도를 논의하는 과정에서 한 가지 더 중요한 주장을 한다. 제4부 정리18은 '기쁨에서 생기는 욕망은, 다른 사정이 같다면, 슬픔에서 생긴 욕망보다 강하다'고 진술한다. 이것은 당근이 채찍보다 더 효과적이라는 주장을 스피노자식으로 더 정교하게 변형시킨 것—스피노자 곧바로 사용하는 중요한 통찰—이다. 윤리학자로서, 스피노자는 특정한 종류의 삶을 살도록 우리를 고무시키기를 원한다. 그런 삶이 참으로 좋은 삶을 단순히 아는 것만으로는 실제로 그 길을 택하는 것이 쉽지 않다는 것을 확신했기 때문에, 스피노자는 그렇게 하도록 우리를 유인하는 최선의 방법을 숙고하지 않을 수 없었다. 원칙적으로 그는 악한 삶에 뒤따르는 슬픔과 혼란에 대해 숙고하고 그렇게 함으로써 그러한 삶을 피하기를 원하도록 우리에게 영향을 미칠 수 있었다(제3부 정리13). 그러나 기쁨으로부터 생기는 욕망은 슬픔으로부터 생기는 것보다 더 강하기 때문에, 대신에 스피노자는 유덕한 삶에 뒤따르는 기쁨과 역량에 대해 서술하기로 마음먹었다. 왜냐하면 그는 기쁨과 역량이 그러한 삶을 살기를 원하도록 우리에게 영향을 주리라는 것을 알고 있었기 때문이다(제3부 정리12). 그리고 우리 안에서 피어난 욕망은 전자보다 후자의 경우에 더 강하다. 자유인의 삶을 배우게 되는 제4부 마지막 절은 바로 우리로 하여금 상상속의 기쁨의 역량을 가지고 우리 스스로 그러한 삶을 강력하게 욕망하게 하려는 스피노자의 시도다.

　제4부 정리18 주석에서 스피노자는 잠시 멈춰서 우리가 어디에 있는지 살펴보고 독자들에게 논증이 어디로 향하는지에 대해 알려준다. 자신이 상당히 넓은 범위를 다루고 있다는 것, 그리고 독자들이 나무를 고찰하다가 숲을 놓칠 수 있다는 것을 그는 잘 알고 있던 것 같다. 이 부분은 유익하고 명료한 요약이며, 우리가 앞으로 나아갈 방향을 알기 위해서는 신중하게 읽혀야 한다.

연구를 위한 물음들

1. 무슨 근거로 스피노자는 선과 악에 대한 인식은 바로 우리가 의식하는 한에 있어서 기쁨(쾌락)과 슬픔(고통)이라고 주장하는가?
2. 왜 **의지박약**(*akrasia*)이 문제인가? 어떻게 상충하는 감정들에 대한 설명이 그 문제에 대한 해결책인가?

덕의 기초 및 선과 악의 기준으로서의 코나투스(제4부 정리19 – 22 및 25)

모든 개체는 존재 보존을 위해 노력하며(제3부 정리6) 그렇게 함에 있어서 기쁨을 주는 것(그가 선이라 판단하는 것)을 추구하고 고통을 주는 것(그가 악이라 판단하는 것)을 피하고자 한다(제4부 정리19 증명). 이러한 노력이 바로 개인의 코나투스적 본질 혹은 본성이다. 이러한 노력이 성공적일수록, 그 사람은 더 많은 역량을 표출한다. 스피노자는 개인의 역량을 그의 덕과 동일시하며(제4부 정의8) 개인이 존재보존 노력에 있어서 더 많은 성공을 거두면 거둘수록, 그는 덕을 더 많이 갖게 된다고(제4부 정리20) 결론내린다. 제4부 정리20 주석은, 스피노자의 학설에 따르면 어떤 사람이 존재 보존에 실패하는 경우(그가 든 예는 자살이다) 그 이유는 오직 그가 약해졌거나 외부 요인에 의해 압도되었기 때문이라는 것을 우리에게 상기시킨다(우리는 위에서 이 주석을 다루었는데—p. 161-162, 거기서 우리는 제3부 정리6에 대해 있을 수 있는 반론을 고찰했다).

코나투스와 역량, 기쁨과 슬픔, 좋음과 나쁨에 관한 이러한 주장들이 지금은 모두 친숙한 것들이지만, 스피노자는 자신의 규범적 윤리론을 전개시키기 시작할 때처럼 여기서 그러한 주장들을 반복해서 말하고 강조하고 있다. 모든 사람이 생존하려는 욕망에 의해 동기를 부여받기 때문에, 윤리 프로그램은 각자의 자기-이익에 직접적으로 호소할 경우에만 받아들여질 것이다. 스피노자는 이렇게 볼 때 현실적인 이기주의자다. 사람이면 누구나가 갖는 유일한 동기는 자기-이익적 동기이며, 어떤 다른 이유로 윤리학설을 추천하는 것은 말이 되지 않는다. 물론 사람들은 스스로를 적절하게 이해하지 못할 수 있으며, 무엇이 참된 의미에서 자기-이익인지 알아차리지 못할 수 있다. 그러나 동기부여에 따라 사람들의 마음을 사로잡는 유일한 호소는 자신들의 활동 역량(이를테면, 생존력)을 최대화하려는 그들의 관심에 호소하는 것이다.

'덕'(virtus)이라는 용어는 라틴어로 된 철학적 어휘인데, '탁월함'으로도 번역될 수 있는 희랍어 **아레테**(*arête*)를 번역한 것이다. 용기, 지혜 및 정의와 같은 아마도 탁월한 특성에 대해 풍부하고 흥미로운 설명을 하면서, 희랍인들은 종종 어떤 성격적 특성이 인간의 탁월함에 도움이 되는가를 논의했다. 로마 시대에, (예를 들어, 스토아 철학자들 사이에서), 덕은 영혼의 강건함 혹은 용기와 더욱 밀접하게 연결되었다. 스피노자의 입장은 스토아 철학자의 입장에 더 가깝다. 물론, 그러나 여기서 스피노자 주장의 핵심은 본성상으로든 동기부여상으로든 존재를 보존하려는 역량은 희랍어 **아레테**(*arête*)의 도덕적 탁월함에 선행한다는 것이다. 현명하고 용기 있고 혹은 정의로워지기 위해서는, 먼저 존재하지 않으면 안 된다(제4부 정리21). 그리고 존재를 보존하려는 노력은 우리의 본질적이고 가장 근본적인 동기부여의 근거이기 때문에, 이 코나투스는 덕의 제1의 기초임에 틀림없다(제4부 정리22 보충). 위에서 보았듯이, 제4부 서문에 대한 논의에서, 좋음과 나쁨 판단의 기준 역할을 하는 스피노자의 인간 본성의 이상적인 모델은 존재 보존을 위한 최대치의 역량을 소유하는 모델일 것이다.

역량, 덕 그리고 이성의 핵심적 역할(제4부 정리23, 24 및 26-28)
자기 자신을 보존하려는 노력은 절대적으로 근본적이라고 주장하면서, 스피노자는 예전에 제3부 도입부에서 자신이 강조했던 것을 상기시킨다. '적합한 원인'과 '능동'에 대한 정의를 사용함으로써, 그는 정신은 적합한 관념을 가지는 한에 있어서만 (능동적으로) 행동한다고 말할 수 있다고 주장한다. (p. 149에서의 논의 참조) 적합한 관념을 갖는 것(이것에 대해 스피노자가 주로 드는 예는 공통관념이다— p. 129-131 참조)과 적합한 관념의 관점에서 사물을 이해하는 것은 이성적 추론 혹은 두 번째 종류의 인식을 하는 것이다. 이런 식으로 사물을 인식하는 것은 사물을 참되게 이해하는 것이다. 따라서—이해하고 이성의 지도에 따라 사는 한에서만, 우리는 실제로 능동적이다(제4부 정리23 및

24). 제4부 정리26과 27은, 우리가 확실하게 나쁘다고 인식하는 유일한 것들은 이해를 방해할 수 있는 것들인 반면에 우리가 확실하게 좋다고 인식하는 유일한 것들은 이해에 도움이 되는 것들이라고 주장함으로써 한 걸음 더 나아간다.

이 몇 개의 정리에서 스피노자가 내딛는 걸음은 체계 전체에 있어서 가장 중요한 개념적 변화들 중의 하나다. 그는 존재 보존에 도움이 되는 것을 이해에 도움이 되는 것과 동일시하고 있다. 실제로 그는 존재를 보존하려는 노력 — 그가 개체의 현실적 본질이라고 단언했던 것 — 을 이해하려는 노력과 등치시키고 있다. 물론 많은 사상가들이 인간 존재는 본질적으로 이성적 동물이며, 우리를 규정하는 것(개별적으로 그리고 집단적으로)은 추론하고 이해하는 능력이라고 주장했다. 그러나 지금까지 스피노자의 학설은 다르다고 생각되었다 — 그는 항상성, 유기적 통합성 및 생존을 강조함으로써 생물학에 더 많은 관심을 갖고 있었다. 그런데 더 이상 정신은 주로 신체의 지속적 존재와 활동 역량을 긍정하려고 노력하는 것처럼 보이지 않는다. 오히려 정신은 추론하고 이해하려고 노력한다.

많은 주석가들은 이것이 논란의 여지가 있다는 것을 알았다. 비록 추론이 제3부에서 제시된 '적합한 원인'과 '능동'에 대한 정의를 받아들일 경우 형식적으로 타당하다는 데 동의한다 할지라도, 유기체로서 생존하려는 노력이 추론하고 이해하려는 노력과 동일시되어야 하는 이유는 명확하게 밝혀지지 않고 있다. 이해는 그 자체가 기쁨을 주는 활동이므로, 우리는 자연스럽게 그것을 바라고 그것을 선이라고 판단한다. 그러나 그것으로는 이해하는 것이 우리가 선이라고 확실하게 인식하는 유일한 것이라는 주장을 충분히 보장하지 못한다. 물론 우리는 이성적으로 추론하고 이해하는 것이 개인에게 그리고 종에게 이로운 여러 가지 상식적 방식에 대해 생각할 수 있다. 예를 들면, 전체적으로 (다른 조건이 같다면) 합리적이고 많이 아는 사람이 무지한 사람보다 오랜 기간 살 수 있는 더 나은 기회를 가질 것이라는 것은 사실이다. 결국 어리석은 사람이 보통은 일찍 죽는다. 이성적인 사람이 생존과 기쁨에 도움이 되는 것에 대해 신뢰할만한 판단을 할 사람일 개연성은 훨씬 더 많다. 그리고 이성적 이해는 인간 수명 연장이라는 결과를 가져온 기술 (예를 들어, 의료와 농업 기술)을 발전시켰다.

이렇게 볼 때 이성과 이해가 자기-보존의 역량을 증대시키는 경향이 있다는 것은 분명하다. 스피노자는 의심할 여지없이 이러한 예들을 드는 것을 환영할 것이다. 그러나 그는 이와 같은 친숙한 사실에 의해 정당화 될 수 있는 것보다 더 근본적인 주장을 하고 있다. 궁극적으로 그가 주장하고 있는 것은 이해가 최고선에 도움이 된다는 것만이 아니다. 그는 이해가 최고선**이라고** 주장하고 있다. 제4부 정리28에서 '신에 대한 인식은 정신의 최고선이며, 정신의 최고의 덕은 신을 인식하는 것이다' 라고 말할 때 그는 이것을 더 분명히 하고 있다. 신에 대한 인식이 최상의 인식이며, 신이 궁극적인 이해의 대상이라는 것은 이해할 수 있다. 그러나 인식이나 이해(신에 대한 혹은 다른 어떤 것에 대한)가 주된 노력의 대상이 존재 보존이라고 이미 알려져 있는 존재의 최고선이라는 것은 그다지 명확하지 않다.

제4부 나머지 많은 부분에서 스피노자는 사물들의 좋음 혹은 나쁨을 판단하는 기준으로서 그것들이 이해에 도움이 되는지 그렇지 않은지를 테스트할 것이다. 그는 정서와 행동들을 그것들이 '이성으로부터 생기는' 것인지 혹은 '이성의 지도에 따라' 수행하는 종류의 행동들인지를 기초로 좋은지 그렇지 않은지를 판단할 것이다. 제5부에서 그는 어떻게 이성이 다루기 힘들고 파괴적인 정념에 직접적으로 영향을 미칠 수

있는지 그리고 어떻게 이성이, 심지어 몇몇 정념을 능동적 감정으로 변형시킴으로써, 정념의 과도함을 순화시키는 데 도움을 줄 수 있는지 설명할 것이다. 마지막으로 우리는, 우리 자신을 자연의 일부로서 이성적으로 이해함으로써, 자기-보존의 문제를 넘어서는 방식으로 바로 우리 자신의 개념을 변화시킬 수 있다는 것을 알게 될 것이다. 이렇게 해서 스피노자는 이성과 이성적 이해의 가치와 매력을 보여줄 것이다. 따라서 이 시점에서는 제4부 정리26과 27의 도출이 의심스럽다 할지라도, 결국에는 확신을 가질 수 있을 것이다. 우리는 연구 마지막 단계에서 다시 이 핵심적 문제로 돌아올 것이다.

연구를 위한 물음들

1. 어떻게 앞에서의 주장—정신은 적합한 관념을 가지는 한에 있어서만 (능동적으로) 행동한다—이 우리가 선이라고 인식하는 유일한 것이 이해라는 스피노자의 주장을 뒷받침하는가?

2. 모험을 즐기는 사람이 자신의 최고의 기쁨/즐거움은 스카이 다이빙에 있으며 따라서 스카이 다이빙은 그가 선하다고 가장 확실하게 인식하는 것이라고 말함으로써 스피노자에게 반응을 보였다고 가정해 보자. 스피노자는 어떻게 이 사람에게 이해가 사실상 해야 할 일이라는 확신을 심어줄 수 있을까?

사회생활과 국가의 기원(제4부 정리29-40)

지금까지 스피노자는 다른 사람들과의 상호작용—오늘날 윤리학 관련 대부분의 논문들의 핵심 주제—에 관해 그다지 많은 말을 하지 않았다. 우리는 타인에 대한 태도와 행위가 특정한 정서에서 생길 수 있는 방식에 관해 그리고 어떻게 타인의 행동이 정서적으로 우리에게 영향을 미칠 수 있는가에 관해 어느 정도 배웠다. 그러나 아직까지는 이성의 지도에 따라 덕을 추구하는 개인에게 적절하고 바람직한 타인과의 여러 가지 상호 작용에 대해 거의 언급하지 않았다. 스피노자는 제4부 정리29에서 시작하는 일련의 주장 속에서 그 빈틈을 채우고자 한다.

처음 대 여섯 개의 정리에서 연역적으로 제시되고 있는 세부적 내용이 그렇게 설득력이 있는 것은 아니지만, 스피노자가 제시하고 있는 일반적인 요지는 아주 분명하다. 그는 인간 존재 모두가 '본성상 일치하는' 방식과 사람들이 서로 서로 '대립하는' (혹은 적어도 대립될 수 있는) 방식을 구분하기를 원한다. 어떤 것도 우리와 공통적으로 가지고 있는 것을 통해서는 우리를 파괴할 수 없다(그렇지 않다면 그것은 자기 스스로를 파괴하게 될 텐데, 그것은 불가능하다) (제4부 정리30). 반대로, 그것이 본성상 우리와 일치하는 한, 그것은 우리에게 있어서 선이 아닐 수 없다(왜냐하면 당연히 그것은 자기 자신에게 선이기 때문이다) (제4부 정리31). 따라서 하나의 사물이 본성상 우리와 일치하는 것이 많을수록, 그것은 더욱더 우리에게 유익하다(제4부 정리31 보충).

그다음으로 스피노자가 주장하는 것은, 정념의 지배를 받는 한 인간존재는 본성상 일치하지 않는다는 것이다. 결국, 정념은 우리 자신의 본성보다 우리에게 영향을 미치는 세계 속에 있는 수많은 사물들의 본성을 더 많이 반영한다. 그리고 저 수 많은 사물들은 모두 다르며 다른 방식으로 우리에게 영향을 미치는 까닭에 우리의 정념도 차이가 난다(앞서 제3부 정리56에서 스피노자가 했던 주장). 따라서 정념이라는 정서에 의해 갈라지는 한, 사람들은 본성상 의견이 다를 수 있고 서로 서로 대립할 수 있다(제4부 정리33과 34). 사람들이 서로 서로 대립하게 되는 정념이 갈라지는 방식의 사례로서 스피노자는 우연적인 반감과 질투를 예로 든다(제4부 정리34 증명).

그러나 스피노자에 따르면, 능동적인 한—즉, 이성의 지도에 따라 유덕하게 행동하는 한—사람들은 언제나 서로 일치하지 않을 수 없다(제4부 정리35). 왜냐하면, 실제로 이성의 지도를 따른다면, 그들은 실로 자신들의 인간 본성에 좋은 것을 추구할 것이기 때문이다. 그리고 그들 자신의 인간 본성에 좋은 것은 모든 사람의 본성과 일치할 것이다. 따라서 이성의 지도에 따라 사는 모든 사람은 본성상 일치할 것이다(제4부 정리35 증명). 그리고 끝으로, 하나의 사물이 본성상 우리와 일치하는 것이 많으면 많을수록, 그 사물은 우리에게 더욱더 유익하기 때문에(제4부 정리35 보충), 이성의 지도로 살아가는 다른 인간 존재보다 우리에게 더 유익한 것이 우주에는 없다고 결론 내릴 수 있다(제4부 정리35 보충).

사실, 이러한 일련의 논증은 세밀하게 논리적으로 검토할 경우 성공적이지 못하다. 그러나 결론은 충분한 타당성이 있는 것으로 보이며, 제4부 정리35 주석에서는 이러한 결론 수용의 더 현실적인 이유가 제시되고 있다. 스피노자는 현실을 고려할 때 사람들은 거의 이성의 지도에 따라 살지 않으며 서로가 갈등과 반목의 원천이라는 것을 지적한다. 그럼에도 이러한 환경에서조차 거의 대부분 어느 누구도 고립된 삶을 살려는 선택을 하지 않으며, 대부분의 사람들은 인간은 '사회적 동물'이라는 아리스토텔레스(Aristoteles)와 세네카(Seneca)의 정의에 동의하는 것 같다. 우리는 분명히 타인과의 협동과 유대를 통해 잃는 것보다 더 많은 것을 획득한다.

따라서 인간사를 풍자가로 하여금 마음껏 비웃게 하고, 신학자로 하여금 마음껏 저주하게 하자. 그리고 우울증 환자로 하여금 미개하고 야만적인 삶을 칭송하게 하자. … 사람들은 서로 도움으로써 필요한 것들을 훨씬 더 쉽게 공급받을 수 있다는 것을 여전히 경험적으로 알게 된다. … (제4부 정리35 주석)

이성의 지도에 따라 덕을 추구하는 사람에게 최고선은 모두에게 공통적이며 모두에 의해 똑같이 향유될 수 있다고 스피노자는 주장한다(제4부 정리36). 이것은 중요한 언급이다. 왜냐하면 만약 최고선이 (오늘날의 용어로는) '제로-섬 선'(zero-sum good) — 즉, 만약 최고선이 내가 더 많이 가지면 가질수록 다른 누군가가 더 적게 가질 수밖에 없는 그러한 것 — 이라면, 최고선은 경쟁을 불러일으키고 덕을 추구하는 사람으로 하여금 자신의 동료와 불화를 겪게 만들 것이다. 그러나 이 최고선은 제로-섬 선이 아닌 것뿐만이 아니다. 반대로, 유덕한 사람은 당연히 타인이 최고선을 소유하고 향유하기를 원한다(모두가 본성상, 서로가 힘이 되는데 일치할 수 있도록) (제4부 정리37). 이것은 아마도 스피노자가 『에티카』를 저술하려고 노력하는 이유에 대한 설명이 될 수 있을 것이다. 그는 덕을 추구하고, 이성의 지도에 따라 살며 최고선을 향유하도록 다른 사람들을 고무시키기를 원한다.

제4부 정리37 두 번째 주석에서 스피노자는 국가의 기원에 관한 자신의 이론 — 『신학-정치론』과 (미완의) 『정치론』에서 훨씬 더 완전하게 발전된 이론 — 을 요약해서 보여준다. 스피노자의 생각은 대표적인 영국 정치이론가 토마스 홉스(Thomas Hobbes)(1588-1679)의 저서로부터 강력한 영향을 받았다. 홉스의 이론은 국가 형성에 앞서는 '자연 상태'를 마음속에 그린다. 자연 상태는 시민법도 계약의 이행을 강제하는 어떠한 권력도 존재하지 않는 상태다. 공포는 모든 사람에게 모든 다른 사람을 의심하고 폭력, 사기 혹은 다른 사람들과의 동맹을 통

해서 자기-보호 역량을 극대화하려는 동기를 부여할 것이라고 홉스는 주장한다. 자연 상태는 만인에 대한 만인의 무시무시하고 끔찍한 전쟁 상태일 것이다.

스피노자는 홉스만큼 이러한 자연적 조건의 특징으로 간주되는 폭력 성과 후진성을 두드러지게 강조하지 않는다. 하지만 자연 상태에 있는 사람들은 정념에 의해 이끌리고 서로 불화를 겪으리라는 것을 그는 잘 알고 있었다. 또한, 그 어떤 시민법도 없는 상태에서 모든 개인은 '최 고의 자연권'에 의해 자신에게 유익한 것으로 간주되는 것은 무엇이든 할 것이고, 자신의 관점에 따라 좋은 것과 나쁜 것을 판단할 것이며, '그가 사랑하는 것을 보존하고 미워하는 것을 파괴하려고 노력할' 것 이라고 스피노자는 주장한다. 만약 모든 사람이 이성의 지도에 따라 살 았다면 어떠한 문제도 없을 것이지만(모든 사람은 협력의 엄청난 이익 을 인지할 것이고 마찬가지로 타인을 신뢰하는 다른 사람을 신뢰할 것 이기 때문에), 대부분의 사람들은 유덕하고 이성적이지 않기 때문에, 갈등이 있을 것이다. 그들이 서로가 타인의 도움을 원하고 필요로 한다 할지라도, 그들은 불화를 겪을 것이다.

필요한 것은 이 사람들이 어울려 일하면서 협력하는 방식이다. 이것 을 달성하기 위해서는, 각각의 개인이 원하는 것은 무엇이든 할 수 있 는 자신의 주권을 기꺼이 포기해야 하며 모두가 서로에게 해를 끼치지 않는다는 합의를 해야 한다. 그러나 이러한 합의와 관련이 있는 모든 당사자들은 그 합의가 모든 사람에 의해 존중되리라는 것을 어떻게 확 신할 수 있는가? 합의 이행 메커니즘이 필요하며, 정념은 더 강력한 반 대 정념에 의해서만 극복될 수 있다는 것이 확증되었기 때문에, 합의 이행 메커니즘은 처벌의 위협에 의해 강력한 공포를 불러일으킬 수 있 어야 한다. 이것이 뜻하는 것은 나의 동료들이 처벌의 위협 때문에 협력적으로 순응하게 된다는 것을 내가 안다면 그들이 상호 불가해 약정을 충실히 지키리라는 것을 내가 신뢰할 수 있다는 것이다. '그런데 법에 의해 그리고 자기 보존 능력에 의해 강력한 힘을 갖게 된 그러한 사회는 국가라 불리며, 국가의 권한에 의해 보호받는 사람들은 국민이라 불린다.'

시민상태 확립에 앞서는, 자연 상태에서는 선이나 악의 확립된 기준이란 없으며, 따라서 '범죄는 생각조차 될 수 없다'고 스피노자는 강조한다. 더욱이 국가 확립 이전에는 재산이란 존재하지 않으며, 그러므로 강도도 있을 수 없다. 실제로, 국가와 합의를 바탕으로 공유된 정의의 기준 모두를 생기게 하는 협약 이전에는 어떠한 종류의 정의나 불의도 있을 수 없다.

『에티카』에서 국가에 대한 논의는 매우 간략하다 — 너무 간략해서 독자들은 스피노자는 국가나 정치 분야가 매우 중요하다고 생각하지 않는다는 인상을 받을 수도 있다. 이것은 대단히 잘못된 인상이다. 그는 『에티카』에서는 정치적 주제에 대해 주의를 기울이지 않는데, 그 이유는 그 주제에 대해서는 특별히 다른 두 개의 저서에서 다루고 있기 때문이다. 스피노자에 따르면, 잘 통치되는 국가의 시민이라는 것이 그 자체로 인간의 지복 달성을 위한 충분조건은 아니다. 그러나 대부분의 사람들이 이성이 아니라 정서에 의해 통치되는 우리가 사는 세계에서 국가는, 위협과 공포를 통해, 사람들 사이의 어느 정도의 협력 활동과 상호 지원을 강화하기 위해 절대적으로 필요하다. 잘 알려져 있듯이 홉스에 따르면, 자연 상태에서는 지상의 어떠한 문화도, 안락한 주거도, 예술도, 학문도, 사회도 존재할 수 없으며, 인간의 삶은 '고독하고, 빈곤하고, 끔찍하고 잔인하며 짧다'. 스피노자의 생각은 이러한 홉스의 평가와 그다지 다르지 않다. 국가는 대부분의 우리들로 하여금 이런 식으로 비참하게 실존하지 않도록 도와주는 것이며, 그러한 이유로 엄청 중요하다.

연구를 위한 물음들

1. 스피노자는 '자연 상태'에서 모든 사람은 무엇이든 자신에게 이롭다고 생각되는 것을 할 것 — 그리고 '최고의 자연권에 의해' 그렇게 할 것 — 이라고 말한다. 여러분은 이 마지막 어구가 무엇을 의미한다고 생각하는가?

2. 스피노자는 국가 수립 이전에는 '범죄는 생각될 수 없다'고 주장한다. 왜 그런가? 스피노자의 주장은 옳고 그름의 모든 기준은 규약의 문제라는 것을 의미하는가?

여러 가지 감정과 행동 평가하기(제4부 정리41-66)

도덕 심리학과 규범 이론의 많은 주제들을 적절히 다루고 있는 제4부 말미에서, 스피노자는 자신이 도출한 원리들을 특정한 행동과 감정을 평가하는 데 적용한다. 그는 최종적으로 최상의 인간의 삶이 의미하는 바를 더 구체적으로 설명한다.

먼저 인간 신체의 부분들 사이의 운동과 정지의 비율 보존에 도움이 되는 것은 무엇이든 신체의 존재 보존에 도움이 된다는 것 그리고 기쁨이나 즐거움을 준다는 것 — 그러므로 선이라는 것 — 을 상기시킴으로써, 그는 앞서 언급한 선의 기준을 되풀이해서 말한다. 만약 어떤 것이 신체를 결정하는 운동과 정지 비율을 붕괴시키거나 파괴시킨다면, 그것은 바로 그런 까닭에 악이다.

스피노자는 이 기회에 글자 그대로의 죽음에 앞서 개체가 개체이기를 그칠 수 있는가라는 곤란한 문제를 간략하게 논의한다. 그는 한 사람을 결정하는 운동과 정지 비율이 그 신체가 호흡과 생명을 유지하고 있는데도 변할 수 있다고 생각한다. 그러한 상황에서, 만약 변화된 운동과 정지 비율이 충분히 다르다면, 그 개체가 다른 사람이 되었다고 말할 수 있다. 그가 다소 생생하게 말하듯이, … '시체로 변하고 나서야 신체는 죽는다고 나는 결코 말하지 않는다'. 스피노자는 질병 때문에 기억상실증에 걸려서 자신의 저서를 자기 것으로 알아볼 수 없었던 어느 스페인 시인을 예로 들고 있다. 만약 그 시인의 기억 속에 그러한 심각한 변화가 있었다면, (스피노자의 평행론/동일성론에 따라) 심각한 신체적 변화 역시 있었음에 틀림없다. 스피노자는 기억상실증에 걸린 시인이 과거의 그와 동일한 사람이 아니라는 것을 인정할 준비가 되어 있는 것처럼 보인다. 또한 유아와 후에 성장한 성인은 그들이 동일한 사람이라는 판단을 정당화할 정도로 충분히 유사한 것처럼 보이지 않는다고 그는 주장한다. 이러한 것들은 오늘날에도 여전히 치열하게 논란이 이어지고 있는 논제들이다. 그러한 논제들을 제기하긴 했지만, 스피노자는 좋은 삶의 정서적이고 행태적 개요 약술이라는 자신의 주 과제로 돌아가기 위해 다시 쟁점을 쟁점으로 남겨둔다.

활동 역량을 증가시키는 데 도움이 되는 것들은 선이다. 사이좋게 협동 속에서 살아가는 것이 얼마나 가치 있는지를 알기 때문에, 스피노자는 그런 식의 협동에 도움이 되는 것들은 선이라고 확신을 가지고 말할 수 있었다. 이러한 기준을 사용하여, 그는 제3부에서 정의되고 논의되었던 수많은 정서들로 되돌아가서 그것들을 선이나 악으로 판단한다. 예를 들면, 기쁨은 정의상 선(그리고 슬픔은 당연히 악)이다. 신체의 한 부분에만 국소화된 특별한 종류의 기쁨/쾌락(이른바 **쾌감**(*titillatio*)은 과도할 경우, 신체의 건강한 균형을 훼손시킬 수 있으며, 다른 기쁨을 즐길 수 없게 한다. 따라서 쾌감은 과도할 수 있으며, 그런 까닭에 악이다(제4부 정리43). 게다가 새 연인에게 푹 빠져서 그 어떤 다른 것에 관해서도 생각하거나 꿈꾸거나 말할 수 없는 사람의 예에서 알 수 있듯이, **쾌감**(*titillatio*)으로부터 생기는 사랑과 욕망 또한 과도할 수 있다. 스피노자는 이렇게 사랑에 빠진 연인을 탐욕스럽게 돈을 사랑하는 사람이나 명성에 대한 욕망에 사로잡힌 야심가와 같은 범주 속에 넣고 있다. 이 모든 경우에 있어서, 스피노자는 망설임 없이 그것을 일종의 광기라고 부른다(제4부 정리44 주석).

제4부 정리45 주석에 있는 것은 스피노자가 선과 단순하고 무해한 쾌감을 높이 평가하는 가슴 아픈 구절이다.

> … 사물들을 활용하는 것 그리고 가능한 한 그 속에서 기쁨을 누리는 것은 현자에게 어울리는 것이다(그러나 싫증이 날 정도까지는 아니다. 왜냐하면 싫증은 기쁨을 누리는 것이 아니기 때문이다). 반복해서 말하자면, 절제하면서 좋은 음식과 음료, 향기, 꽃피는 식물의 아름다움, 의상, 음악, 스포츠 활동, 연극 그리고 다른 사람에게 해를 끼치지 않고 각자가 마음껏 할 수 있는 이와 같은 것으로 생기를 되찾고 원기를 북돋우는 것은 현자에게 어울리는 것이다. 왜냐하면 인간 신체는 여러 가지 종류의 수많은 부분들로 구성되어 있는데, 이 부분들은 신체 전체가 자신의 본성으로부터 따라 나오는 똑같이 할 수 있고 결과적으로 정신이 똑같이 많은 것들을 동시에 이해할 수 있기 위해 신선하고 다양한 영양공급을 끊임없이 필요로 하기 때문이다.

이것은 신체와 정서에 대한 스피노자의 설명으로부터 아주 분명하게 따라 나오며, 그리고 그것은 본성의 다양성과 우리에게 유용한 쾌감에 대한 그의 평가를 반영하고 있다. 그러나 이것은 스피노자 자신—가난하고 고독을 즐겼으며 며칠 내내 방을 떠나지 않았던 — 이 옷을 잘 차려입고 극장에 가거나 스포츠에 열중하는 것을 상상하기 어렵기 때문에 가슴을 아프게 한다.

이러한 쾌감을 쾌감**으로서** 긍정적으로 평가한다는 점에서 또한 스피노자는 완고한 신학자들과 웃음, 행복 및 쾌감을 의심스러워했던 그 당시의 종교적 광신주의자들에 대해 강력하게 저항하고 있다. 이 그룹에는 많은 캘빈주의자들 뿐만 아니라 엄숙하고 단조로운 덕을 강권하는 다른 프로테스탄트 종파의 구성원들(청교도와 같은)이 포함된다. 다양한 즐거운 삶에 대한 찬사는 은밀하게 (그러나 교묘하지는 않게) 이러한 사람들에 대한 비판이다. 그리고 누군가가 요점을 놓치는 경우를 대비해서, 스피노자는 이러한 맥락에서, '… 음침하고 음울한 미신 이외의 어떤 것도 즐거움을 금지하지 않는다'.

다음 25개의 정리에서 스피노자는 활동 역량을 증가시키는 경향이 있는지에 따라 다양한 감정들과 성격적 특성들에 자신의 선과 악의 기준을 적용한다. 그는 때로는 자신이 전통적인 기독교 도덕의 관점을 포용할 수 있다는 것을 그리고 때로는 자신이 그것을 배척하지 않을 수 없다는 것을 알고 있다. 예를 들면, 증오와 증오로부터 생기는 감정은 결코 선일 수 없기 때문에(제4부 정리45), 이성의 지도에 따라 살아가는 사람은 다른 사람의 증오에 대해 사랑으로 응대할 것이다. 어떤 사람은 그 속에서 적조차 사랑하라는 예수 계명의 반향을 들을 것이다. 다른 한편, 겸손은 보통 전통적으로 덕으로 간주되지만, 스피노자는 명백하게 이것을 거부한다(제4부 정리53). 또한, 많은 사람들이 후회는 좋은 것이라고 주장하지만, 스피노자는 그것과 상반되는 충고를 한다. 왜냐하면 ' … 자신의 행동을 후회하는 사람은 이중으로 불행하거나 무능하기' (제4부 정리54) 때문이다.

겸손과 후회는 스피노자 입장의 미묘함과 현실성을 알리는 좋은 예다. 이 두 가지 감정은 선이 아니며, 이성에 따라 사는 사람은 그러한 감정들 없이 지낼 것이다. 그러나 사실은, 전적으로 이성에 따라 사는 사람은 거의 없으며, 따라서 이 두 감정은 반대로 비합리적 경향 억제라는 좋은 목적에 기여할 수 있다. 겸손과 후회는 선하지 않지만, 말하자면 오만과 파렴치함보다는 훨씬 더 낫다. 왜냐하면 이 두 감정은 다른 사람들과의 갈등을 더 적게 일으키게 할 것 같고, 이성의 호소에 더 적게 귀 막게 할 것 같기 때문이다. 따라서 ─ 만약 우리가 이러한 감정 전체를 피할 수만 있다면, 그렇게 하는 것이 훨씬 더 좋을 것이다. 그러나 그럴 수 없다면, 겸손과 후회의 방향에서 오류를 범하는 것이 더 나을 것이다. 그리고 이것이 아마도 예언가들이 이러한 감정들을 단호하게 덕으로 권했던 이유일 것이다.

이러한 일련의 논증을 하고 나서, 스피노자는 중요한 주장을 함으로써 이러한 다양한 감정에 대한 평가를 마무리 짓는다. 때때로 우리는 그 자체로는 선이 아닌 수동적 감정에 의해 어떤 것 ─ 긍정적이고 선한 어떤 것 ─ 을 하도록 동기를 부여받을 수 있다. 가장 명백한 예는 많은 시민들에게 법에 복종하도록 동기를 부여하는 처벌에 대한 공포일 것이다. 공포는 나쁜 감정이지만, 시민들에게 선한 일을 하도록 ─ 즉, 법에 복종하도록 ─ 동기를 부여한다. 비록 우리가 수동적이고 고통스러운 감정에 의해 복종하도록 결정된다 할지라도, 법에 불복하는 것보다 복종하는 것이 물론 더 낫다. 그러나 만약 우리가 그러한 고통스러운 감정 없이 법에 복종하도록 결정될 수 있다면, 물론 말할 것도 없이 그것이 더 나을 것이다. 법에 대한 복종은 실로 선이기 ─ 이를테면, 그것은 존재 보존에 도움이 된다 ─ 때문에, 우리는 이성에 의해서만 그것을 하도록 동기를 부여받을 수 있다고 스피노자는 주장한다. 실제로 '활동' 을 자신의 기술적인 의미로 사용함으로써, 스피노자는 수동적 감정에 의해 동기가 부여될 수 있는 그 **어떤** 활동도 우리는 감정 없이 이성에 의해 결정되어 행할 수 있다는 중요한 주장을 한다(제4부 정리 59).

정념에서 생긴 욕망은 지나칠 수 있지만, 이성에서 생긴 욕망은 그럴 수 없다(제4부 정리60-61). 정념에서 생기는 욕망은 미래 만족을 주는 것보다는 현재 만족을 주는 것에 대해 더 강하겠지만, 이성에서 생기는 욕망은 시간에 따라 이런 식으로 왜곡되지 않는다(제4부 정리62 주석). 정념—특히 공포—의 영향하에서 우리는 악을 피할 수 있다. 그러나 이성의 인도하에서 우리는 더 큰 선이나 더 적은 악을 직접적으로 추구함으로써 더 확실하게 동일한 결과에 도달할 수 있다. 이성으로부터 생길 수 없는 그 어떤 선한 것도 정념으로부터 생길 수 없다는 것, 그리고 정념은 이 모든 방식에 있어서 문제가 될 수 있다는 것을 고려하면, 현명하고 덕 있는 사람은 자신의 삶에서 (가능한 한) 수동적 감정의 역할을 최소화시키고자 할 것이다. 이것은 그가 감정 없이 살고자 한다는 것을 의미하지 **않는다**. 반대로, 그가 원하는 삶은 기쁨, 사랑 및 다른 능동적 감정들을 특징으로 한다. 이러한 정서들은 자신의 고유한 역량에서 생길 수 있으며 정도를 벗어나지 않을 수 있고 탐욕, 성욕, 질투, 후회, 죄책감, 망설임, 내적 갈등 혹은 가슴 속 깊이 고통스럽게 하거나 슬프게 하는 다른 감정들을 생기지 못하게 한다.

연구를 위한 물음들

1. 스피노자의 통찰에 따르면 좋은 삶이란 기쁘고 즐거운 삶, 강하고 능동적인 삶이다. 그럼에도 그는 지나친 즐거움과 어떤 종류의 즐거움에 대해 경고하고 있다. 왜 어떤 즐거움은 조심스럽게 접근해야

하는가?

2. 왜 죄책감은 나쁜 감정인가(스피노자에 따르면)?

3. 어떤 감정은 좋고 어떤 감정은 나쁘다는 스피노자의 평가는 정당한 가?

자유인

따라서 이성의 지도에 따라, 기쁨의 능동적 감정을 극대화하고 정념을 최소화시키면서 살아가는 유덕한 사람은 정념의 파도에 이리저리 휩쓸리는 사람보다 더 자유롭다. 유덕한 사람이 느끼고 행하는 것은 자기-결정적이고 자신의 코나투스—자신의 활동 역량—를 따르는 것이다. 우리 중 어느 누구도 결코 완벽하게 이러한 삶을 살지 못할 것이다. 왜냐하면 우리는 외부 사물들 속에 빠져 있어서 외부 사물들에 의존하지 않을 수 없기 때문이다. 그럼에도 제4부 끝부분에서 스피노자는 이상적으로 자유로운 삶에 관해 약간 더 많은 것을 알려준다. 아마도 이것은 제4부 서문에서 '좋음'과 '나쁨'이라는 용어를 정의하면서 그가 말했던 '인간 본성의 이상적 모델'일 것이다.

　제4부 정리67에 따르면, '자유인은 결코 죽음에 대해 생각하지 않으며 그의 지혜는 죽음이 아니라 삶에 대한 성찰이다.' 부분적으로 이것은 욕망이 이성으로부터 생길 때 우리는 공포에 의해 인도되고 악을 피하기 위해서가 아니라 오히려 직접적으로 선을 추구한다고 주장하는 제4부 정리63 보충으로부터 어렵지 않게 도출된다. 스피노자는 죽음에 대한 사유는 필연적으로 공포를 초래할 가능성이 있는 고통스러운 사유이며, 자유인은 그러한 사유에 대한 욕구를 갖지 않을 것이라고 주장한다. 반대로 그는 자신의 강건함과 삶에 대한 성찰 속에서 기쁨을 발견할 것이다.

매우 중요한 (그리고 어떤 점에서는 놀라운) 정리(제4부 정리72) 에서 스피노자는 '자유인은 언제나 기만적으로가 아니라 정직하게 행동한다' 고 주장한다. 이 정리 주석에서 그는 독자들에게 자연스럽게 떠오를 질문을 던진다. '누군가가 지금 다음과 같이 묻는다고 가정해보자. 즉, 만약 어떤 사람이 기만에 의해 현재 죽음의 위험으로부터 스스로를 구할 수 있다면, 어떻게 할 것인가? 존재 보존의 원리는 무조건, 기만할 것을 권하지 않겠는가?' 훗날 독일 철학자, 칸트와 상당히 유사하게 들리는 답변에서, 스피노자는 다음과 같이 답한다. 즉, '만약 이성이 기만을 권한다면, 이성은 모든 사람에게 그것을 권할 것이다. 따라서 이성은 오로지 기만에 의해서만 사람들이 합의를 하고, 힘을 합치며 공통의 권리를 가질 것 — 즉, 그들이 어떠한 공통의 권리도 갖지 말 것 — 을 … 권할 것이다. 이것은 불합리하다.' 스피노자는 개인의 활동 역량을 이성의 적합한 관념들과 동일시함으로써 개별적인 인간 유기체의 생존 투쟁을 벗어나는 것처럼 보인다.[13] 물론 그는 이 시점에서 '자유인' 을 다루고 있지만, 그러나 정확히 어떻게 자유인이 현존하는 죽음의 위협을 받을 수 있는지는 분명하지 않다. 자신의 죽음을 생각하는 것은 공포라는 수동적 감정을 유발시키고, 따라서 자유인으로서의 지위를 약화시키는 것처럼 보인다. 아마도 이것은 우리가 이성이 정념에 대해 가질 수 있는 역량을 고려할 때 (제5부에서) 더 분명해질 것이다.

---

[13] 돈 가레트(Don Garrett)는 'A free man always acts honestly, not deceptively: freedom and the good in Spinoza's Ethics' (in E. Curley and P. F. Moreau (eds), *Spinoza: Issues and Directions*. Leiden: Brill, 1990, pp. 221-38)에서 이 정리와 주석에 대해 탁월한 비판적 분석을 하고 있다.

제4부를 마무리하면서

스피노자는 제4부에서 많은 것들을 다루었으며, 그는 설명 순서와 주제들 사이의 연관 관계가 언제나 전적으로 명백한 것은 아니라는 것을 알고 있었다. 주장된 것을 명확하게 하고 강화하려는 노력 속에서, 그는, 다른 사람들과 함께 하는 삶의 중요성을 강조하면서, 덕과 역량에 관한 학설을 요약하고 있는 부록을 제시한다. 어떠한 중요한 부가적 학설도 소개되고 있지 않지만, 다른 배열 속에서 그리고 도출과 증명의 혼란 없이 생각들을 차근차근 읽어나가는 것은 도움이 되고 기쁨을 줄 것이다. 스토아 철학적 요소는 『에티카』 마지막 제5부로의 적절한 이행에 도움을 주고 있는, 아름답게 표현된 다음과 같은 구절에서 나타난다. 즉, '… 우리가 이해하는 한에서, 우리는 필연적인 것 이외의 어떤 것을 원할 수도, 참된 것 이외의 어떤 것에 절대적으로 만족할 수도 없다. 따라서, 우리가 이러한 것들을 올바르게 이해하는 한, 우리의 더 나은 부분의 노력은 자연 전체의 질서와 일치한다.'

제5부 – 지성의 역량, 혹은 인간의 자유에 대하여

제4부 끝맺는 말을 읽어보면, 스피노자가 착수했던 것을 다한 것처럼 보일 수 있다. 그는 우리의 동기와 정념에 대해, 즉 그것들이 어떻게 생기는지, 우리가 어떻게 그것들에 예속되는지 그리고 그것들이 어떻게 인간의 덕을 훼손시킬 수 있는지에 대해 설명했다. 우리는 무엇이 진정으로 우리에게 좋은지 그리고 우리의 감정이나 행동 방식들 중 어떤 것이 그러한 선에 도움이 되는지를 스피노자로부터 들을 수 있었다. 그리고 스피노자는 '자유인'에 대해 기술하는 과정에서 유덕한 사람의 모

델을 ― 우리가 영감을 받고 본받게 하기 위해 ― 제시했다. 그것은 마치 스피노자가 인간 존재에게 좋은 삶을 이해하기 위해 우리가 알 필요가 있는 것을 설명하고 있는 것처럼 보일 수 있다.

그러나 제5부 도입 단락에서 우리가 알게 되는 것은 스피노자가 우리가 방금 읽은 선한 삶에 대한 규범적이고 기술적인 설명 이상의 것을 제시하리라는 것이다. 그는 또한 '자유에 이르는 방법 내지 길'을 제시하고 설명하고자 한다는 것이 밝혀진다. 그는 '이성의 역량'에 기초를 둔 방법을 염두에 두고 있는데, 그 방법에 의해 우리는 스스로를 과도하고 비이성적인 정념의 예속으로부터 벗어나게 할 수 있다. 어떤 의미에서는 정념을 다루는 스피노자의 방법이 '이성의 역량'에 의존한다는 것은 자연스럽다. 왜냐하면 정신의 활동 역량은 정신이 적합한 관념을 갖는데 있으며, 적합한 관념을 갖는 것은 '두 번째 종류의 인식 내지 이성지'를 구성하는 것이기 때문이다. 다른 한편, 정념은 이성의 역량에 의해 '억제되고 제어될' 수 있다는 그의 말을 듣는 것은 약간 놀랍다. 왜냐하면 감정은 다른 것, 즉 반대 감정에 의해서만 억제될 수 있다는 것을 그는 분명히 하고 있기 때문이다. 제5부 전반부는 어떻게 이성이 다루기 힘든 정념에 대해 영향력을 행사할 수 있는가를 설명함으로써 이 문제를 해결할 것이다.

스피노자는 또한 이 첫 번째 단락에서, 거의 지나가는 말로, '… 이것으로부터 우리가 현명한 사람의 삶이 무지한 사람의 삶보다 얼마나 많이 선호되는지 알게 될, 정신의 자유 혹은 지복이 무엇인지'를 자신이 설명하겠다고 말한다. 또한 우리는 '자유인'에 대해 이미 배웠고 어떻게 자유인의 삶이 평화, 정서적 안정 및 활동 역량과 보존 역량의 모델인지를 살펴보았다고 생각할 수 있다. 그러나 스피노자가 염두에 두고 있는 자유는 이것보다도 훨씬 더 주목할만한 어떤 것임이 밝혀진다.

스피노자는 어떻게, 신 안에서의 자기 자신에 대한 일종의 직관적 이해에 의해, 사람들이 지복(*beatitudo*)에 도달할 수 있는지 설명할 것이다. 이러한 것들은 스피노자 사유의 이러한 측면에 일종의 신비적 요소가 있다는 것을 암시하는 극적인 주장이다. 이것들은 또한 해석이 쉽지 않고 주석가들로부터 강한 비판을 받았던 난해하고 논란의 여지가 있는 교설들이다. 스피노자는 물론 자신만의 통상적인 논리적 확실성을 가지고 그것들을 단계적으로 연역할 수 있다고 주장한다. 우리는 무엇을 이러한 지복이라고 이해할 수 있는지 살펴볼 것이다.

서문

정신이 다루기 힘든 정념에 대해 가질 수 있는 역량에 대해 (그리고 종종 이러한 정념들의 결과로 나타나는 자기 파괴적 행동들에 대해) 논의할 것이기 때문에, 스피노자는 이 주제에 대해 다른 사람들이 갖는 견해를 간략하게 논의하면서 시작한다. 스토아 철학자들은 우리가 의지를 직접적으로 실행함으로써 우리의 감정을 제어할 수 있다고 생각했던 것처럼 보인다는데—비록 그것이 매우 어렵고 엄청난 훈련과 실천을 요한다는 것을 그들이 인정했지만—그는 주목한다. 데카르트는 다른 한편으로 정교한 학설을 제시했는데, 그 학설에 따르면, 송과선이라 불리는 뇌 속에 있는 쉽게 움직일 수 있는 선은 영혼의 의지 행위에 의해 움직일 수 있으며, 다음으로 이 송과선의 운동은 바람직한 감정과 상당히 다루기 힘든 감정을 산출하는 동물 정기의 운동을 야기시킬 수 있다.

스피노자는 물론 이러한 견해들을 전적으로 거부한다. 우선, 그들은 모두 의지 기능의 존재를 전제하지만—스피노자는 그러한 것이 있다는 것을 곧바로 부정한다. 더욱이 데카르트의 견해는 비물질적 영혼의 의지 활동은 물질적 대상—송과선—을 움직일 수 있다는 것을 전제한다. 어떻게 이런 일이 일어날 수 있는가는 데카르트 체계에서 완전히 신비스러운 것으로 남겨져 있으며, 스피노자는 그것을 이유로 데카르트를 비난한다. '실제로, 스콜라 철학자들이 불명료한 것을 신비한 성질을 통해 설명하고자 한다고 그렇게 자주 비난했던… 한 철학자가 그 어떤 비밀스러운 성질보다 더 비밀스러운 학설을 택했다는 것은 이상하지 않을 수 없다.' 모든 명백한 난점에도, 송과선 이론을 스피노자가 여기서 한 페이지 정도 비판적으로 다루고 있다는 것은 스피노자가 데카르트에 대해 가지고 있던 깊은 존경—뿐만 아니라 데카르트가 17세기 과학계/학계에서 차지했던 걸출한 입지—의 표시라고 할 수 있다.

정념에 대한 이성적 치료

스피노자는 다루기 힘든 감정을 제어하기 위해 의지력에 도움을 청할 수 없다. 왜냐하면 의지라는 것이 존재하지 않기 때문이다. 정신의 역량은 이해하는—신의 무한 역량과 활동성으로부터 따라 나오는 한에 있어서, 사물들의 질서를 참으로 있는 그대로 긍정하는 적합한 관념을 획득(생성)하는—능력에 있다. 적합한 관념에서 표현되는 사물들의 질서는 상상 속에서 확인되는 사물들의 질서와 전혀 다르다. 왜냐하면 후자의 질서는 다른 양태들과 신체의 상호작용의 질서—개별적 신체의 특별한 본성, 위치 및 관점을 고려할 때 필연적으로 편심적일 수밖에 없는 질서—만을 반영하기 때문이다. 우리는 사물을 우연적이거나 가능한 것으로 상상하고, 사물을 필연적인 것으로 인식한다. 우리는 사물을 지속적인 것으로 상상하고, 사물을 영원의 상 아래에서 인식한다. 우리는 사물을 활력 없는 분리된 개별자로서 상상하고, 사물을 단일하고 신적인 실체가 활동하는 여러 가지 방식들로서 인식한다. 자연, 우리 자신 및 우리의 감정에 대한 적합한 개념 획득은, 우리가 감정에 종속되기보다는 감정을 우리에게 종속시킴으로써(이것이 가능한 한), 저 감정들을 질적으로 변화시킬 것이라고 스피노자는 주장한다.

　제5부 전반부는 어떻게 이성적 이해가 이러한 치료법적 효과를 가질 수 있는지 설명한다. 이러한 설명은 차례차례 3단계로 전개된다. 첫 번째 단계(제5부 정리1-4)에서 스피노자는 특정 감정을 적합하게 이해함으로써 얻게 되는 효과를 다소 추상적으로 설명한다. 이러한 설명은 체계의 기술적 전문 용어로 이루어지며, 논리적 관계는 매우 쉽게 추적될 수 있지만, 경험적 의미가 분명하지 않은 부분이 있다. 다행히도, 다음으로 이어지는 정리들(제5부 정리5-10)은 직관적으로 그럴 듯하고 일상의 경험적 용어로 이해될 수 있는 다루기 힘든 정념들에 대한 일련의 '치료법들'을 제시한다. 이것들 역시도 사물들에 대한 적합한 이해에 의해 좌우되지만, 그러한 이해의 정서적 중요성은 더 쉽게 파악된다. 제5부 전반부 마지막 그룹의 정리들(제5부 정리11-20)에서 스피노자는 우리가 더 많이 이해하면 할수록 우리는 더 많이 신을 사랑할 것이라고 주장한다. 그런 사랑은 필연적으로 강한 사랑일 것이며 좋지 못한 감정들의 역량을 완화시키는 데 있어서 특별한 가치를 지닌 다른 특성들을 가질 것이다. 제5부 정리20의 긴 주석에서는 이러한 '치료법들'이 요약 정리되고 인간 지복에 대한 마지막 설명으로의 이행이 준비되고 있다.

감정에 대한 적합한 이해 (제5부 정리1-4)

　제5부 첫 번째 정리에서 스피노자는 두 개의 잘 알려진 속성들의 평행론/동일성을 독자들에게 상기시킨다. 신체 변용의 질서 및 연관은 그것에 대한 관념의 질서 및 연관과 같다. 이것이 보증하는 것은 정신

안에 있는 관념과 관련하여 우리가 도출하는 모든 결론은 신체 속에서 일어나는 평행한 사실 속에 반영되어 있으리라는 것이다(그리고 그 역도 마찬가지다).

다음 정리(제5부 정리2)의 내용은 다음과 같다. 즉, '만약 감정을 그것의 외적 원인에 대한 사유로부터 분리시키고, 그것을 다른 사유와 결합시키면, 외적 원인에 대한 사랑이나 증오, 그리고 이러한 감정들로부터 생기는 동요 역시 파괴될 것이다.' 이에 대한 증명은 나름 충분히 명백하지만, 실망스러울 정도로 추상적이다.

사랑과 증오가 외부 원인의 관념에 의해 수반되는 기쁨과 슬픔으로서 정의되기 때문에, 만약 외부 원인의 관념이 분리된다면, 그 원인을 향한 사랑이나 증오는 (정의상) 더 이상 존재하지 않을 것이다. 그러나 감정을 하나의 사유로부터 '분리시켜서' (amoveamus) 다른 사유와 '결합시킨다' (jungamus)는 것은 정확히 무엇을 의미하는가? 그리고 사랑이나 증오는 더 이상 존재하지 않을 수 있다고 해도, 기쁨과 슬픔은 아마도 존재할 것이다. 따라서 어떻게 이것이 누군가가 처해 있는 상황의 개선인가?

제5부 정리3을 앞서 살펴보면 스피노자는 수동적 감정에 대한 명석판명한 관념 형성에 관하여 말하고 있다는 것을 알 수 있다. 제5부 정리4에서 그는 명석판명한 관념을 형성할 수 없는 신체의 변용은 없다는 것을 강조한다. 따라서 감정과 관념의 '분리' 및 '결합'은 감정에 대한 명석판명한 관념 형성 — 적합한 이해 달성 — 과 관련이 있는 것처럼 보인다. 제2부에서의 첫 번째와 두 번째 종류의 인식에 관한 스피노자 학설에 대한 논의에 비추어 우리가 말할 수 있는 것은 감정을 외부 원인에 대한 관념으로부터 분리시킨다는 것은 감정을 외부 원인(그것에 대해 기껏해야 어쨌든 혼란스러운 관념을 가질 수밖에 없는)의

결과라고 상상하기(자연의 공통 질서에 따라)를 중단하는 것이다. 감정을 다른 사유와 결합시킨다는 것은 감정을 신이 언제나 그리고 모든 곳에서 활동하는 방식에 대한 관념(이를테면, 공통관념)으로부터 따라 나오는 것으로서 파악하는 것이다.

이 과정은 스피노자의 태양 관념의 예로 되돌아감으로써 가장 잘 이해될 수 있다. 내가 태양을 단지 자연의 공통 질서에 따라서만 인지하는 한, 태양에 대한 나의 관념은 사실상 (내가 전혀 알지 못하는) 나의 신체가 태양에 의해 변용되는 방식에 대한 관념—나의 상상 속에 있는 여러 가지 혼란스러운 연합의 관점에서, 태양이 나로부터 200피트 거리에 있다는 생각을 하게 하는 관념—이다. 그러나, 내가 시각, 기하학, 광학 및 인간의 감각 기관에 대한 적합한 관념들을 갖게 되는 한, 나의 관념은 정확히 있는 그대로의 것으로서 이것들로부터 따라 나오는 것—즉, 9,300만 마일 이상 떨어져 있는 거대한 공 모양의 에너지 덩어리에 의해 야기된 (자연법칙에 따라) 나의 신체 변용의 관념—으로 간주될 수 있다. 이 경우 나의 관념은 상상 속에서 나의 관념과 연결되어 있던 여러 가지 관념들로부터 분리되었고 나의 관념이 더 명석하고 판명하게 따라 나오는 다른 더 적합한 관념들과 '결합되었다'. 위의 제5부 정리2의 경우도 다르지 않다—감정의 관념은 외부 원인에 대한 사유로부터 분리되어야 하며 감정의 관념이 더 명석판명하게 따라 나오는 저 적합한 관념들과 결합되어야 한다. 쾌락과 고통은 그 경우 외부 원인에 대한 이전의 관념에 의해 더 이상 수반되지 않기 때문에, 그 상상되는 원인에 대한 사랑이나 증오는 사라진다.

다음 단계는 '수동적 감정은 우리가 그것에 대해 명석 판명한 관념을 형성하는 순간 수동적 감정이기를 중단한다'고 주장하는 제5부 정리3에서 개략적으로 서술된다. 이에 대한 스피노자의 증명은 해석이

쉽지 않지만, 정리는 그의 정의들을 고려하면 충분히 어렵지 않게 따라
나오는 것처럼 보인다. 감정의 관념이 정신 안에 있는 적합한 관념들로
부터 따라 나오는 한, 정신 안에 있는 이 관념들은 감정의 관념의 적합
한 원인들이라고 할 수 있으며, 따라서 정신은 그 관념에 대하여 능동
적이라고 할 수 있다. 따라서, 단지 수동적 감정을 이해함으로써만 우
리는 감정에 대하여 수동적이기를 멈춘다. 강조하기라도 하는 것처럼,
스피노자는 계속해서, ' … 감정이 우리에게 더 많이 알려질수록 우리
는 더 많이 감정을 제어할 수 있으며, 정신은 감정에 대하여 덜 수동
적' 이라고 결론 내린다.

이 정리들은 그 나름대로, 무리 없이 잘 따라 나오지만, 몇 가지 어려
운 물음이 여전히 답해지지 않고 있다. 예를 들어, 스피노자가 감정에
대해 명석판명한 관념을 형성할 수 있다고 역설할 때, 우리는 이것을
하나의 감정의 독특한 **발생**을 의미하는 것으로 이해해야 하는가 아니
면 **여러 가지 유형의 감정**을 의미하는 것으로 이해해야 하는가? 스피노
자가 그것을 명확히 하지는 않지만, 아마도 그는 두 가지 모두를 의도
했던 것 같다. 왜냐하면 감정의 유형론과 각 유형의 원인론을 아는 것
은 그 유형의 감정의 독특한 예를 이해하는 데 있어서 본질적인 것이기
때문이다. 만약 누군가가 갑자기 어떤 개인에 대해 크게 분노한다면,
그는 일반적으로 분노가 무엇이며 왜 일어나는지를 알 경우 분노 특유
의 격렬함을 더 쉽게 이해할 수 있다.

더 심각한 해석상의 어려움은 스피노자가 하고 있는 권고의 본성, 바
로 그 본성을 반성해 볼 경우 나타난다. 그는 파괴적이고 슬픔과 관련
된 감정을 적합하게 이해함으로써 그러한 감정을 극복할 것을 권하고
있다. 문제는 스피노자의 학설에 따를 경우 우리가 슬픔을 적합하게 이
해한다는 것이, 원칙적으로, 불가능하다는 것이다. 슬픔은 정의상 더

적은 역량과 완전함의 상태로의 이행이다. 만약 우리가 슬픔에 대해 적합한 인식을 확보할 수 있다면, 더 낮은 상태의 역량에로의 이행의 관념이 우리 정신 안에 있는 적합한 관념으로부터 따라 나올 수 있다는 것이 사실이어야 한다. 만약 이것이 사실이라면, 우리 정신만이 더 적은 역량의 상태로의 이행의 이러한 관념의 적합한 원인일 것이다. 그러나 이것은 불가능하다. 왜냐하면 우리의 존재 보존에 도움이 되는 것에 대한 관념만이 우리 정신으로부터 따라 나올 수 있기 때문이다─그리고 더 적은 역량과 완전함의 상태로의 이행의 관념은 우리의 존재 보존에 도움이 되지 않기 때문이다. 그렇다면 스피노자는 불가능한 것을 추천하는 것처럼 보인다.

이러한 반론에 대한 가장 좋은 대답은 반론을─치명적인 문제로서가 아니라 슬픔 및 슬픔과 관련된 정서들을 극복하는 데 있어서 이해의 효용성을 확인하는 것으로서─받아들이는 것이다. 불쾌는 이해될 수 없다는 결론이 도출되는 것과 마찬가지로, 적합하게 이해되는 것은 불쾌할 수 없다는 결론 역시 도출된다. 그러나 이것이 형식적인 스피노자 철학의 용어로는 이해되지만, 그가 제시하는 요지를 더 경험적으로 파악하는 것이 적절할 것이다. 이를 위해 다음의 일군의 정리들로 넘어갈 필요가 있다.

연구를 위한 물음들

1. 만약 스피노자가 태양에 대한 상상적 지각에 관하여 권하는 방식으로 불쾌한 감정을 이해한다면, 그 감정의 성격이 변하는가? 왜 그런가 아니면 왜 그렇지 않은가?

2. 우리가 불쾌한 감정에 대해 명석판명한 관념을 형성할 수 있다는 통념에는 어떤 어려움이 있는가?

3. '…감정이 우리에게 더 많이 알려질수록, 우리는 더 많이 그것을 통제하게 되며, 정신은 감정에 대하여 덜 수동적이 된다'는 것은 (스피노자가 말하고 있듯이) 참인가?

정념에 대한 구체적인 인지적 치료 (제5부 정리5~10)

우리는 정확히 어떻게 이해를 통해 수동적 감정이 변형되는지를, 덜 형식적이고 더 경험적인 용어로, 이해하기를 원한다. 정리5~10에는 어떤 것을 참으로 있는 그대로 인식할 경우 그 어떤 것에 대한 감정적 반응이 어떻게 달라지는가에 관한 일련의 주장들이 담겨 있다. 이 모든 주장은 심리학적으로 그럴 듯하고 경험적으로 친숙한 것들이다.

예를 들어, 제5부 정리5는 (다른 사정이 같다면) — 어떤 것을 필연적이거나 가능적이거나 우연적인 것으로 생각하는 경우보다— 있는 것으로 단순히 상상하는 어떤 것에 대해 우리는 가장 강하게 감정적으로 반응한다고 주장한다. 다음으로 제5부 정리6은 사물을 필연적인 것으로 인식하는 한에 있어서 우리는 정서에 대해 더 큰 역량을 갖는다고 주장한다. 자연 속의 모든 사물과 사건은 사실상 필연적이기 때문에, 사물들을 참으로 있는 그대로 인식할 경우 우리는 그 사물들을 필연적인 것으로 인식할 것이다. 따라서 만약 우리가 사물들을 참으로 있는 그대로 인식한다면, 우리는 감정적으로 덜 격하게 반응할 것이며 그렇게 해서 우리는 그것들에 대해 더 큰 역량을 가질 것이라고 스피노자는 주장한다. 그러나 그는 왜 사물들을 필연성에 의해 지배되는 것으로 생각하는 것이 우리들에 대한 사물들의 영향력을 약화시킬 것이라고 생각하는가?

제5부 정리6 증명과 주석은 다양한 심리학적 통찰을 제시하고 있다는 점에서 흥미롭다. 예를 들어, 만약 내가 어떤 것을 원인에 대한 고려

없이 그저 상상하기만 한다면, 나는 사실상 그것이 원인이 없거나 자기-결정적이라고 상상하고 있는 것 — 즉, 나는 그것을 마치 자유로운 것처럼 생각하고 있는 것 — 이라고 스피노자는 주장한다. 앞서 제3부 (제3부 정리49)에서 스피노자가 연역했던 것은 우리의 감정적 반응은 우리가 (이런 의미에서) 자유롭다고 상상하는 어떤 것에 대해 가장 강하다는 것이다. 사물에 대한 사랑과 증오는 그 사물 때문에 생긴 기쁨과 슬픔이 그 사물들뿐만 아니라 다른 원인들과도 관련되어 있을 때 약해진다고 그는 추론했다. 요지는 사랑이나 증오는 그 속에 포함되어 있는 기쁨이나 슬픔의 원인에 대한 이해를 확대함으로써 (말하자면) '완화될' 수 있다는 것이다. 따라서 모든 단일 사물에 대한 감정은 그 사물의 존재 자체(활동 자체)의 원인을 고려할 때 완화되며, 하나의 사물을 정확하게 그리고 적합하게 인식할 때, 그 사물에 대한 우리의 감정은 상당히 완화될 것이다. 왜냐하면 그러한 감정은 기쁨이나 슬픔을 불러일으키는 데 있어서 인과적으로 영향력이 있는 수 없이 많은 다른 사물들을 고려함으로써 약해질 것이기 때문이다. 그렇게 해서 우리는 그러한 감정들을 과도하거나 파괴적인 것이 되지 않도록 더 많이 제어할 수 있을 것이다.

우리가 감정의 원인을 적합하게 이해할 때에도 감정은 여전히 그 곳에 있다는 반론이 이쯤에서 제기될지도 모른다. 결국 기쁨이나 슬픔은 여전히 강력하며, 여전히 '외부 원인에 대한 관념에 의해 수반되고 있다' (사랑과 증오에 대한 정의). 그러나 농지를 완전히 침수시킨 뇌우를 증오하는 대신에, 농부는 이제 전 우주를 증오한다! 이러한 반론은 나름의 장점이 있지만, 스피노자의 심리학 체계 내에서 답해질 수 있다. 감정적으로 자극받은 사람의 이해 범위가 정서의 구체적 대상의 원인들을 점점 더 많이 포괄하여 넓어짐에 따라, 여러 가지 이러한 다른 원인들과의 선행하는 그리고 다른 정서적 연관이 나타날 것이고 그 원인들 중 몇몇(아마도 대부분)은 문제가 되는 원래의 감정의 힘을 약화시킬 것이다. 게다가 궁극적으로 이러한 이해 범위는 (주어진 예에서) 농부 자신과 최종적으로 신을 포함해야 한다. 그러나 농부는, 아마도, 자신을 증오하지 않을 것이며, 아래에서 논의될 이유로, 신을 증오할 수도 없다. 모든 것을 감안할 때, 그러면, 그의 증오는 실제로 개선될 것이다.

이러한 완화 전략이, 제5부 정리6 증명에서 등장하고 있기는 하지만, 실제로는 감정의 대상의 **필연성**(necessity)과 직접적으로 관련이 없다는 데 주목하는 것은 흥미로운 일이다. 그러나 제5부 정리6은 필연성과 완화된 감정 사이의 관계를 우리가 파악할 수 있는 더 직접적인 방식의 예, 즉 경험에 기초를 둔 예를 제시하고 있다. 첫 번째 예는 다음과 같다. 즉, ' … 어떤 선의 상실에 대한 고통은 그 선을 상실한 사람이 어떤 식으로도 그 선을 회복할 수 없다는 것을 깨닫는 순간 완화된다는 것을 우리는 안다'. 이것은 잘 알려진 종류의 경험이며, 필연성에 대한 인식이 정서적 반응을 개선하는 방식을 효과적으로 설명한다. 그러나 그것은 다양한 원인에 대한 인식을 통해 감정을 완화시키는 것과는 아무런 관련이 없다. 현대 심리학자들은 그 현상을 다른 방식으로 설명할 것이다. 어떤 선의 상실 때문에 겪게 되는 고통과 슬픔은 부분적으로는 상실을 막지 못했다는 후회, 자책 및 아마도 죄책감의 문제이다. 사람들은 어떤 일을 했어야 했는데 그러지 못했다고 느끼며 이러한 실패의 느낌이 모종의 슬픔을 불러일으킨다. 따라서 '[선]은 그 어떤 방식으로도 회복될 수 없다'는 인식에 의해 고통은 감소될 수 있다. 우리가 행했던 어떤 것도 사건의 경과를 변화시키지 못했을 것이고, 따라서 우리가 실패했다고 해서 회한이나 죄책감을 느낄 이유는 없으며, 회한이나 죄책감으로부터 도출된 슬픔의 그 부분은 축소된다.

여기서 생각나는 에픽테토스(Epictetus)의 충고는 역량 내에 있는 것과 그렇지 않은 것 사이의 구분을 늘 마음에 새겨야 한다는 것이다. 이 스토아 철학자의 견해에 따르면, 많은 것들이 전적으로 우리 역량 내에 있지 않다는 사실에 대한 성찰은 과도한 정서적 장애에 대한 사후 치료로서 뿐만 아니라 전복적으로 동요하는 정념에 맞서 정신력을 강화시키는 예방약으로서 사용될 수 있다. 만약 우리가 역량 내에 있는 것과 그렇지 않은 것을 충분히 마음에 새겨 두고 있다면, 우리는 기대가 충족되지 않은 데서 오는 좌절의 고통을 겪지 않는 방식으로, 충분한 노력을 통해, 욕구와 욕망을 제한할 수 있다. 스피노자는 여기서 에픽테토스 생각에 동의할 것이다. 단, 그의 견해에 따르면 정서를 제어하는 것은 '노력'의 문제가 아니라는 사실에서만 다를 뿐이다. 스피노자의 견해로는 우리 역량 내에 있는 것과 그렇지 않은 것에 대한 적합한 관념은 그 자체가 우리 역량을 넘어서는 것을 우리가 소유하고 완성시킨다는 생각에 대한 부정을 포함하며, 따라서 후자를 마음속에 떠오르는 상으로서 그리고 욕망의 상상적 대상으로서 약화시킬 것이다. 제4부 부록 마지막 구절에서 스피노자가 진술하듯이, ' … 이해하는 한에 있어서, 우리는 필연적인 것만을 욕망할 수 있다….'

에픽테토스에 대한 언급은 스피노자가 자신의 견해에 대한 경험적 확인으로서 제시하는 두 번째 예에 대해서도 적절하다. 유아가 말하지도 걷거나 추론하지도 못하고 거의 전적으로 의식이 없는 것처럼 보인다 해도 어느 누구도 측은해하지 않는다는 것에 그는 주목한다. '그러나 만약 대부분의 사람들이 성인인 상태로 태어나고 소수의 사람만이 아기로 태어난다면, 모든 사람은 아기에 대해 측은하게 여길 것이다. 왜냐하면 사람들은 이 경우 유아를 자연스럽고 필연적인 것으로서가

아니라 오류나 결함으로 보기 때문이다.' (기억하라 — 동정은 좋은 정
서가 아니며, 따라서 스피노자는 우리가 동정을 경험하지 못한다면 그
것을 이득으로 간주한다.) 이것은 스피노자 주장의 요지를 전체적으로
보여주는 또 다른 예지만, 그것 역시 다수의 원인을 인식함으로써 정서
를 완화시키는 것과 무관한 것처럼 보인다. 심리적 기제는 오히려 유아
는 인간 발달 과정에서 자연적이고 필연적인 상태라는 인식과 관련이
있는 것처럼 보인다. 물론 스피노자에게 있어서 모든 사건은 사실상 자
연적이고 필연적이며, 만약 우리가 사물들을 올바르게 인식하기만 한
다면 우리는 사물들을 그 자체로 인식할 것이며 그것들에 대해 정서적
으로 덜 동요하게 될 것이다.

필연성에 대한 적합한 인식과 인정이 모든 과도한 정서나 비합리적
욕망을 완벽하게 그리고 영원히 제거할 것이라고 스피노자가 주장하지
않는다는 것에 주목할 필요가 있다. 최고의 수학자도, 가난한 시기에
는, 25센트 더하기 10센트는 5달러라는 것이 사실이기를 욕망할 수 있
다. 그는 심지어 (상상컨대) 그렇지 않다고 화를 낼 수도 있다. 그러나
그 문제의 수학적 사실에 관한 그의 분노와 욕망이 그를 압도하지는 못
할 것이다.

정리10 주석에서 스피노자는 이러한 치료법들의 한계만이 아니라
인상적인 역량에 관해서도 도움이 될만한 논의를 한다. 만약 감정이 어
떻게 생기는지 안다면 그리고 만약 어떤 것이 선이고 악인지 그리고 어
떤 행동이 역량과 덕에 도움이 되는지 (그리고 그렇지 않은지) 마음에
새기고 있다면, 우리가 과도하거나 다루기 힘든 감정적 반응을 유발시
킬 수 있는 상황에 처할 때 우리의 자제력은 강화될 것이다. 우리는 행
동 규칙들을 정립하고 마음속에서 이러한 규칙들이 적용되어야 할 다
양한 상황을 연습할 수 있다 — 그 결과 그러한 상황이 실제로 발생할

때 마음속에 확립되어 있는 연상은 이러한 규칙들이 즉시 도움이 될 수 있다는 것을 확실하게 보여줄 것이다. 그리고 물론 우리는 사물들을 참으로 있는 그대로 — 즉, 신적 본성으로부터 필연적으로 따라 나오는 것들로서, 신/자연이 언제나 그리고 모든 곳에서 활동하는 법칙-같은 방식에 따라 진행하는 끝없는 원인 계열에 의해 야기된 것들로서 인식하고자 한다.

연구를 위한 물음들

1. 고대 도가의 현자 장자는 감정에 관해 흥미로운 주장을 한다. 만약 우리가 강 위의 작은 배 안에 있고 빈 배가 강을 따라 흘러 내려와 우리 배로 돌진한다면, 우리는 크게 화를 내지 못할 것이라고 그는 말한다. 그러나 만약 그 다른 배 안에 사람이 있다면, 우리는 크게 소리 지르고 경고하고 크게 화를 낼 것이다. 다른 배 안에 사람의 존재 여부에 따라 정서적 반응은 달라진다. 스피노자 철학의 어떤 원리(혹은 원리들)로 이 도가의 가르침을 설명할 수 있는가?
2. '완화' 전략은 감정적 반응의 강도를 낮추기 위해 어떻게 작동하는가?
3. 만약 사건이나 상황을 '자연적이고 필연적'이라고 생각한다면 우리는 어떤 불행한 사건과 상황에 대해 감정적으로 덜 슬퍼하거나 측은하게 여긴다고 생각한다는 점에서 에픽테토스와 스피노자는 옳은가?
4. 만약 스피노자의 치료 프로그램의 개요를 마음에 간직한다면, 우리는 실제로 정념을 더 많이 제어할(그리고 정념에 의해 덜 제어될) 수 있는가?

이해와 신에 대한 사랑 (제5부 정리11-20)

정신이 명석판명한 관념을 형성할 수 없는 어떠한 신체의 변용도—어떠한 상도 그리고 어떠한 감정도—없다는 것을 우리는 제5부 정리4에서 배웠다. 이것은 우리가 적합한 개념에 도달할 수 없는 신체의 어떠한 변용도 없다는 것을 의미한다. 그러나 이런 식으로 어떤 것을 인식하는 것은 그것을 신으로부터 따라 나오는 것으로서 인식하는 것이다. 따라서 신 관념과 관련될 수 없는 어떠한 신체의 변용도 없다(제5부 정리14). 그것은 신과 관련되어 있는 것만이 아니다—그것은 신으로부터 따라 나오는 것으로 인식된다.

이런 식으로 자기 자신과 자신의 감정을 인식하기에 이른다는 것은 자신의 역량과 덕의 증가를 경험하는—즉, 기쁨을 경험하는—것이다. 그리고 이러한 기쁨은 원인으로서의 신 관념에 의해 수반된다. 따라서 (정의상) 그런 사람은 신을 사랑한다(제5부 정리15). 그리고 이 사랑은 언제나 유효하다. 왜냐하면 모든 상(image)과 감정은 이런 식으로 이해될 수 있기 때문이다. 그런 까닭에, 신체의 모든 변용(모든 상과 감정)과 결합되어 있는 이러한 사랑은 정신에서 중요한 위치를 차지하지 않을 수 없다(제5부 정리16). 그리고 우리가 신을 미워하는 것은 불가능할 것이다. 왜냐하면 신에 대해 생각하는 것은 그것으로부터 많은 사물들이 따라 나오는 적합한 관념을 갖는 것이기 때문이다—즉, 신에 대해 생각하는 것은 능동적이 되는 것이며 슬픔보다는 기쁨을 경험하는 것이기 때문이다. 그리고 슬픔 없이는 어떠한 증오도 있을 수 없다.

외부로부터 신을 변용시킬 수 있는 어떤 것도 신 외부에 존재하지 않기 때문에, 신은 수동적 감정을 갖지 않는다. 신은 역량이나 완전함이 더 크거나 더 적은 상태로 이행할 수 없기 때문에, 신은 기쁨이나 슬픔을 경험할 수 없다(제5부 정리17). 그런 까닭에 신은 (엄밀히 말해서)

어느 누구도 사랑하거나 증오할 수 없다. 왜냐하면 사랑과 증오는 기쁨과 슬픔을 전제하기 때문이다(제5부 정리17 보충). 신은 사랑하거나 증오할 수 없기 때문에, 신에 대한 우리의 사랑은 시기나 질투에 의해 오염될 수 없다. 우리는 신이 다른 사람들보다 우리를 더 많이 사랑하기를 (혹은 진정 우리의 사랑에 응답하기를 절대로) 원할 수 없다. 왜냐하면 그것을 원하는 것은 신이 신이 아니기를 원하는 것이기 때문이다— 그리고 지적 존재로서 우리는 불가능한 것을 원하지 못하기 때문이다.

이것은 고무적인 학설이다. 우리가 자연에 대해 그리고 자연의 일부로서의 우리 자신에 대해 더 많이 인식하면 할수록, 우리는 더 많은 역량을 가지게 되고 더 많은 기쁨을 느끼게 된다고 스피노자는 주장한다. 우리 자신의 이해력에서 오는 이러한 기쁨은 언제나 신과 관련이 있으며, 탐욕스럽거나 불확실하지 않은 신에 대한 자유롭고 사심 없는 사랑을 낳는다. 기쁨으로 충만한 이러한 사랑은 정신 안에서 중요한 위치를 차지한다. 왜냐하면 불쾌한 정념과 자기-파괴적 욕망은 우리가 그것들, 또한, 신의 역량으로부터 법칙과 같은 방식으로 따라 나오는 것으로서 이해하는 한 우리들에 대한 지배력을 상실할 것이기 때문이다.

또한 신에 대한 사랑과 관련된 이러한 학설은 전통 종교가 내세우는 더 한층 신인동형적인 신 개념 비판을 내포하고 있다는 것에 주목하라. 신성한 심판자요 통치자로서의 유대-기독교적 신의 이미지는 신자가 신에 의해 사랑받기를 욕망하도록 하며 다른 사람들이 더 많이 사랑받지 않도록 질투를 부추긴다. 사람들은 신의 분노를 두려워하게 되며, 다른 종파의 지지자들을 경멸하게 하고, 신의 분노를 달래기 위해 정교한 제의를 마련하게 되며, 신에게 아첨하게 된다. 스피노자는 이 모든 것을 신의 본성에 대한 근본적인 오해에서 비롯된 미신으로서 간주한다. 이러한 오해의 결과로 강건함과 기쁨 및 사랑의 원천이어야 할 신에 대한 사유는 불안, 공포, 시기 및 질투의 계기로 전환된다.

　정리20 주석에서는 정신이 정념을 상당 부분 통제할 수 있는 여러 가지 방식들의 개요가 서술되고 있다. 이 모든 방식은 다소간에 직접적으로, 우리 자신, 우리의 감정 및 신으로부터 따라 나오는 우리 주위의 사물들에 대한 우리의 이해에 의해 좌우된다는 것을 스피노자는 상기시키고 있다.

　전혀 예기치 않게, 주석 끝부분에서, 스피노자는 다음과 같이 말하고 있다. 즉, '… 이제 나는 이러한 현재의 삶과 관련된 모든 것을 마무리했다. … 따라서 지금은 신체와 상관없이 정신의 지속과 관련된 문제들로 옮겨 가야 할 때이다.' 이런 말로 스피노자는 『에티카』의 마지막 학설 ― 정신의 영원성에 관한 난해하고 논란의 여지가 있는 학설 ― 을 소개한다.

연구를 위한 물음들

1. 참으로 있는 그대로의 사물에 대한 인식은 왜 신에 대한 사랑으로 나아가는가?
2. 신은 왜 응답으로 우리를 사랑할 수 없는가?

영원과 지복(제5부 정리21-42)

제5부 마지막 정리들은 『에티카』에서 가장 잘 이해되지 않는 부분이다. 주석가들은 스피노자가 여기서 뜻하는 바를 파악하기 힘들 것이라고 비관적으로 생각했으며, 한 유명한 비평가는 이 부분을 이렇다 할 동기도 없는 완전한 실패로 묵살했다.[14] 해석상의 난관이 곳곳에 도사

14　조나단 베네트(Jonathan Bennett)의 *A Study of Spinoza's 'Ethics'* (Indianapolis: Hackett, 1986) 참조.

리고 있음은 분명하다. 왜냐하면 하나의 정리를 특정한 방식으로 독해하면, 다른 정리나 다른 스피노자의 기본 학설과 충돌이 발생하기 때문이다. 그러나 달리 독해한다 해도 그다지 개선의 여지는 없는 것 같다. 모든 주장을 일관되고 이해할 수 있는 방식으로 해석하는 것은 엄청난 도전이 될 것이다.

『에티카』의 마지막 부분에는 두 개의 난해한 학설—정신의 영원성에 관한 이론과 신에 대한 지적인 사랑에 관한 설명—이 있다. 이러한 학설들이 주석가들에게 도전이었던 이유는 부분적으로 그 학설들이 스피노자 체계의 세 가지 교의에 의존하고 있다는 것이다. 세 가지 교의 모두 앞서 언급되었지만, 그것들 중 어떤 것도 실제로 세부적으로 명확하게 설명되지 않았다. 이 세 가지는 직관지, 본질 및 영원이다. 그것들 모두 『에티카』의 이 마지막 학설에서 중요한 역할을 하고 있기 때문에, 그것들 각각의 불명료함은 서로를 더욱 불명료하게 하며, 그 결과 지금 이야기하고 있는 것을 정확하게 파악하기 어렵게 한다. 정신의 영원성과 신에 대한 지적인 사랑에 관한 학설을 명확하게 설명하는 정리들을 직접 다루기 전에, 이전에 언급된 세 개의 교의 각각을 간략하게 살펴볼 것이다. 그 과정에서 전체적으로 이해하면서 최소한 세 개의 교의 모두를 공정하게 평가하는 개략적인 독해의 틀을 확립하기를 바란다.

세 번째 종류의 인식 (직관지)

제2부에서(제2부 정리40 주석), 상상에 관한 이론을 상술하고 공통관념에 의존하는 '두 번째 종류의 인식' (이성지)을 설명한 후, 스피노자는 자신이 '직관지'라 부르는 세 번째 종류의 인식에 대해 언급한다. 세 번째 종류의 인식에 관한 이야기는 극히 적은데, 여기서는 다음과

같이 서술되고 있다. 세 번째 종류의 인식은 ' … 신의 어떤 속성의 형
상적 본질에 관한 적합한 관념으로부터 사물의 본질에 대한 적합한 인
식으로 나아간다'. 세 번째 종류의 인식은 적합한 인식에서 시작하고
적합한 인식으로 끝난다. 따라서 우리는 상상이 여기서 어떠한 역할도
하지 못한다는 것을 확신할 수 있으며 세 번째 종류의 인식이 사물의
본질에 대한 인식을 가져다준다는 주장이 의미하는 바가 무엇인지 간
략하게 고찰할 기회를 가질 것이다. 그러나 선결 문제는 세 번째 종류
의 인식은 이성지(두 번째 종류의 인식)와 정확히 어떻게 다른가와 관
계가 있다.

스피노자가 제시하고 있는 하나의 예에서—비율과 세 번째 수가 주
어졌을 때 네 번째 비례수를 구하는 경우—우리가 간단한 수를 다룰
때, 어느 누구라도 '첫 번째 수가 두 번째 수에 대해 갖는 비율로부터
단 번에 직관으로 네 번째 수를 추론'할 수 있다고 그는 주장한다. '단
번에 직관으로 추론한다'라는 어구는 데카르트가 서로 다른 인식 방식
을 설명하는 과정에서 직관과 연역 사이의 차이를 설명했던 방식을 생
각나게 한다. 그는 연역은 단계적 과정이라고 말한다. 이 과정은 시간,
기억 및 그 속에서 추론자가—결론이 실제로 해당 전제로부터 타당하
게 따라 나오는 것을 보증하는—일련의 연역적 추론의 단계들을 거쳐
움직이는 정신의 '운동이나 전이'를 필요로 한다. 다른 한편, 직관은
직접적 추론이다. 이러한 추론을 통해 우리는 전제로부터 결론에 이르
는 논리적 연관과 함의를—연역적 방식으로 단계적으로 추론할 필요
없이—순간적으로 '통찰한다'.[15]

때때로 사람들은 비유적 방식으로, 타당한 연역적 논증에서는 결론

---

15 규칙 7-데카르트의 정신지도를 위한 규칙들(G, E, M, Anscombe and P, Geach
(eds.), *Descartes: Philosophical Writings*. Indianapolis: Bobbs-Merrill, 1971)

이 전제 속에 '포함되어' 있다고 말한다. 이것이 의미하는 것은 결론의 진리를 확증하기 위해 부가적인 것이 필요하지 않다 — 말하자면, 결론의 모든 것이 이미 전제 속에 있다 — 는 것이다. 추론자는 단지 전제속에 함축되어 있는 내용을 펼치기만 하면 된다. 따라서 (다시 비유적으로) 결론은 그것으로부터 결론이 따라 나오는 전제를 포함한다고 이야기할 수 있다. 결론이 스스로를 보증하기 위해 전제 속에 담겨진 주장에 어떻게 의존하고 있는지 이해하는 사람은 전제를 결론에 근거를 제공하는 것으로 인식한다.

이러한 비유적 주장들을 염두에 두면서, 우리가 데카르트의 방식에 따라 '직관지'를 이해한다면, 우리가 말할 수 있는 것은 연역적 논증을 직관적으로 이해하는 사람은 전제 속에 내포되어 있는 결론과 결론 속에 있는 전제를 '단번에 직관적으로' 추론할 수 있다는 것이다. 스피노자는 '논리적 증명은 정신의 눈'(제5부 정리23 주석)이라고 말하기를 좋아한다. 그리고 어떤 추론에 관해 직관지를 가지고 있는 사람은 전제속에 내포되어 있는 결론과 결론 속에 명시적으로 드러나 있는 전제를 '볼' 수 있다(마음의 눈으로)고 말할 수 있다. 그리고 이러한 맥락에서 우리는 스피노자는 인과관계를 일련의 논리적 함축으로 이해한다는 것을 기억해야 할 것이다.

세 번째 종류의 인식에 대한 스피노자의 명시적 정의로 되돌아감으로써, 우리가 추측할 수 있는 것은 이러한 종류의 인식이 속성에 대한 적합한 관념으로부터 사물들의 본질에 대한 적합한 관념으로 '나아갈' 때, 그것은 추론적-연역적으로 나아가는 것이다. 그러나 그것은 필시 이러한 추론을 '단번에 직관적으로' 수행하는 것이다. 따라서 — 왜냐하면 속성은 지성이 신의 본질 내지 역량을 구성하는 것으로서 지각하는 것이기 때문에 (제1부 정의4) — 직관지는 사물들의 본질을 신 안에

내포되어 있는 것으로서 그리고 신의 역량으로부터 직접적으로 따라
나오는 것으로서 간주한다. 마찬가지로 직관지는 신의 역량을 사물들
의 본질 속에 함축적으로 현존하는 것으로 파악한다.

연구를 위한 물음들

1. 직관(세 번째 종류의 인식)은 이성(두 번째 종류의 인식)과 어떻게
   다른가?
2. '개별 양태 속에서 신을 보는 것'과 '개별 양태를 신 안에 현존하는
   것으로서 보는 것'에 대한 말은 비유적 말이다. 어떻게 우리는 이러
   한 주장들을 덜 비유적인 방식으로 풀어낼 수 있을까?

개별적 본질

세 번째 종류의 인식을 정의하면서 스피노자는 '사물들의 본질'이라
는 어구(단수로 '본질'이라는 낱말을 가진)를 사용한다. 그러나 정신
의 영원성에 대한 학설에서, 그는 마치 개별적 사물들이 개별적 본질들
(복수)을 가지고 있는 것처럼 서술한다. 그러나 각각의 경우에, 독자들
은 사물들의 '본질' 혹은 '본질들'이 의미하는 바가 정확히 무엇인가
에 관해 거의 알지 못한다. 신의 경우에 스피노자는 본질과 역량을 동
일시한다는 것을 우리는 알고 있다(제1부 정리34). 개별적 사물들(단
순하건 복합적이건)의 경우 그는 사물의 본질을 존재를 보존하려는 사
물의 코나투스적 노력/성향과 동일시한다. 우리는 한 사물의 본질이
무엇인지 어떻게 이해해야 하는가?

우리는 전에 한 번 개별적 본질들에 대해 논의한 적이 있다―제2부,
특히 난해한 정리와 관련해서(제2부 정리8과 보충). 연장의 양태와 사
유의 양태 사이의 평행론/동일성을 확립한 직후(제2부 정리7), 스피노

자는 주어진 시간에 존재하지 않는 사물들의 지위를 어떻게 이해할 것인가라는 문제를 제기했다. 특정한 시간에, 어떤 것이 존재하지 않는다할지라도, 그럼에도 그것의 본질은 신의 속성 속에 포함되어 있다고 그는 주장한다. 이 정리에 대해 논의하면서 우리가 사용했던 예(스피노자가 사용했던 예는 아니다)는 공룡이었다. 공룡의 본질은, 그 본질의관념이 사유 속성 속에 포함되어 있듯이, 연장 속성 속에 포함되어 있다고 스피노자는 주장할 것이다. 자연법칙—신이 언제나 그리고 모든곳에서 활동하는 규칙적 방식을 기술하는—을 모델로 이용하면서 우리는 스피노자의 주장을 자연법칙은 일정한 인과적 조건(기후적, 유전적, 지질학적 등등)이 갖춰질 경우 공룡이 존재하게 된다는 것을 함의한다(연역적으로)는 의미로 해석했다. 하지만 저 조건들이 충족되지않고 있을 때에도, 본질들은 연장 속성 속에 (무시간적으로) 포함되어있다. 이 점을 더 직접적으로 연장의 개별적 복합 양태(우리 자신과 같은)에 대한 스피노자의 논의와 연결시킬 경우, 자연법칙은 적절한 인과적 조건하에서 단순 물체들이 합쳐져서 어떤 복합 구성물이 나타날것이고 저 구성 요소들 사이의 운동과 정지의 일정한 비율에 의해 특성을 갖게 되리라는 것을, 그리고 이 복합 물체는 주위의 다른 사물들과상호작용하면서 자신의 물리적 통일성(이를테면, 그것의 부분들 사이의 운동과 정지의 비율)을 유지하는 경향을 갖게 되리라는 것을 함의하고 있다고 우리는 말할 수 있다. 자연법칙은 개체가 일정한 인과적조건하에서 존재하게 되리라는 것을 함의하고 있다고 말하는 것은 개체의 본질이 연장 속성 속에 (무시간적으로) 포함되어 있다고 말하는것이다.

우리들 각자에게는 그러한 본질 — 연장 속성 속에 (무시간적으로)포함되어 있는—이 있다. 그리고 물론 사유 속성 속에 (무시간적으로)

포함되어 있는 저 본질의 관념이 있다. 자기 자신에 대해 직관지(세 번째 종류의 인식)를 갖는다는 것은, 단 한 번의 직관적 통찰로, 연장 속성에 대한 적합한 인식으로부터 자신의 신체의 본질에 대한 적합한 인식으로 나아가는 것일 것이다. 어떤 사람은 신의 역량 속에 포함되어 있는 자신의 본질을 보며, 자신의 본질 속에 드러나 있는 신의 역량을 본다. 여기서 기억해야 할 것은 어떤 사람이 그러한 인식을 획득할 수 있는 한에서 그 사람의 정신은 저 적합한 관념들을 포함한다는 것이다 —실제로 그 사람의 정신은 부분적으로 이러한 적합한 관념들이 된다.

영원

시간(지속)과 영원은 스피노자의 형이상학적 체계에서 중요한 개념이지만, 그는 그것들에 관해 화가 날 정도로 거의 말하지 않았다. 그는 독자들이 수학(특히 기하학)과 논리학을 어느 정도 인지하고 있을 것이라고 생각했기 때문에 그들 모두가 '영원한' 이라는 용어가 의미하는 바를 이해하고 있으리라는 확신을 가지고 있었다. 진리에 관해 스피노자가 즐겨 사용하는 예들 중 하나는 삼각형의 내각의 합은 180도라는 사실이다. 아마도 부분적으로는 그러한 진리에 시간적 용어를 적용하는 것이 매우 부적절하기 때문에, 그는 이것이 영원한 진리라고 말한다. 이것은 어제 진리였다거나 다음 주에 진리일 것이라고 말하는 사람은 잘못 말하고 있는 것은 아니지만, 그는 부적절하고 심지어 불합리한 어떤 것을 말하고 있는 것이다. 시간과 시간적 언급은 이와 같은 기하학적 진리와는 아무런 관련이 없다.

이것은 익히 알려져 있고 대체로 큰 문제가 없는 영원에 대한 통념이다. 그러나 스피노자는 '영원한' 이라는 용어를 단지 기하학적 정리에만이 아니라 훨씬 더 많은 곳에 적용한다. 우리는, 제1부를 읽으면서,

스피노자가 신과 신의 모든 속성들은 영원하다고 주장하는 것에 주목했다. 속성들로부터 따라 나오는 모든 것은 수학적 관계와 논리적 함축의 특성인 영원성과 필연성을 가지고 따라 나온다. 특히, 속성들 속에 '포함되어 있는' 사물들의 본질들은 신의 역량으로부터 영원히 따라 나온다.

두 번째 종류의 인식, 즉 '이성지'를 논의하는 과정에서, 우리는 우리가 이런 식으로 사물들을 인식할 때 '영원의 어떤 형상 아래에서'(*sub quadam specie aeternitatis*) 인식한다는 것을 알았다. 사물들을 이성에 의해 인식하는 것은 사물들을 참으로 있는 그대로 인식하는 것이다. 이것은 사물들을 참으로 있는 그대로 인식하는 것은 그것들을 영원의 형상 아래에서 인식하는 것과 같다는 것을 암시한다. 그러나 만약 이것이 사실이라면 — 만약 어떤 것을 참답게 인식한다는 것이 영원의 형상 아래에서 인식하는 것이라면 — 그러면 시간과 지속은 무엇인가? 스피노자는 제5부 정리29 주석에서 모종의 지침을 제시한다.

> 우리는 사물들을 두 가지 방식으로, 즉 우리가 그것들을 특정한 시간과 공간에 연관 된 것으로서 파악하는 한에 있어서거나 아니면 우리가 그것들을 신 안에 포함되어 있으며 신적 필연성으로부터 따라 나오는 것으로 파악하는 한에 있어서, 현실적인 것으로 파악한다. 그런데 이 두 번째 방식으로 참답거나 실재적인 것으로서 파악되는 사물들을, 우리는 영원의 형상 아래에서 파악하며, 그것들에 대한 관념은 신의 무한하고 영원한 본질을 포함한다.

현실적으로 존재하는 사물들은 (말하자면) 시간의 형상 아래에서거나 아니면 영원의 형상 아래에서 파악될 수 있는 것처럼 보인다. 시간의 형상 아래에서 그것들에 대해 생각한다는 것은 그것들을 특정한 시간 및 위치와 관련되어 있는 것으로 생각하는 것이다. 누구든 다음과 같이 말하고 싶은 유혹을 받을 것이다. 즉, 사물의 본질 속에 명시되어 있는 인과적 조건들이 현실적으로 충족되고 해당 실재(말하자면, 구성 요소들 사이의 운동과 정지의 일정한 비율에 의해 특성을 갖게 된 복합 연장 물체)가 존재하게 될 때, 사물들은 이렇게 시간적인 방식으로 파악될 수 있다. 이것은 제2부 정리8 보충에서의 논의 맥락에서 드러나는 것이지만, 잊어서는 안 될 것은 이러한 인과적 조건들의 충족이냐 미충족이냐는 우연의 문제가 아니라는 것이다. 이것들 역시 신으로부터 필연적으로 따라 나오며, 필연성의 재도입과 아울러 영원성도 재도입된다. 간단히 말해서, 본질이 시간 속에서 구체화되는 과정은 그 자체가 영원의 형상 아래에서 인식될 수 있으며, 따라서 시간성의 지위에 대해 의문이 제기된다.

이러한 쟁점은 『에티카』 출간 이래로 스피노자 연구자들에게는 난해함의 근원이었다. 그리고 우리는 여기서 그 난점을 해결할 수 없을 것이다. 그러나 세 번째 종류의 인식, 본질론 및 영원론에 대한 우리의 간략한 고찰은 『에티카』 마지막 정리들을 다루는 데 충분한 배경지식이 되어줄 것이다.

영원의 형상 아래에서의 신체의 본질에 대한 관념

세심한 독자들을 처음에 당혹스럽게 하는 정리는 제5부 정리23 — '인간 정신은 신체와 함께 완전히 파괴될 수 없고, 그 가운데 영원한 어떤 것이 남는다' —이다. 얼핏 보기에 이는 마치 스피노자가 사후 모종의 정신적 삶을 암시하고 있는 것처럼 들린다. 신체는 죽음과 동시에 파괴되지만, 정신의 어떤 것은 남는다. 그것은 영혼 불멸에 관해 생각하는 데카르트의 독자들에게는 친숙하게 들릴 것이다. 그러나 이것이 스피노자가 마음에 두고 있는 것일 수는 없다. 왜냐하면 그것은 제2부 정리7 — 스피노자 철학 전체에 있어서 절대적으로 핵심을 차지하는 평행론/동일성론 — 과 일치하지 않기 때문이다.

제5부 정리23 증명은 신체의 파괴 후에도 남는 정신의 '어떤 것'이 영원의 형상 아래에서 신체의 본질을 표현하는 관념이라는 것을 분명히 한다. 위의 논의로부터 우리는 신체의 본질이 실제로 연장 속성 아래에서 신의 본질로부터 영원히 따라 나온다는 것을 알고 있다. 그리고 물론 사유 속성을 통해 표현되는 신의 본질로부터 동일한 방식으로 따라 나오는 그 본질에 대한 관념이 있을 것이다. 신체의 본질과 그 본질에 대한 관념 모두 신 안에 무시간적으로 포함되어 있다는 것을 고려하면, 스피노자가 관념에 대해서만 언급하고 (신체의 본질에 관해서는 아무 것도 말하지 않음으로써) 정신의 어떤 것만이 '남는다'고 주장하는 것은 당혹스럽다. 사실상 만약 신체의 본질에 대한 관념이 있다면 또한 신체의 본질 역시 존재한다.

아마도 스피노자는 비-물리적 측면에 초점을 맞춤으로써 더 종교적으로 보수적인 독자들에게 일종의 양보를 하려고 하는 것으로 보일 수도 있다. 그러나 그가 이렇게 『에티카』 마지막 단계에서 전통적인 신자의 감성을 세심하게 배려하기 시작했다는 것은 조금 이상한 것 같다. 그리고 어쨌든 주의 깊게 읽고 있는 보수주의자는 자신이 찾고 있는 것의 대부분을 스피노자의 생각 속에서 발견하지 못할 것이다. 그 이유는 제5부 정리21에 따르면, 정신은 신체가 지속하는 동안에만 상상하고 기억할 수 있기 때문이다. 이것은 상상과 기억이 모두 신체가 다른 사물들에 의해 영향을 받는 방식에 관한 것임을 고려하면, 앞뒤가 맞는다. 그러나 만약 신체의 부재로 어떠한 기억도 상상도 하지 못한다면,

신체 사후에 남을지도 모르는 정신적인 어떤 것도 살았던 것을 기억하지 못할 것이며 보통 사람의 (주로 상상적인) 정신적 삶을 구성하는 그 어떤 통상적인 경험도 하지 못할 것이다. 기억과 상상이 없는 상태에서, 신체의 본질에 대한 관념의 무시간적 실존은 실제로 인격적 생존 내지 불멸로 간주될 수 없다.

　많은 주석가들은 영원의 형상 아래에서의 나의 신체의 본질에 대한 관념이 무시간적으로 신 안에 있다는 것에 대해 우리가 왜 관심을 가져야 하는가라는 의문을 제기했다. 연장 속성을 통해 이해된 신의 역량 —신이 항상 그리고 모든 곳에서 연장적으로 활동하는 방식들— 은 적절한 조건 아래에서 나의 신체가 존재할 것이라는 것을 무시간적으로 포함한다. 이러한 사실에 왜 내가 관심을 가져야 하는가? 답이 곧바로 명백하지는 않지만, 만약 우리가 다음 몇 개의 정리에 주의를 기울인다면 우리는 스피노자가 신체의 본질에 대한 관념이 우리의 정신 안에서 지금 (불행히도 지속의 용어를 사용하자면) 행하는 역할이 있다고 생각한다는 것을 알게 된다. 신체의 본질에 대한 관념이 영원의 형상 아래에서 어떤 것을 인식하는 정신의 능력의 기초를 이룬다고 그는 주장한다(제5부 정리29). 우리가 영원의 형상 아래에서 사물을 인식하는 것이 이성지(두 번째 종류의 인식)의 특성이라는 것을 기억할 때, 우리는 신체의 본질에 대한 관념이 우리의 모든 이성적 이해의 기초를 이룬다고 추론할 수 있다.

연구를 위한 물음들

1. 나의 신체의 본질과 그 본질에 대한 관념은 무시간적으로 신의 영원한 본질로부터 (각각의 속성, 즉 연장과 사유 아래에서) 따라 나온다. 내가 나의 신체와 정신의 지속적인 죽음으로 불안을 느끼고 있

을 때 나는 그것으로 위안을 삼아야 하는가?

2. 스피노자에 따르면 영원한 나의 정신의 일부는 상상이나 기억 없이 존재한다. 어떤 의미에서 그것을 **나**라고 말할 수 있는가?

이성지와 신체의 본질에 대한 관념

신체의 본질에 대한 관념에 왜 우리의 추론이 의존해야 하는가가 곧 바로 명백한 것은 아니지만, 그럴듯한 (다소 사변적이긴 하지만) 설명 은 제시될 수 있다. 추론은 공통관념 — 모든 것에 공통적인 그리고 전 체 속에도 모든 것의 부분 속에도 마찬가지로 존재하는 것에 대한 관념 — 에 의존한다. 우리는 공통관념을 신이 언제나 그리고 모든 곳에서 활동하는 방식에 대한 관념으로 해석했다(p. 129-131). 그러나 인간 정신은 이러한 관념에 어떻게 접근하는가? 정신은 신체의 관념이고 만 약 정신이 신이 언제나 그리고 모든 곳에서 활동하는 방식에 대한 관념 을 포함한다면, 그것은 틀림없이 신체가 신이 활동하는 바로 이러한 방 식을 포함하기 때문이다. 여기서 '포함한다'는 것이 낯선 낱말이기는 하지만, 신이 활동하는 이러한 방식이 신체 속에 현존한다는 것은 분명 사실이다. 왜냐하면 신체의 실존과 연속성은 바로 이러한 항구적인 것 들 — 우리가 '자연법칙'이라는 용어로 기술하는 항구적인 것들 — 에 의존하기 때문이다. 따라서 나의 정신은 공통관념을 갖는다(포함한 다). 공통관념은 신이 활동하는 방식들이 나의 신체 속에 현존하는 결 과이며 신의 관념이다. 그런데 신이 활동하는 이러한 방식들의 고유한 배치 — 이것이 나의 신체가 나타나는 조건을 결정한다 — 가 나의 신체 의 본질이다. 따라서 개인의 정신은 그것이 공통관념들로 구성되는 한, 공동으로 저 개인의 신체의 본질을 이루는 것들의 관념들로 구성된다.

한 사람이 두 번째 종류의 인식에 의해 더 많은 것을 인식하면 할수록, 그녀의 정신은 더 많은 공통관념들 — 그녀의 신체의 본질을 구성하는 것들의 관념들이기 때문에 그녀의 정신 안에 있는 — 로 구성된다. 그것들은 신이 활동하는 방식에 대한 관념들이다 — 그리고 그녀의 신체의 본질에 대한 관념으로서 그것들은 그녀가 신의 역량으로부터 따라 나오고 그녀가 신 안에 있으며 신이 그녀 안에 있다는 사실을 반영한다. 제5부 정리30에 따르면, '우리 정신은, 자신과 신체를 영원의 형상 아래에서 인식하는 한, 필연적으로 신에 대한 인식을 소유하며 자신이 신 안에 있고, 신을 통해 파악된다는 것을 안다.'

내가 신 안에 있고 신을 통해 파악된다는 것을 안다는 것은 어떻게 나의 신체의 본질이 영원히 신의 역량으로부터 따라 나오는지를 아는 것이다. 이러한 앎은 연역적으로 가장 잘 이해된다. 왜냐하면 (스피노자가 즐겨 사용하는 예로 설명하면) 삼각형 내각의 합이 2직각이라는 것이 삼각형의 본성으로부터 따라 나오듯이, 나의 신체의 본질은 신의 역량으로부터 따라 나오기 때문이다. 제5부 정리23 주석에는 정신이 이런 종류의 연역적 추론을 할 때, '우리는 우리가 영원하다는 것을 느끼고 체험한다'는 흥미로운 주장이 있다. 스피노자는 계속해서, '…정신은 지성을 통해 파악한 것을 느낀다'고 말한다. 그가 이러한 주장에 대해 상세한 설명하지 않지만, 폭넓게 연역적 추론(말하자면, 수학과 논리학에서)을 해 본적이 있는 사람은 누구든 스피노자가 말하고 있는 무시간성과 필연성의 느낌에 대해 안다.

연구를 위한 물음들

1. 어떻게 나의 신체의 본질은 신이 시간과 무관하게 그리고 모든 곳에서 연장적으로 활동하는 방식과 관련이 있는가? 어떻게 영원의 형상 아래에서의 나의 신체의 본질에 대한 관념은 공통관념과 관련이

있는가?

2. 스피노자는 우리에게 신적 본성의 무시간적 진리와 우리가 무시간
   적으로 그 본성 속에 포함되어 있는 방식에 대해 숙고할 것을 권한
   다. 그렇게 함으로써 우리는 우리가 영원하다는 것을 '느끼고 체험
   한다'고 그는 주장한다. 그것은 당신의 체험에서 어떤 것을 생각나
   게 하는가?

직관지 (한 번 더)

자신을 참답게 (이성에 의해) 인식하는 것은 신을 인식하는 것이요 자신이 신 안에 있다는 것을 인식하는 것임을 우리는 이미 배웠다. 그것은 또한 자신이 영원하다는 것을 느끼고 체험하는 것이다. 『에티카』마지막 정리들에서 스피노자는 이러한 인식과 이러한 체험에 한층 더 힘을 실어주기 위해 세 번째 종류의 인식—직관—을 다시 언급한다. 이러한 종류의 인식에서는 단계적으로 연역적 추론을 할 필요가 없다. 왜냐하면 우리는, 단 한 번의 직접적 통찰만으로, 전제로부터 결론에 이르는 추론적 연관을 파악할 수 있기 때문이다. 시간상의 그 어떤 잔여도 허용되지 않는다. 직관적 인식에 의해 어떤 것을 인식한다는 것은 신 안에서, 정신의 눈으로, 그것을 보는 것—그것을 신 안에—신으로부터 무시간적으로 따라 나오는 한에 있어서—포함되어 있는 것으로 보는 것이고 신의 역량이 그것 안에 그리고 그것으로서 나타나고 있다고 보는 것—이다. 자신을 이런 식으로 인식하는 것은 자신을 신 안에서 보는 것이고 신이 자기 자신 안에서 그리고 자기 자신으로서 나타나고 있다고 보는 것이다. 이때 그 사람의 정신은 대부분 공통관념이라는 관념들로 구성된다—그러한 관념들의 배치가 그 사람의 신체의 본질의 관념을 구성한다. 자신을 이런 식으로 인식하는 것은 바로 자신을

신 혹은 자연의 영원한 활동의 일부요 그 활동에 참여하는 것으로 인식하는 것이다. 스피노자에 따르면, 이것은 가장 강력한 종류의 인식이며 그것은 존재할 수 있는 최고의 정신의 만족(*acquiescentia animi*)을 낳는다(제5부 정리27).

신에 대한 지적인 사랑 (제5부 정리32–제5부 정리38)

존재할 수 있는 최고의 정신의 만족은 긍정적인 감정적 상태인 것 같다. 그리고 스피노자는 이러한 긍정적인 감정으로부터 사랑—특히 신에 대한 사랑—이 생길 것이라고 주장한다. 결국, 사랑은 외부 원인에 대한 관념에 의해 수반되는 기쁨 내지 쾌감이다. 그러나 이런 주장에는 문제가 있다—그리고 스피노자는 그것에 대해 잘 알고 있었다. 기쁨 내지 쾌감은 완전성의 더 높은 단계로의 이행으로 정의된다(p. 165). 그러나 이행은 시간과 변화를 필요로 한다. 그런데 우리가 여기서 말하고 있는 것은 영원하고 스스로를 그 자체로 인지하는 인간 정신이다. 어떻게 영원 속에 변화(기쁨/쾌감을 위해 요구되는 것으로서)가 있을 수 있는가? 스피노자는 다음과 같이 답하고 있다.

> … 사물들을 영원의 형상 아래에서 파악하는 한에서 정신은 영원하다는 것을 우리는 이 시점에서 확신하고 있지만 그럼에도 내가 논증하고자 하는 것을 쉽게 설명하고 더 잘 이해할 수 있기 위해, 우리는, 지금까지 행했던 것과 같이, 정신을 지금 존재하기 시작한 것처럼 그리고 지금 사물들을 영원의 형상 아래에서 이해하기 시작한 것처럼 고찰할 것이다. 따라서 매우 명확한 전제로부터가 아니면 결론을 내리지 않도록 조심하기만 하면, 우리는 그 어떤 오류의 위험도 없이 행할 수 있을 것이다.(제5부 정리31 주석)

이러한 고도의 만족 상태에 변화나 이행이 없음에도, 여전히 완전성의 긍정적인 기쁨이 있을 수 있다고 스피노자는 주장한다. '만약 쾌감이 더 큰 완전성의 상태로의 이행에 있다면, 지복은 분명 정신이 완전성 자체를 갖게 되는 데 있어야 한다'(제5부 정리33 주석).

그렇게 해서 정신은 원인으로서의 신에 대한 관념에 의해 수반되는, 최고의 만족과 지복을 체험한다. 따라서 정신은 신에 대한 사랑을 체험한다. 그러나 이것은 수동적 사랑이거나 육체적인 사랑이라기보다는 지적인 사랑이다. 이러한 신에 대한 지적인 사랑은 영원하며(제5부 정리33) 수동적 감정과 뒤섞이지 않는다(제5부 정리34). 스피노자는 신 또한 지적인 사랑으로 자기 자신을 사랑한다고 말하고 (마이스터 에크하르트(Meister Eckhart)나 니콜라이 쿠자누스(Nicholas of Cusa)를 생각나게 하는 한 페이지에서) 신을 향한 정신의 지적 사랑은 신이 자기 자신을 사랑하는 사랑과 같은 사랑이라고 주장한다.

연구를 위한 물음들

1. 신에 대한 지적인 사랑의 학설은 사랑에 대한 스피노자의 공식적인 정의에 비추어 볼 때 왜 문제가 되는가?

마지막으로 다루어지고 있는 것들

이것들은 고무적이고 대단히 추상적인 학설이지만, 그것들이 올바르게 해석되었는지 알기는 어렵다. 정리38에서 사물들을 두 번째와 세 번째 종류의 인식에 의해 인식하는 사람들은 나쁜 감정을 덜 겪게 될 것이고 특히, 죽음을 덜 두려워하게 될 것이라는 주장과 더불어 우리는 현실로 되돌아오게 된다. 이것은 그들이 피안에서 그들을 기다리고 있는 보상에 대해 낙관하고 있기 때문이 아니다. 오히려 그들의 정신 대부분을 차지하고 있는 것은 영원한 관념들이며, 따라서 그들은 지속의 관념들에는 관심을 갖지 않는다. 많은 주석가들 역시 정신의 영원성에 대한 스피노자의 학설이 사적인 불멸을 이야기하는 것은 아니지만, 사람들이 다음 세계에서 겪게 될 공포를 완화시킨다는 것에 주목했다.

그리고 이러한 고찰과 더불어 스피노자는 정신의 영원성에 대한 논의로부터 신에 대한 이해와 인식 및 사랑은 최고의 덕이라는 것을 우리에게 상기시키는 데로 돌아간다. 그는 사후에 무슨 일이 일어날 것인가라는 문제를 다룸으로써, 독자들을 사후의 삶을 보상과 처벌의 시간이라고 생각하는 전통적이고 미신적 방식으로 오도할 수도 있다는 것을 우려했던 것 같다. 『에티카』 마지막 정리에서 그는 덕은 그 자체가 보상이라는 것과 단지 내세의 삶에서 보상받지 못할 것이라는 이유만으로 최상의 삶을 살기를 거부하는 것은 실로 어리석은 일이리라는 것을 독자들에게 상기시킨다. 혹은 단지 내세에서 처벌받지 않을 거라는 이유만으로 예속, 동요 및 슬픔의 삶을 살기로 작정하는 것도 마찬가지일 것이다. 그러한 태도는 너무도 일반적이지만 생각이 깊고 합리적인 사람에게는 아무런 가치도 갖지 못한다.

스피노자는 인쇄된 상태로 결코 볼 수 없으리라는 것을 알면서도 『에티카』의 마지막 몇 줄을 썼다. 만약 『에티카』가 출간된다면 성직자들이 적대감을 보일 것이고, 보수주의자들은 두려워할 것이며 대부분의 독자들은 이해하지 못할 것이라는 것을 그는 알았다. 그럼에도 그는 덕에 이르는 길을 알려주고 있는 이 가장 체계적인 철학서 저술에 그의 짧은 인생에서 10년 이상을 보냈다. 자신이 결론 삼아 말하고 있듯이, 그는 다수가 아니라 소수의 사람들을 위해 저술하고 있다는 것을 염두에 두고 있었다. 그가 약술했던 지복과 구원에 이르는 길은 가팔랐으며 모든 사람의 마음을 끌 것 같지 않았다. 그러나 마무리하면서 그는 우리에게 낙담하지 말 것을 권하고 있다.

이러한 목표에 이르는 것으로서 내가 제시한 길은 매우 힘들어 보일지라
도, 발견될 수 있다. 실로 매우 드물게 발견되는 것은 힘들지 않을 수 없
다. 만약 구원이 가까이 마련되어 있으며 큰 노력 없이 발견될 수 있는 거
라면, 그것이 거의 보편적으로 무시되는 일이 어떻게 있을 수 있는가? 모
든 귀한 것은 드문 것만큼이나 힘들다.

4장
수용과 영향

스피노자의 대표작, 『에티카』는 1678년 — 사후 1년이 되던 해 — 초에 출간되었다. 제1장에서 보았듯이, 당국이 출간을 막으려고 노력했지만, 스피노자의 친구들은 재빨리 그리고 은밀하게 『유고집』(*Opera Posthuma*)을 라틴어 원어로 뿐만이 아니라 네덜란드어로 번역하여 인쇄했다. 예상했듯이, 출간 6개월도 지나지 않아서 네덜란드 전역에서 그리고 유럽 다른 지역에서도 금서가 되었다.

　『에티카』의 영향, 특히, 스피노자 사망 직후의 영향을 평가하기는 어렵다. 왜냐하면 앞서(1670) 출간된 『신학-정치론』이 그 당시 독자들에게 더 잘 알려져 있었기 때문이다. 그러나 우리는 스피노자의 영향을 일반적으로 연구할 수 있으며 그의 이름과 연결되어 있는 주요 사상 — 이미 '스피노자주의'라고 불리었던 사상 — 의 영향을 연구할 수 있다. 하지만 여기서조차도 이러한 사상이 미치는 영향의 범위에 관해 확신을 갖기는 어렵다. 왜냐하면 스피노자의 저서는 여전히 금서로 지정되어 있었고 종교적으로 그리고 정치적으로 체제 전복적이라고 간주되었던 그의 사상을 공개적으로 옹호한다는 이유로, 자유로웠던 암스테르담에서조차, 사람들은 체포되고 투옥될 수 있었기 때문이다. 스피노자의 견해(『에티카』뿐만 아니라 『신학-정치론』의 견해)를 반박하는 수많은 공개된 시도가 있었지만, 긍정적인 방향에서 그의 사상에 감히 공개적으로 지지를 표하는 저술가는 거의 없었다.

스피노자 써클, 반체제 자유사상가 및 '급진적 계몽 운동'

그럼에도, 스피노자의 사상을 존경했으며 그의 생전에도 그의 저서에 대해 함께 논의했던 친구들의 모임이 있었다. 이들 중 몇몇은 『에티카』 유고집 출간을 준비했던 친구들이었다. 대개는 비공식적인 방식으로, 당국의 감시를 피해, 그들은 스피노자 사후 몇 년간 스피노자주의의 씨 앗을 계속해서 확산시켰다. 한편으로, 대부분 『신학-정치론』에서 유래 하는 것으로, 계시 종교와 기존 종교 제도를 날카롭게 비판하는 사상들 이 있었다. 다른 한편으로, 내재적 신, 결정론적 세계 및 자연주의에 토 대를 둔 윤리를 뒷받침하는 『에티카』에서의 논증이 있었다. 이러한 사 상들은 자유사상가 집단들 사이의 논의 주제였으며, 그들이 그러한 주 제를 주류로 삼지는 않았지만, 그것들은 17세기 후반 근본적 사유의 은 밀한 흐름에 자양분을 공급했다.

지성사가들은 전통적으로 스피노자의 사상은 그의 사후 100년간 거 의 아무런 영향을 미치지 않았다고 주장해왔다. 어쨌든 이 사상은 인습 에 얽매이지 않는 매우 자유로운 사상이었으며, 이 사상을 지지하는 것 은 위험한 일이었다. '스피노자주의'는 비난의 용어였다 — 체제 전복 적 무신론의 또 다른 낱말에 지나지 않았다. 그러나 매우 인상적인 최 근의 역사학적 저서에서 조나단 이스라엘(Jonathan Israel)은 스피노자 의 사상은, 유럽 전역에 퍼져서 '급진적 계몽 운동'을 고취시키는 데 도움을 줄 정도로, 이 시기에 활기찬 생명력을 유지했다고 주장하고 있 다. 은밀하지만 널리 확산된 이 운동은 계시 종교와 교회 권위에 대해 비판적이었고 정치권력, 시민 평등 및 심지어 성 역할과 관련된 문제에 있어서 사유의 자유를 고취시켰다. 이스라엘은 이러한 '급진적 계몽 운동'을 더 친숙하고 고귀한 프랑스 계몽 운동의 발전에 있어서, 그리 고 (이것이 더 중요한데) 근대성 자체의 지적 토대를 형성하는 데 있어서 대단히 중요한 것으로 간주한다. 이스라엘이 말하듯이, '… 기초 자료를 상세하게 독해할 경우, 적어도 내가 보기에, 확실하게 알 수 있는 것은 스피노자와 스피노자주의가 사실은 모든 곳에서, 즉 네덜란드, 독일, 프랑스, 이탈리아 및 스칸디나비아에서 뿐만 아니라 영국과 아일랜드에서 유럽 급진적 계몽 운동의 지적 중추라는 것이다'.[1]

G. W. 라이프니츠와 피에르 베일

이러한 운동은, 이스라엘이 주장하듯이, 역사적으로 중요할 뿐만 아니라 스피노자에게 크게 빚지고 있다고 할 수 있다. 그러나 그것은 그 당시는 물론이요 그 시대에 대한 역사가들의 설명에서도 크게 주목받지 못했다. 더욱이 (우리의 목적을 위해) 이 집단의 사람들의 저서에서 『에티카』의 고유한 흔적을 발견하는 것은 그렇게 쉬운 것이 아니다. 그러나 17세기 후반 스피노자라는 이름과 관련이 있는 두 명의 다른 철학자들—라이프니츠와 베일—에 관한 한 상황은 전혀 다르다.

고트프리트 빌헬름 폰 라이프니츠(Gottfried Wilhelm von Leibniz) (1646-1716)는 스피노자보다 어린 동시대 사람으로, 평생 오랜 숙고 과정을 거쳐 고유의 복잡하고 미묘한 형이상학 체계를 발전시켰다. 그는 또한 통상적으로 합리론자로 분류되며, 스피노자가 몰두했던 것과 동일한 다수의 형이상학적 문제에 커다란 관심을 가지고 있었다. 나이 어린 사람으로서 라이프니츠는 광학에 관해 스피노자와 서신을 교환했으며, 그렇게 함으로써 나이 든 철학자를 철학적 문제에 대한 더 폭넓은 논의 속으로 끌어들이려고 했다. 그는 1672년에 파리에 살면서, 스피노자의 친한 친구가 되었고, 스피노자의 신망을 받았으며 아직 출간

---

1   Jonathan Israel, 『급진적 계몽 운동』, Oxford : Oxford University Press, 2001, p. vi.

되지 않은 『에티카』 일부의 원고 사본을 가지고 있던 치른하우스라는 이름의 동료로부터 스피노자의 사상을 더 상세하게 배우고자 했다. 몇 년 후(1676) 라이프니츠는 스피노자를 직접 방문하기 위해 헤이그에 머물렀으며, 그들은 몇 번에 걸쳐 오후 시간에 대화를 했다. 라이프니츠가 스피노자에 관해 관심을 가졌던 것은 두 사람이 많은 가정을 공유하고 있음에도 이러한 가정의 함의를 자신의 방식으로 독해함으로써 스피노자는 라이프니츠가 엄청 피하고자 했던 체계적인 결론에 이르렀다는 사실인 것 같다. 라이프니츠는 기독교인이었지만, 새로운 기계론적 '자연 철학'에 의해 제기된 전통적인 기독교적 사고의 몇 가지 해석에 대한 도전을 정확하게 의식하고 있었다. 그는 기독교 신앙의 기본 교리를 고수하면서도 자연에 대한 이러한 새로운 접근법의 성과들을 공정하게 대하기를 원했다.

라이프니츠는 1678년에 하노버에 살면서 스피노자 『유고집』이 출간되자마자 그 복사본이 도착하기를 애타게 기다렸다. 그는 『에티카』를 탐독했고, 곧바로 한 친구에게 그 책이 '아름다운 생각들', '역설들' 및 몇몇 독자들에게 위험할 것으로 생각되는 사상들의 혼합물이라고 썼다. 라이프니츠는 결코 스피노자주의자가 아니었지만, 형이상학적 숙고를 통해 여러 가지 방식으로 스피노자의 급진적 사상에 상당히 가깝게 다가섰다.[2] 말년에, 기독교의 독단적 교의와 기독교의 미스테리를 철학적 비판의 공격으로부터 구하는 자신의 과업에 점차 헌신하게 되면서, 그는 오히려 스피노자와 그의 학설에 대한 초기의 열정적 관심에

2　예를 들어, 베더코프(Wedderkopf)에게 보낸 유명한 편지를 보면, 라이프니츠는 완벽한 필연론을 수용하고 있는 것처럼 보인다. 물론 훗날 그는 이러한 견해를 거부했다. 그러나 그는 창조에 대한 그의 설명은 위험하게도 그러한 결론에 가깝다는 것을 인정했다.

대해 이야기하기를 꺼렸다. 그럼에도, 자신의 철학을 발전시켰을 때 그는 자신의 생각이 악명 높은 급진적 사상과 지나치게 가깝지 않다는 것을 확실히 하기 위해 스피노자 『에티카』의 입장에서 종종 생각해 보았던 것 같다.[3]

로테르담에서 살았던 피에르 베일(Pierre Bayle)은 17세기 후반 가장 독자층이 넓었던 저자들 중의 한 사람이었다. 그의 저서는 여전히, 심지어 오늘날까지도 논의되고 있다. 왜냐하면 궁극적으로 무슨 메시지를 전하고자 하는지를 바로 이해하기 힘들게 하는 흥미롭지만 난해한 방식으로 그가 저술했기 때문이다. 스피노자에 대한 베일의 관계는 이중적이다. 첫째로, 1697년 부피가 큰 『역사적 비평적 사전』(*Diction-naire historique et critique*)을 출간했으며, 그곳에 스피노자의 삶과 사상에 관한 매우 긴 항목이 수록되어 있었다. 표면적으로 그 항목은 스피노자의 역설적 사상을 반박하려는 의도를 가지고 있었지만, 주로 『에티카』를 읽을 시도조차 하지 않았던 수많은 독자들에게 스피노자의 체계를 더 잘 알게 하는 결과를 초래했다. 스피노자의 영향에 관한 이야기에서 베일이 역할을 맡았던 두 번째 방식은 그가 『사전』에서뿐만 아니라 그의 초기 저작에서도 제시했던 전기적 설명에서 유래한다.[4] 스피노자는 무신론자로, 확실히, 그러나 '유덕한 무신론자'로 묘사되었다. 무신론자가 공동체에서 관용될 수 있는지에 관해 그 당시에 활발한 논의가 있었다. 많은 사람들이 했던 가정은 무신론자는, 벌을 두려워하거나 사후 보상을 바라지 않기 때문에, 범죄를 저지르고, 서약을 위반

---

3 라이프니츠와 스피노자 사이의 관계에 대한 매우 재미있는 최근의 설명은 Mat-thew Stewart의 *The Courtier and the Heretic: Leibniz, Spinoza, and the Fate of God in the Modern World*(New York: W. W. Norton, 2006)에서 찾아볼 수 있다.

4 초기 저작은 익명으로 출간된 '혜성에 대한 여러 생각'(Penseés diverses sur la Comète) 이었다.

하고, 거짓 증언을 하며 따라서 공공의 평화와 질서를 훼손할 가능성이 있다는 것이었다. 베일은 스피노자를 도덕적으로 모범이 되는 삶을 살았으며 모범 시민이었던 무신론자의 예로 들고 있다. 이로 인해 스피노자는, 호의적인 관점에서, 많은 사람들의 주목을 받았다. 그가 비정통적 종교관을 갖고 있던 유덕자의 전형으로 간주되는 한, 그의 삶 자체가 일부 사람들에 의해 관용에 대한 지지로 간주되었다.

18세기 초

18세기 초, 『신학-정치론』은 계속해서 『에티카』보다 훨씬 더 잘 알려져 있었다. 『신학-정치론』은 네덜란드어, 불어 및 영어로 번역되었으며, 도처에서 수많은 반박이 제기되었다. 이와 대조적으로 『에티카』는 라틴어와 네덜란드어로만 존재했으며, 비록 원어로 된 『유고집』을 유럽 전역의 도서관에서 찾아볼 수 있었지만, 『에티카』의 내용을 알고 있는 대부분의 사람들은 그러한 지식을 2차 자료, 특히 베일의 『사전』에서 얻었다.

　보통 이신론자로 확인되는 영국의 몇몇 자유사상가들은 『에티카』의 학설들로부터 영향을 받았던 것 같다. 이들 중의 한 사람인 존 톨랜드 (John Toland)는, 『에티카』에서 옹호된 것과 같은, 신과 자연 전체를 동일시하는 학설을 지칭하기 위해 '범신론'(1705)이라는 용어를 만들었다.[5] 이 용어는, 비록 '스피노자주의'처럼 거부의 용어요 평범한 사람에게는 무신론과 거의 구별할 수 없는 용어였지만, 스피노자의 형이상학적 사상을 약칭하는 방식이 되었다.

　『에티카』로부터 영향을 받았고 스피노자 사상의 생명력 유지에 중요

---

5   이 점은 모로(Moreau)에 의해 *Cambridge Companion to Spinoza*에 기고한 그의 글 p. 413에서 논의되고 있다.

한 기여를 했던 또 다른 사상가(베일과는 다른)는 앙리, 꽁트 드 부렝빌리에(Henri, Comte de Boulainvillier)였다. 그는 『신학-정치론』과 그런 다음(1704년에) 『에티카』를 연구함으로써 스피노자주의로 전향했던 것 같다. 그는 비록 출간되지는 않았지만, 자신이 사적으로 (그리고 친구들의 소규모 모임에서) 이용하기 위해 『에티카』를 불어로 번역하기까지 했다. 그는 프랑스 철학자 레기(Regis)의 비판에 맞서 스피노자의 체계를 옹호하는 글을 썼으며 훗날 '형이상학에 관한 에세이'(Essay de Métaphysique)를 썼다. 그 에세이에서 그는 『에티카』의 학설을 스피노자의 고유한 기하학적 설명보다 덜 방대한 형태로 요약해서 제시하고 있다. 이 에세이는 원고 형태로 돌아다녔지만, 부렝빌리에 사후 9년째 되던 해인 1731년까지 출간되지 않았다. 그것은, 몇몇 비판적인 글과 함께, 『베네딕트 스피노자의 오류에 대한 반박』(*Réfutation des erreurs de Benoit de Spinoza*)이라는 제목을 붙여 한 권으로 출간되었다. 이 저서는 불어권 유럽 전역에 스피노자의 사상을 확산시키고 알리는 데 있어서 매우 중요한 역할을 했다. 볼테르는 훗날 『반박』에서 부렝빌리에가 '독을 주입하고는 해독제 주입하는 것을 잊어버렸다'고 빈정거렸다.[6] 스피노자의 사상은 점차적으로 고귀한 프랑스 계몽 운동의 자유사상을 신봉하는 **철학자**들에게로 침투되었다.

스피노자주의와 프랑스 유물론자 라 메트리(La Mettrie)의 사상 내지 백과전서파 디드로(Diderot) 사이의 중요한 개념적 유사점 외에도, 우리는 루소(Rousseau)의 『에밀』(*Emile*)에 있는 사부아르(Savoyard) 신부의 고백 속에서 스피노자의 반향을 들을 수 있다. 스피노자의 사상

---

6 볼테르로부터의 인용은 Frederick Pollock의 *Spinoza: His Life and Philosophy* (London: Duck-worth, 1899) p. 363에서 언급되고 있다. 부렝빌리에에 대한 매우 훌륭한 자료는 Israel의 『급진적 계몽운동』 제30장(pp. 565-744)이다.

은 또한 유럽 전역에서 그리고 심지어 미국에서 발생하는 정치적 논의 속으로 들어갔다. 비록 로크는 분명 미국 독립혁명을 위한 정치 이데올로기의 직접적인 주요 원천이었지만, 토마스 제퍼슨의 개인 도서관에는 스피노자의 저작들—『신학-정치론』과 『유고집』—이 소장되어 있었다.

당시 독일에서 스피노자의 사상은 크리스찬 볼프(Christian Wolff)의 철학을 둘러 싼 논란의 맥락에서 상당히 자주 논의되었다. 볼프는 할레(Halle) 대학 교수로, 그의 적대자들에게는, 의심을 살만할 정도로 스피노자주의와 유사한 것처럼 보였던 체계적인 형이상학적 견해를 발전시켰다. 그는 1723년 왕의 명령으로 지위를 박탈당하고 추방되었으며, 계속해서 자신의 사상을 발전시키고 옹호했다. 그의 사상은 사실 스피노자보다 라이프니츠에 더 가까웠다. 하지만 논란이 의미가 있었던 것은 부분적으로 볼프에 대한 비난은 스피노자의 견해에 주목하게 했고 원문에 대한 더 진지한 연구를 촉진시켰기 때문이다. 추방 20년 후, 새로운 왕 — 프리드리히 대왕(Frederick the Great) — 이 왕좌에 올랐을 때 볼프는 할레 대학에서의 지위를 회복하게 되었다.

볼프의 추방을 둘러싼 논란의 와중에, 성서 처음 다섯 권에 대한 번역서가 출간되었다(1735) — '베르트하임 바이블'(Wertheim Bible)로서 알려진 저작. 번역자는 요한 로렌츠 슈미트(Johann Lorenz Schmidt)라는 이름의 젊은이였으며, 그의 번역서는 성서 텍스트로부터 초자연적이거나 기적적인 것에 대한 모든 언급뿐만 아니라 예수의 재림을 예언하는 표면적 구약의 모든 언급을 제거할 목적으로 세심하게 만들어졌다. 볼프는 슈미트를, 사적으로 그리고 직업적으로, 지지했으며, 따라서 베르트하임 바이블은 볼프 철학의 자연스런 결과라는 의혹이 만연해 있었다. 적대자들은 모세 5경에 대한 이러한 독해가 스피

노자의 『신학-정치론』과 그것의 자연주의적 성서 비판에 의해 영향을
받은 사람에게서 기대될 수 있는 종류의 것임을 알게 되었다.

　이 적대자들은 1744년 슈미트가 『에티카』 독일어 번역본을 출간했
을 때 정당성이 입증되었다고 느꼈다. 그것은 크리스찬 볼프가 쓴 스피
노자 학설에 대한 반박의 글과 함께 제본되었다. 그러나 비평가들은 반
박의 글을 포함시킨 것이 『에티카』 출간을 위한 단지 연막에 불과한 것
은 아닌가 의심했다. 슈미트 번역본의 출간은 매우 중요하다. 왜냐하면
그것은 66년 앞서 『유고집』 원본과 동시에 출간된 네덜란드어본 이래
유럽 언어로 처음으로 번역되어 유일하게 출간된 『에티카』 번역본이기
때문이다. 또한 슈미트 번역본의 출간은 프러시아의 새로운 계몽 군주,
프리드리히 대왕 치하에서 엄격한 철학적이고 신학적인 검열이 완화되
었음을 보여주는 것으로 간주될 수도 있다.[7] 베를린에서는 처음으로 새
롭게 부활한 왕립 과학 아카데미에서 스피노자 사상에 대한 공개적이
고 상당히 폭넓은 논의가 있었다. 슈미트의 『에티카』 번역본은 세심하
고 정확한 저서였으며, 수 세대에 걸쳐 독일 학자들에게 스피노자 체계
를 소개하는 데 도움이 되었다.

범신론 논쟁

고트홀드 에프라임 레싱(Gotthold Ephraim Lessing)(1729-1781)은
시인, 극작가, 비평가 및 독일 계몽주의시대에 매우 존경받는 인물이었
다. 종교적 관용과 사상의 자유 지지자였던 그는 이러한 주제들로 대중
적이고 시대에 어울리는 고전적인 희곡을 썼다. 그는 또한 라이프니
츠-볼프 철학을 포용하면서 전통적 신앙을 고수했던 널리 존경받은 유

---

7 Israel의 『급진적 계몽운동』, pp. 657 참조.

대 철학자, 모제스 멘델스존(Moses Mendelssohn)의 가까운 친구이자 지지자이기도 했다. 레싱 사후, 철학자이며 서로 아는 친구인 F. H. 야코비(Jacobi)는 멘델스존에게 1780년에 레싱과 가졌던 대화에 대해 말해주었다. 야코비는 레싱은 자신(레싱)이 스피노자주의자임을 공개적으로 선언했다고 전하고 있다. 스피노자의 사상에 대해 잘 알고 있었지만, 더 전통적인 유대교 신자로 남았던 멘델스존은 자신의 친구 레싱의 기억이 스피노자식 범신론이라는 오명으로 덧씌워지는 것을 원하지 않았다. 야코비와 멘델스존 사이에는 레싱이 믿었던 것에 관하여, 더 일반적으로는, 스피노자 사상의 함의에 관하여 일치, 그리고 궁극적으로는 잘 알려진 불일치가 생겼다. 멘델스존은 비록 스피노자주의자는 아니었지만 종교에서 이성의 역할을 옹호했다. 야코비는 이성은 스피노자의 신 이외의 어떠한 신으로도 우리를 데려다 줄 수 없으며, 그리고 그 신은 전혀 진정한 의미의 신이 아니기 때문에, 신앙의 필사의 도약 ('*salto mortale*')으로 이성을 넘어서지 않으면 안 된다고 주장했다. 도처에서 작가들이 참여했고 편을 들고 나섰다. 결말은 스피노자 철학에 대한 진지하고 공개적인 찬반 논의였으며, 궁극적인 결과는 그의 사상에 대한 철저한 재평가였다.

시인들과 관념론자들

가장 열정적인 스피노자 지지자들 중에는 그 당시 가장 중요한 독일 작가인 괴테(Goethe)가 있다. 잘 알려진 몇몇 구절에서, 그는 『유고집』을 읽었을때 갑자기 밀려들었던 숭고한 무사심의 느낌과 시야가 맑아지는 느낌을 표현했다. 괴테는 자신의 기질이 스피노자의 그것과 다르다는 것을 알았다. 그러나 그는 그 대비 속에서조차 엄청난 가치를 발견했다.

스피노자의 고요함은 전방위적인 나의 노력에 대비되어 부각되었다. 이를 테면 그의 수학적 방법은 관찰과 묘사의 나의 시적 방식을 보완하는 것이 었다. 그리고 몇몇 사람들이 도덕적 주제에 적절하다고 생각할 수 없었던 그의 형식적 처리방식이 바로 나로 하여금 열정을 가지고 그에게서 배우게 했던 것이며 그를 더욱더 칭송하게 만든 것이다.

독일 낭만주의 운동의 몇몇 구성원들은 스피노자 철학의 여러 가지 측면을 받아들였다. 아마도 가장 유명한 사람은 초기 낭만주의 시인 (그리고 신비주의 학자) 노발리스(Novalis)일 것이다. 그는 스피노자를 무신론자로 간주했던 비평가 세대의 견해를 뒤집어 버렸다. 반대로 노발리스는 스피노자가 '신에 취한 사람'이라고 반박했다. 철학에서는, 칸트 이후의 독일 관념론자들은 스피노자에 의해 크게 영향을 받았다. 헤겔과 쉘링은 모두 스피노자에 대해서 대단히 긍정적으로 서술했다. 잘 알려져 있듯이, 헤겔은 철학자가 되기 위해서는 먼저 스피노자주의자가 되어야 한다고 말하면서, 다음과 같이 쓰고 있다. 즉, '… 철학하기 시작할 때, 영혼은 이 하나의 실체라는 에테르에 몸을 담금으로써 시작하지 않으면 안 된다.…' 물론 헤겔은 스피노자의 입장을 필연적인 출발점으로서는 받아들였지만, 결국 수용하지는 않았다. 자신의 형이상학적 관념론의 관점에서, 그는 스피노자의 실체는 자기-의식적 주체가 되어야 한다고 주장했다.

18세기 후반과 19세기 초, 스피노자 철학에 대한 이러한 재평가는 그의 부침에 있어서 주목할만한 변화다. 한때는 그의 사상이 오로지 반박의 목적으로만 언급될 수 있었던 기괴한 버림받은 자로 간주되었지만, 그는 근대의 가장 중요하고 훌륭한 철학자들 중의 한 사람으로 인식되었다. 이러한 재-평가는 주로 독일에서 시작되었다. 그러나 그것은 대륙을 가로질러 영국으로도 확산되었다. 새롭게 수용된 스피노자를 영어권 나라들에 소개한 가장 중요한 인물들 중의 하나는 시인, 사무엘 테일러 콜리지(Samuel Taylor Coleridge)였다. 콜리지 덕분에 스피노자 사상은 낭만파의 워즈워스와 그 밖의 사람들의 주목을 받았다. 이 시기 스피노자에 첫 번째로 열광했던 사람들이 시인들이었다는 것은 우연의 일치가 아니다. 예를 들면, 콜리지도 워즈워스도 스피노자 철학 체계의 각론을 받아들이지 않았다. 그러나 그들은 신과 자연의 동일시에 의해 영감을 받았고, 벅차게 다가오는 기하학적 설명에 강한 흥미를 느꼈으며 그 철학자의 단순하고 유덕하고 지적으로 풍부한 삶에 감동받았다.

1880년대와 1890년대에, 특히 영국에서, 활발한 학적 활동이 있었다. 많은 주석서들과 비판서들이 스피노자의 실체 속에서 헤겔의 절대 정신의 중요한 선조를 보았던 대부분 헤겔적 성향을 가진 철학자들에 의해 출간되었다. 네덜란드에서는 스피노자 연구를 증진시키기 위해 그리고 스피노자가 살던 두 채의 집을 구입하고 보존하기 위해 모임이 형성되었다.[8]

스피노자가 니체에게 직접 영향을 주지는 않았지만, 니체가 『에티카』를 처음 접했을 때, 그는 선구자, '…진정한 선구자!'를 만났다고 선언하면서 그의 친구 오버베크(Overbeck)(1881)에게 흥분된 상태에서 짧은 편지를 썼다는 것에 주목하는 것은 흥미롭다. 다른 한편으로, 지그문트 프로이트(Sigmund Freud)는 무의식적 감정론 구성에 있어서, 그리고 이러한 감정들의 기원과 원인론을 이해하게 되는 치유적 가치에 대한 신념을 갖고서 스피노자를 독해함으로써 영향을 받았던

---

8 레인스부르크와 헤이그에 있는 이 집들은 오늘날까지고 여전히 '스피노자 집 협회'(Vereniging het Spinozahuis)라는 조직에 의해 유지되고 있다.

것 같다.

최근의 발전

20세기 초-중반, 스피노자에게서 영향을 받은 몇몇 중요한 철학자들이 있다(우리는 영어권 사상가들 중에서 버트런드 러셀(Bertrand Russell)과 조지 산타야나(George Santayana)를 언급할 수 있다). 또한 소비에트 연합에 상당히 많은 활동적인 스피노자 연구자들이 있었다는 것은 주목할만하다. 왜냐하면 스피노자는 어느 정도 유물론자로서 그리고 헤겔과 마르크스의 훌륭한 선조로서 간주되었기 때문이다.

그러나 지난 몇 십 년은 스피노자 사상에 바쳐진 학문의 양과 질에 있어서 가장 극적인 성장의 시기였다. 일반적으로, 프랑스 학자들은 『신학-정치론』과 스피노자의 정치적 견해에 주목했다. 반면에 영-미계는 주로 『에티카』와 형이상학 체계에 초점을 맞추고 있었다. 다수의 국립 스피노자 학회(프랑스, 미국, 독일, 스페인, 이탈리아 및 일본에서)가 형성되었으며 국제적 저널이 『스피노자 연구』(*Studia Spinozana*)라는 이름으로 1980년대 이래로 간행되고 있다.

영국과 미국에서 많은 요인들이 합쳐져서 스피노자에 대한 관심의 상당히 극적인 급증을 자극했다. 한 가지 예를 들면, 컴퓨터와 뇌과학에서의 최근의 발전은 정신에 대한 그리고 정신이 어떻게 뇌와 관련되어 있는가 — '정신 철학'이라 불리는 분야의 주제 — 에 대한 강렬한 관심에 기여하고 있다. 스피노자는 이 분야 학자들의 관심의 대상이 되었다. 왜냐하면 그는 정신과 뇌는 어떤 관계에 있는가에 대해 전적으로 새로운 이론을 제시하고 있기 때문이다. 물론 스피노자의 두 개의 속성론은 오늘날 어느 누구에 의해서도 스피노자가 전개시켰던 그 방식으로 받아들여지지 않는다. 그러나 궁극적으로 정신이라 불리는 것은 다

른 방식으로 기술되고 있는 뇌와 신체의 물리적 과정으로서 이해될 것
이라고 생각하는 사람들에게는 그의 견해는 여전히 시사하는 바가 있
다. 덧붙여서, 적어도 한 명의 저명한 신경과학자는 스피노자의 감정론
은 최고의 신경과학이 정서에 관해 우리에게 전해주고 있는 것과 상당
부분 일치한다고 생각한다.[9]

오늘날 스피노자에 대한 관심의 또 다른 근원은 환경 운동이다. 비록
스피노자 자신은 환경주의자가 아니었지만, 그는 자연 환경에 우리가
전적으로 의존하고 있다는 것에 대한 정확한 의미와 아울러 자연의 통
일성과 다양성에 대한 강력한 개념을 가지고 있었다. 그의 사상의 이러
한 측면들은 수많은 환경주의자들, 특히 소위 '심층-생태학' 운동을
하는 환경주의자들의 관심을 불러일으켰다.

스피노자 철학에 대한 관심의 또 다른 원천은 몇몇 사람들이 어떤 아
시아의 종교적 및 철학적 체계의 관점과 유사하다고 파악하는 것이다.
일찍이 1697년에, 베일의 『역사적 비평적 사전』 항목에서, 학자들은
일종의 이론적 연관성에 주목했다. 모든 것을 포함하며, 단일하고, 무
시간적이며 무목적적인 자연관은 독자들에게 도가를 떠올리게 했다.
몇몇 사람들은 스피노자의 일원론 속에서 상카라아차리아(Sankara-
charya)의 **불이일원론**(*advaita*)의 반영을 보았다. 그리고 몇몇 사람들
은 정념에 대한 인지적 치료 속에서 불교의 무아적 해탈로의 길을 발견
했다.[10] 우리는 이러한 흥미로운 평행을 발견한다고 해서 '영원한 철
학'의 무시간적 편재를 신봉하는 사람이 될 필요는 없다.

---

9   Antonio Damasio, *Looking for Spinoza*. Orlando : Harcourt, 2003.
10   이러한 논증들 중 가장 완성도가 높은 것은 Jan Wetlesen의 *The Sage and the
Way : Spinoza's Ethics of Freedom*(Assen : Van Gorcum, 1979)이다.

현재

많은 사람들은 오늘날 전통적인 '계시 종교'의 주장에 대해 회의적이다— 아니면 적어도 확신하지 않는다. 현대 세속주의자들은 기적을 믿지 않을 것이고, 사물들을 신의 의지로 설명하지 않으며, 우주는, 전체적으로, 우리에게 도덕적으로 무관심하다고 생각하는 경향이 있다. 만약 과학자들(그리고 신경과학자들)이 옳다면, 세계에서 일어나는 모든 거대-사건들(인간의 행동을 포함해서)은 지금과 같이 존재하도록 자연 법칙에 의해 결정되는 것처럼 보인다. 이것은 자유의지가 환상이라는 것을 암시한다. 우리의 정신은 신체와 분리될 수 없는 것 같으며 이것은 개인적인 불멸은 없다는 것을 암시하는 것 같다. 이러한 것들이 많은 현대의 세속적인 철학자나 평범한 사람들의 세계관에 있는 원칙들이다. 그것들은 또한 스피노자 세계관에서 핵심적인 학설이기도 하다.

스피노자는 이러한 세계관 속에서 절망의 근거를 발견하지 않는다. 반대로 이런 식으로 이해된 우리의 세계는 이성적인 방식으로 삶으로써, 자연을 이해하고 사랑함으로써, 그리고 자기 자신과 자신의 감정을 자연의 일부로서 이해함으로써 그에게 자유, 평화 및 기쁨을 성취할 기회를 준다. 많은 사람들은 오늘날 우리 자신에 대한 합리적, 과학적 이해가 자유, 평화 및 기쁨을 가져다줄 수 있다고 생각하고 싶을 것이다. 그러나 많은 사람들은 반대의 경우가 사실일 수 있다는 것을 두려워한다. 스피노자는 자신의 더 낙관적인 견해를 위해 동의하지 않을 수 없는 논리적 논증을 한다고 주장한다. 내가 믿기로는, 오늘날 스피노자에 대한 많은 관심은 우리가 그가 300년도 더 전에 기술했던 것과 아주 같다는 것이 밝혀진 세계 속에서 평화와 의미를 발견하는 법에 관해 그에게서 어떤 것을 배울 수 있다는 희망으로 거슬러 올라간다.

그의 사후 330년 동안 오늘날만큼 스피노자에 대한 조사와 연구가 활발히 진행되었던 적이 없었다. 어떠한 현명한 사람도 『에티카』 모든 정리에 대한 자신의 해석을 완전하게 확신한다고 주장할 수 없겠지만, 내 생각에, 우리는 어느 세대의 독자들이 했던 것보다 그 저작을 더 잘 이해하고 있다. 우리는 또한 우리가 모더니티라고 부르는 세계관을 산출했던 유럽의 지적 발전에 대한 『에티카』의 광범위한 영향을 더 잘 이해하게(특히 이스라엘의 『급진적 계몽주의』 출간 이래로) 되었다.

더 읽어야 할 책들

번역서

최근 수 십 년간 세 가지 훌륭한 새로운 『에티카』 영역본이 출간되었다. E. M. 커리, 사무엘 설리 및 G. H. R. 파킨슨 모두 정성을 들이고, 읽기 쉬우며 신뢰할 수 있는 판본을 출간했다. 심도 있는 연구를 위해서는, 『선집』 제1권에 있는 커리의 텍스트가 아마도 가장 좋을 것이다. 왜냐하면 그 분량이 방대하고 라틴어와 영어 어휘/색인이 매우 도움이 되기 때문이다. 그러나 나머지 두 개 역시도 매우 훌륭하며 확신을 가지고 추천될 수 있다. 이 『리더스 가이드』(*Reader's Guide*)에 있는 인용은, 경우에 따라 설리로부터 가져온 경우도 있지만, 대부분 커리의 것이다.

Curley, E.M.(편집 및 번역), *The Collected Works of Spinoza, Vol. 1*. Princeton: Princeton University Press, 1985.

이 번역은 *A Spinoza Reader*(Princeton: Princeton University Press, 1994)에서도 이용가능하다.

Parkinson, G.H.R. (trans.), *Ethics*. Oxford: Oxford University Press, 2000.

Shirley, Samuel (trans.), *Ethics, Treatise on the Emendation of the Intellect and Selected Letters*. Indianapolis: Hackett Publishing Company, 1992.

2차 문헌

책 한 권 분량의 시론적 연구서들

주로 『에티카』에 초점을 맞춘 스피노자 철학에 대한 다수의 책 한 권
분량의 시론격의 연구서들이 있다. 다음 것은 매우 우수한 것들이다.

Allison, Henry E., *Benedictus de Spinoza: an Introduction*. New Haven: Yale
    University Press, 1987.

Hampshire, Stuart, *Spinoza*. New York: Penguin Books, 1951.

Lloyd, Genevieve, *Routledge Philosophy Guide Book to Spinoza and 'The
    Ethics'*. London: Routledge, 1996.

Nadler, Steven, *Spinoza's 'Ethics' : an Introduction*. Cambridge: Cambridge
    University Press, 2006.

Pollock, Frederick, *Spinoza: His Life and Philosophy*. London: Duck-worth,
    1899.

책 한 권 분량의 연구서들 및 비판적 주석서들

다음 책들은 『에티카』에 초점을 맞추고 있으며, 더 깊이 있는 분석, 논
증 및 비판적 해설을 제공하고 있다. 이 책들은 원문에 대해 더 심도 있
게 공부하려는 사람들을 위한 것이다.

Bennett, Jonathan, *A Study of Spinoza's 'Ethics'*. Indianapolis: Hackett,
    1986.

Hallett, H.F., *Benedictus de Spinoza: the Elements of his philosophy*. Lon-
    don: Athlone Press, 1957.

Joachim, Harold H., *A Study of the Ethics of Spinoza*. Oxford: Clarendon Press, 1901.

Wetlesen, Jan, *The Sage and the Way: Spinoza's Ethics of Freedom*. Assen: Van Gorcum, 1979.

Wolfson, Harry Austryn, *The Philosophy of Spinoza*. Cambridge, MA: Harvard University Press, 1934.

전문 주제에 대한 연구서들

다음의 저서들은 더 정밀하고 더 전문화된 주제들을 다룬다. 그것들은 이 주제들이 본서에서 논의되는 순서에 따라 배열되었다.

스피노자의 삶

Klever, W.N.A., 'Spinoza's life and works', in Don Garrett (ed.), *Cambridge Companion to Spinoza*. Cambridge: Cambridge University Press, 1996, pp. 13-60.

Nadler, Steven, *Spinoza: A Life*. Cambridge: Cambridge University Press, 1999.

기하학적 방법

Curley, E.M., 'Spinoza's Geometric Method', *Studia Spinozana* 2, 1986, 151-69.

Garrett, Aaron, *Meaning in Spinoza's Method*. Cambridge: Cambridge University Press, 2003.

형이상학의 구조

Curley, E. M., *Spinoza's Metaphysics: An Essay in Interpretation*. Cambridge, MA: Cambridge University Press, 1969.

Friedman, Joel, I., 'How the finite follows from the infinite in Spinoza's metaphysical system', *Synthese*, 69, (1986), 371–407.

결정론

Garrett, Don, 'Spinoza's necessitarianism', in Y.Yovel (ed.), *God and Nature: Spinoza's Metaphysics*. Leiden: Brill, 1991, pp. 191–218.

정신론/정신-신체 문제

Della, Rocca, Michael, *Representation and the Mind-Body Problem in Spinoza*. New York: Oxford University Press, 1996.

Matson, Wallace, 'Spinoza's Theory of Mind', *Monist* 55, (1971), pp. 567–78.

물리학/개별화론

Jonas, Hans, 'Spinoza and the Theory of Organism', in Marjorie Grene (ed.), *Spinoza: A Collection of Critical Essays*. Garden City, NY: Doubleday/Anchor Press, (1973), pp. 259–78.

Lachterman, David R., 'The Physics of Spinoza's Ethics', in R. Shahan and J. Biro (eds), *Spinoza: New Perspectives*. Norman: University of Oklahoma Press, 1978, pp. 77–111.

상상지

Bennett, Jonathan, 'Spinoza on Error', *Philosophical Papers* 15, 1986, 59–

73.

De Deugd, C.D., *The Significance of Spinoza's First Kind of Knowledge*. Assen: Van Gorcum.

Wilson, Margaret D., 'Spinoza's Theory of Knowledge', in Don Garrett (ed.), *Cambridge Companion to Spinoza*. Cambridge: Cambridge University Press, 1996, pp. 89-141.

감정론

Giancotti, Emilia, 'The Theory of the Affects in the Strategy of Spinoza's Ethics', in Y.Yovel (ed.), *Desire and Affect: Spinoza as Psychologist*. New York: Little Room Press, 1999, pp. 129-38.

Neu, Jerome, *Emotion, Thought and Therapy*. Berkeley: University of California Press, 1977.

윤리론

Curley, E. M., 'Spinoza's Moral Philosophy', in Marjorie Grene (ed.), *Spinoza: A Collection of Critical Essays*. Garden City, NY: Doubleday/Anchor Press, 1973, pp. 354-76.

Garrett, Don, 'A free man always acts honestly, not deceptively: freedom and the good in Spinoza's Ethics', in E. Curley and P.F. Moreau (eds), *Spinoza: Issues and Directions*. Leiden: Brill, 1990, pp. 221-38.

스토아학파의 영향

James, Susan, 'Spinoza the Stoic', in T. Sorrell (ed.), *The Rise of Modern Philosophy*. Oxford: Oxford University Press, 1993, pp. 289-316.

정념에 대한 이성적 치료

Cook, J. Thomas, 'Self-Knowledge as Self-Preservation', in M. Grene and
    D. Nails (eds), *Spinoza and the Sciences*. Boston Studies in the Philos-
    ophy of Science, vol. 91. Dordrecht: Reidel, 1986.

자유론

Hampshire, Stuart, 'Spinoza and the Idea of Freedom', in P. Kashap (ed.),
    Studies in Spinoza. Berkeley: University of California Press, 1972, pp.
    310-31.

정신의 영원성

Schnepf, Robert, 'Wer oder was ist unsterblich (wenn überhaupt) Spinozas
    Theorie des ewigen Teils des endlichen Geistes', *Archiv für Geschichte
    der Philosophie*, 88, #2, (2006), 189-215.

Steinberg, Diane, 'Spinoza's Theory of the Eternity of the Mind', *Canadian
    Journal of Philosophy*, 11, (1981), pp. 35-68.

수용과 영향

Damasio, Antonio, *Looking for Spinoza*. Orlando: Harcourt, 2003.
『스피노자의 뇌』라는 제목으로 번역되어 국내 출간(사이언스북스)

Israel, Jonathan, *Radical Enlightment*. Oxford: Oxford University Press,
    2001.

Moreau, Pierre-Francois, 'Spinoza's reception and influence', in D.

Garrett (ed.), *Cambridge Companion to Spinoza*. Cambridge: Cambridge
    University Press, 1996, pp. 408-33.

찾아보기